Vtt 8192

Jon Sobrino

GEIST, DER BEFREIT

Jon Sobrino

GEIST, DER BEFREIT

Anstöße zu einer neuen Spiritualität

Herder
Freiburg · Basel · Wien

Titel des Originalwerkes:
Liberación con espíritu
Apuntes para una nueva espiritualidad

Übertragung aus dem Spanischen von
Dr. Karel Hermans (Kapitel I-VI)
und Georg Schmalen (Kapitel VII)

Herstellung: Freiburger Graphische Betriebe 1989
ISBN 3-451-21 091-6

Inhalt

Zweiter Teil

Dimensionen der Spiritualität

Vorwort

In diesem Buch nehmen wir eine Reihe von Aufsätzen wieder auf, die in den letzten fünf Jahren veröffentlicht worden sind. Streng betrachtet handelt es sich hier nicht um ein Buch über die Spiritualität, und noch weniger wollen wir konkrete Richtungen und Formen der Spiritualität darstellen. Wohl aber wollen wir zum Kern jeder wahren Spiritualität vorstoßen und dabei zeigen, wie sehr eine solche Spiritualität in unserer Welt heute not tut: Um ein gläubiger Mensch zu sein und einfacher noch um überhaupt authentisch als Mensch zu leben, muß dies mit einer bestimmten Einstellung, mit einem gewissen Geist geschehen. In einer Welt so vieler Veränderungen und Krisen, so vieler neuer Herausforderungen, aber auch so vieler Chancen für die Zukunft brauchen wir mehr als nur Lehren und Ideologien. Wir brauchen Geist, um das Leben und die Geschichte beherrschen und orientieren zu können, damit diese sich nicht ins Absurde oder ins reine Werden verwandeln, sondern letztendlich zur Chance und Verheißung werden; damit nicht Verzweiflung und Resignation herrschen, sondern Hoffnung entsteht; damit nicht Passivität und Egoismus vorherrschen, sondern die Praxis der Veränderung gestärkt wird.

Deswegen entspricht die Thematik dieser Aufsätze, so meinen wir, einer echten Notwendigkeit. Für Lateinamerika stellt sich in diesem Kontext die Aufgabe, die Praxis der Befreiung mit Geist zu durchdringen. Die Richtung dieser Praxis stimmt zwar, sie muß aber vom Geist erfüllt werden, damit so die Begrenztheit und die Mängel derer überwunden werden, die sich auf sie einlassen. Wir haben es ja bei den Subjekten dieser Praxis nach wie vor mit Menschen zu tun. So kann diese Praxis selbst an Kraft gewinnen und die Subjekte der Befreiung werden aus ihr gestärkt hervorgehen. In Europa macht J.B. Metz schon seit geraumer Zeit auf die Notwendigkeit, Mystik und Politik zu vereinen, aufmerksam. In Lateinamerika redet L. Boff von der Notwendigkeit der Kontemplation in der Befreiungspraxis, während I. Ellacuría von einer Kontemplation im Handeln für die Gerechtigkeit spricht. In diesem Buch reden wir zwar mehr von der politischen Heiligkeit und von einer Befreiung im Geist, wir verfolgen aber die gleiche Absicht, indem auch wir die Notwendigkeit eines echten Zusammengehens von Geist und Praxis betonen möchten. Ohne Geist droht die Praxis zu degenerieren, und ohne Praxis bleibt der Geist unbestimmt und undifferenziert, und er wird dann oft zu einem Geist der Entfremdung.

Dieses Buch reiht sich ein zwischen verschiedene andere Veröffentlichungen über die lateinamerikanische Theologie, die in den letzten Jahren entstanden sind. Diese müßten zusammen ausreichen, um die Verdachtsmomente, die in der vatikanischen „Instruktion über einige Aspekte der Theologie der Befreiung" geäußert worden sind, als unbegründet zurückzuweisen. Ob nun die hier vorliegenden Versuche der Klärung Erfolg haben werden oder nicht: Wenn man ehrlich sein will, kann man wenigstens nicht leugnen, daß diese Theologie der Befreiung sich mit der Spiritualität auseinandersetzt. Diese gehört nach ihrer Meinung genauso wesentlich und ursprünglich zur Theologie wie die Hinwendung zur Praxis. Dies wurde von G. Gutiérrez schon vor fünfzehn Jahren gesagt, und auch heute hört man nicht auf, dies weiter zu betonen und zu vertiefen. Die Theologie lebt an erster Stelle von einer Praxis und einer Spiritualität. Diese Praxis ist nichts anderes, als daß wir Jesus Christus in unserer konkreten Geschichte nachfolgen, sowie diese Spiritualität auch nichts anderes bedeutet, als daß der Geist Jesu unter und in uns wirkt. So könnte man zusammenfassen, was die folgenden Seiten darlegen wollen.

Zum Schluß dieses Vorwortes ist noch zu erwähnen, daß der Autor das, was diese Seiten zur Klärung beisteuern und an Einsichten bringen mögen, selbst aus jenem Brunnen geschöpft hat, aus dem — so Gutiérrez — wir alle trinken müssen: aus jenem Brunnen, den die Armen des Kontinents und die, die mit ihnen ihren Weg gehen, mit soviel Hingabe, soviel Liebe, soviel Blut..., mit dem Geist Jesu gefüllt haben. Einiges davon wird im dritten Teil dieses Buches aufgegriffen, wo wir von der Liebe, die im Blut der Märtyrer tastbar wird, und von der Hoffnung der Armen reden werden. Dort beschreiben wir die Wirklichkeit der Befreiung im Geiste. Was vorher gesagt wird, dient nur dazu, diese Wirklichkeit besser in Worten auszudrücken. Wir danken daher all denen, die durch ihr Leben und ihren Tod jenen Brunnen gefüllt haben, aus dem wir trinken können, um so gestärkt die Nachfolge Jesu anzutreten und den Weg zu Gott zu gehen.

San Salvador, September 1985 *Jon Sobrino S.J.*

Einführung

Die heutige Bedeutung des geistlichen Lebens[1]

Das geistliche Leben hat im Leben der Kirche und speziell im Ordensleben Tradition. Was auch immer sein letztes, bestimmendes Wesen und welche auch immer auch immer seine konkreten Formen sind, es wird von Generation zu Generation weitergegeben, und dies weist darauf hin, wie wichtig und notwendig es ist.

Wir brauchen uns daher nicht zu wundern, wenn wir von Zeit zu Zeit wieder an diese Bedeutung und Notwendigkeit erinnert werden. So hat z. B. Pater Arrupe ständig die Notwendigkeit betont, daran und dafür zu arbeiten, daß der Glaube seine Kraft bewahre und Kraft gewinne — eine neue Art, in einer Sprache vom geistlichen Leben zu reden —, sonst fehle unserer apostolischen Arbeit ihre letzte Verankerung und sie sei von innen bedroht.

Diese jahrhundertealte Tradition geistlichen Lebens sollte zusammen mit der Tatsache, daß wir wiederholt an seine Bedeutung erinnert werden, dazu führen, daß wir es ernst nehmen. Die gespeicherte Erfahrung von Jahrhunderten irrt sich bei derartigen Themen gewöhnlich nicht, vor allem nicht, wenn es sich um eine Wirklichkeit handelt, die die Konstituierung der menschlichen Person bzw. menschlicher Gruppen berührt. Auch im Laufe der Geschichte bleiben hier gewisse konstante Grundgegebenheiten bewahrt. Wie unterschiedlich wir das geistliche Leben auch verstehen, welche konkreten Formen es auch immer im eigenen Leben annimmt und worin unsere Kritik an bestimmten Vorstellungen und Praktiken auch bestehen mag, wir ahnen doch alle, so meine ich, seine entscheidende Bedeutung für das christliche Leben.

Es reicht aber nicht, noch einmal zu wiederholen, wie wichtig und notwendig das geistliche Leben und seine verschiedenen konkreten Formen sind, damit es automatisch an Kraft gewinne und sich als kräftig und gesund darstelle. Wie oft auch in manch anderen Bereichen, so entbehren allgemeine Aussagen über das geistliche Leben jeder Wirklichkeit, wenn sie nicht in der Geschichte dieses geistlichen Lebens konkrete Form annehmen.

Damit das aber geschehen kann, muß das, was darin in Hinblick auf die Bedeutung und Notwendigkeit des geistlichen Lebens an ewiger Wahrheit enthalten ist, immer neu aus den jeweiligen historischen Situationen hervorgehen; dann muß sich das geistliche Leben als eine tragfähige Grundlage erweisen, die es den Christen bzw. Ordensleuten ermöglicht, tatsächlich auch als Christen bzw. als Ordensleute zu leben; dann muß sich letztendlich dieses geistliche Leben als fähig erweisen, die weltliche Wirklichkeit auf das Reich Gottes hin zu verändern.

Damit sind wir bei dem, was heute passiert. Es besteht ein neues Interesse für das geistliche Leben, wenigstens lernt man, es neu zu schätzen, und es gibt neue Versuche, ein solches auch zu leben. Und wenn man heute neu vom geistlichen Leben redet, dann nicht an erster Stelle aus einer formellen Treue einer jahrhundertealten Tradition gegenüber — auch wenn man intuitiv deren Richtigkeit erkennt —, sondern vor allem aus der Treue zur eigenen Situation, von der aus man ja auch die Frage nach Sinn und Bedeutung eines geistlichen Lebens ursprünglich gestellt hatte.

Aufschlußreich ist hier zum Beispiel, daß die Theologie der Befreiung, die anfangs vor allem die Glaubenspraxis betont hat, heute auch typische Themen der Spiritualität wie die Rolle des Gebetes und der Kontemplation und allgemein das, was man eine Spiritualität der Befreiung nennen könnte, hervorhebt.

Im folgenden wollen wir nicht theoretisch darlegen, worin etwa das Wesen des geistlichen Lebens besteht, als vielmehr die Entwicklungen der letzten Jahre reflektierend beschreiben, um so zu den historischen Wurzeln vorzustoßen, die uns die Wirklichkeit des geistlichen Lebens und seine konkrete Gestalt in unserer Zeit neu sehen und verstehen lassen.

Bevor wir mit dieser Reflexion beginnen, möchten wir dennoch sagen, was wir unter diesem „geistlichen Leben" verstehen, auch wenn wir dies hier nicht in der Form einer Definition oder einer eingehenden analytischen Beschreibung tun können. Wir könnten damit anfangen zu sagen, daß das geistliche Leben nichts anderes ist als ein Leben im Geist bzw., um konkreter zu sein, ein Leben im Geiste Jesu. Man könnte diese Aussage für zu einfach oder für rein nominalistisch oder tautologisch halten. Wenn wir aber davon ausgehen, daß wir auch als Christen nicht automatisch wissen, was Leben und Geist sind und welche Beziehung zwischen beiden besteht, dann könnten wir, indem wir unser Verständnis beider Elemente zu vertiefen suchen, auch in unserem geschichtlichen Verständnis des geistlichen Lebens einen Schritt vorankommen.

Die Bedeutung dieses Ansatzes liegt darin, daß wir das geistliche Leben nicht aufgrund seiner verschiedenen konkreten Formen und Praktiken zu verstehen suchen, wie wichtig und notwendig diese auch sein mögen, sondern von einem umfassenderen Standpunkt aus, nämlich dem des Lebens selbst. Die Formen und Praktiken der Spiritualität betrachten wir dann in diesem Kontext als Ausdrucksformen dieses Lebens, die es zudem orientieren und motivieren.

1. Die Lektion der siebziger Jahre: Die Beziehung zwischen geistlichem und konkretem Leben

Wer das Leben der Christen bzw. der Ordensleute heute mit dem vor zehn oder fünfzehn Jahren vergleicht, kann nicht leugnen, daß große Veränderungen stattgefunden haben, die auch das geistliche Leben nicht unberührt gelassen haben. Die siebziger Jahre waren hier entscheidend. Nach meiner Meinung wurde damals vor allem die Diskussion entschieden, ob es eigene, selbständige Strömungen des geistlichen Lebens gibt, die also für sich existieren können, oder ob diese nicht aufgenommen sind in jenem breiteren, ursprünglicheren Kontext, den wir „Leben" nennen könnten und womit wir das konkrete, historische Leben der Christen meinen. Auf alle Fälle hat man damals betonen wollen, daß das reale „Leben" die unabdingbare Grundlage des geistlichen Lebens ist.

1.1 Als allgemeines Phänomen läßt sich hier erwähnen, daß die Christen und Ordensleute, die sich vom Zweiten Vatikanum und Medellín beeinflußt wußten und in Übereinstimmung damit handeln wollten, aufgrund der spezifischen Mechanismen des geistlichen Lebens anfingen, dem herkömmlichen „mechanischen" Verständnis dieses Lebens — nach dem seine Praktiken wie von selbst einen bestimmten Erfolg garantierten — mit Mißtrauen zu begegnen. Als Reaktion darauf suchte man einerseits nach neuen geistlichen Formen und Praktiken, die besser der neuen Situation entsprachen. Andererseits wurden die alten Formen und Praktiken zusammen mit der Theologie, die ihnen zugrunde lag, mehr oder weniger aufgegeben und in einigen Fällen sogar mit

Verachtung bestraft. Auf alle Fälle wurde in dieser Zeit die Bedeutung des realen, konkreten Lebens für das geistliche Leben stark betont. Von dort aus wurde dann die Frage nach dem letzten Sinn des christlichen Lebens und seiner wesentlichen Struktur auf sehr ernsthafte Weise neu gestellt.

Wir können uns hier nicht damit aufhalten, ausführlich zu erörtern, was zur Genüge bekannt ist. Dennoch ist es hier angebracht, an die damalige Neuentdeckung der grundlegenden Merkmale des christlichen „Lebens" zu erinnern. Man hat in diesen Jahren die unabdingbare Notwendigkeit einer *Inkarnation* des Christentums in der zentralamerikanischen Wirklichkeit betont. Diese sei, so sagte man, nicht nur im kulturellen Sinn, sondern auch sozial notwendig. Dort, wo das Elend, die Unterdrückung, das Unrecht, die Repression, unter denen die große Mehrheit der lateinamerikanischen Bevölkerung zu leiden hat, am spürbarsten seien, müßten auch die Christen zu finden sein. Durch diese Inkarnation kamen die Christen und Ordensleute mehr oder weniger in unmittelbare Berührung mit den wirklich Armen, und diese wurden so für sie zum „Ort" des christlichen Lebens. Zudem entschied man sich auf verschiedene Art und Weise dafür, den Armen in der kirchlichen Arbeit einen bevorzugten Platz einzuräumen, was man damals auf unterschiedliche Weise formulierte, später aber die „Option der Kirche für die Armen" nennen sollte. Wichtig war hier, daß das christliche Leben als eine *Praxis des Dienstes* an den Armen verstanden wurde. Später wurde auch immer mehr deutlich, daß diese Praxis zugleich von den Armen selbst ausgehen mußte. Auf diese Weise wurde die Praxis der Liebe, die vor allem in der Form der Suche nach Gerechtigkeit gelebt und so von einer Anklage der strukturellen Sünde und dem Streben nach strukturellen Veränderungen begleitet wurde, zum wesentlichen Inhalt des christlichen Lebens. Schließlich zog diese Art der Inkarnation und der Praxis des Christentums in größerem oder geringerem Maße die *Verfolgung* nach sich, die zugleich Zeichen der Solidarität mit dem unterdrückten Volk, Kriterium für die Verifizierung der Inkarnation des Christentums und ein historisch unabdingbarer Bestandteil des christlichen Lebens ist.

Wichtig war also in diesem Jahrzehnt, daß man entdeckte, wie die große, arme Mehrheit der Bevölkerung wirklich lebte, und zudem wiederentdeckte, daß sich die Frohbotschaft des Evangeliums an erster Stelle an Menschen richtet, die arm sind wie sie. So wurden die Armen zum „Ort" jeden christlichen Lebens und um so mehr jeden Ordenslebens. Und was im Zusammenhang mit unserem Thema noch wichtiger ist: Man hat auch entdeckt, daß dieser Ort darüber hinaus der Ort des geistlichen Lebens ist. Was dem Substantiv „Leben" durch das Adjektiv „geistlich" auch immer hinzugefügt werden mag: Es kann und darf sich dabei um nichts handeln, was nicht vom Ort des wirklichen Lebens aus denkbar und realisierbar ist. Kurzum: Es setzte sich die Überzeugung durch, daß es ohne das wirkliche, konkrete „Leben" auch kein geistliches Leben geben kann.

Diese Überzeugung wurde durch ein neues Lesen der Schrift und zahllose Aussagen kirchlicher Dokumente untermauert und vertieft. Großen Einfluß übte die prophetische Einsicht aus, „Gott erkennen heißt die Gerechtigkeit tun", sowie das neugewonnene Verständnis des Evangeliums, daß der letzte Horizont des Selbstverständnisses und der Praxis Jesu das Gottesreich, und zwar nicht nur als transzendente, sondern auch als eine in der Geschichte in Ansätzen schon realisierte Wirklichkeit war, und schließlich auch die Erinnerung an Mt 25 als letztes Kriterium für den christlichen Glauben. Auch Medellín griff diese Grundthesen auf und erinnerte an das Wort von Papst Paul VI.: „Um Gott erkennen zu können, muß man den Menschen kennen." Die dreiundzwanzigste Generalversammlung der Jesuiten erinnerte die Ordensangehörigen daran, daß ihre Sendung vor allem „der Dienst des Glaubens und die Förderung der Gerechtigkeit" sei.

All diese Formulierungen haben mit anderen, von der Theologie erarbeiteten Äußerungen, noch eines gemeinsam: Von ihnen wird einerseits die Bipolarität der Gesamtheit der christlichen Existenz anerkannt, also sowohl die historische Dimension dieser Existenz — das Gottesreich, die Gerechtigkeit, das Kennenlernenwollen der Menschen und ihres Lebens, der Dienst an den Menschen — als auch ihre transzendente Dimension: Gott, die Erkenntnis Gottes, der Glaube an Gott. Andererseits weiß man, daß es, abgeschnitten von der Wirklichkeit der Geschichte, zu jener transzendenten Dimension keinen unmittelbaren Zugang gibt.

Wir glauben, daß wir bei diesen neuen Einsichten vor etwas stehen, worauf wir nicht mehr verzichten dürfen, so wie wir auch meinen, daß sie — wenigstens in naher Zukunft — für viele

Christen und Ordensleute unumkehrbar sind. Welche theoretischen und praktischen Probleme auch immer zu diesem neuen Verständnis und dieser neuen Praxis des Glaubens geführt haben, eins ist nun klar, und das ist etwas sehr Wichtiges: Man kann sich nicht zu Gott bekennen, ohne für sein Reich zu arbeiten; man kann sich nicht zu Christus bekennen, ohne Jesus im eigenen Leben, in der Konkretheit der eigenen Geschichte nachzufolgen. Oder um es in der Terminologie des uns hier interessierenden Themas zu formulieren: Es kann ohne das wirkliche, historisch konkrete „Leben“ kein „geistliches“ Leben geben; man kann nicht „im Geiste“ leben, ohne daß dieser Geist auch „Fleisch“ wird.

1.2 Die reine Entscheidung für das geschichtliche Leben ist — wie dargestellt — schon Ausdruck des Geistes. Zudem bewirkt sie, daß das geschichtliche Leben nicht mehr rein geschichtlich, sondern in gewisser Weise schon „geistliches“ Leben ist. Vergessen wir nicht, daß nach dem christlichen Glauben das Leben vom Geist gegeben wird und daß dieser Geist die von ihm Angesprochenen aussendet, den Armen die Frohbotschaft zu verkünden. Es ist dieser Geist, der das prophetische Wort hervorruft, und er gibt die Stärke, um in der Verfolgung durchzuhalten ... Er bewirkt, daß ein inkarniertes, konkretes, historisches, auch in der Verfolgung unerschütterliches christliches Leben schon „geistliches“ Leben ist.

Andererseits aber reicht — was schon die Pioniere der Theologie der Befreiung erkannt haben — die Praxis eines neuen konkreten, geschichtlichen Lebens nicht, um automatisch all das wahr zu machen, was durch das Adjektiv „geistlich“ impliziert wird, auch wenn damit schon die richtige Richtung für eine solche Einlösung all dessen, was dieses Adjektiv verspricht, eingeschlagen worden ist. Nach meiner Meinung haben zwei verschiedene Arten von historischen Erfahrungen dazu motiviert, sich neu damit auseinanderzusetzen, was es im konkreten, historischen Leben an „Geistlichem“ geben muß: einerseits das ehrliche Eingeständnis, daß auch die Christen und Ordensleute, die sich für eine neue Art des geschichtlichen, konkreten Lebens entschieden haben, weiterhin der Versuchung der Sünde ausgesetzt sind; andererseits das Wissen, daß, auch wenn die neue Lebensorientierung auf unumkehrbare Weise festgelegt ist, der Geist Gottes weiterhin neue Worte spricht und neue Forderungen stellt. Man darf dem Wollen des Geistes nicht a priori Grenzen setzen oder sich gegenüber dem aus der Geschichte immer neu hervorgehenden „Mehr“ nach eigenem Gutdünken taubstellen wollen.

Ich glaube, daß, wer sich ehrlich auf den Prozeß der siebziger Jahre eingelassen hat, weiß, daß er weiterhin der menschlichen Schwäche ausgesetzt ist. Auch die gewählte Richtung birgt eigene Gefahren in sich, wie richtig und notwendig sie auch immer sein mag, und sie lockt mit eigenen Versuchungen. So halten sich zum Beispiel die, die sich hier engagieren, allzuleicht für eine Elite, meinen, sie seien ethisch überlegen, und glauben sich den Versuchungen und der Sünde gegenüber gefeit. Auch hat man bei der eingeschlagenen Richtung mit eigenen, speziellen Schwierigkeiten zu tun wie der, Effizienz und Wissen um die Gnade, Kampf und Großmut, Gerechtigkeit und Mitleid, Billigkeit, Vergebung und Versöhnung miteinander vereinen zu müssen.

Aber, so ist meine feste Überzeugung, nichts von alldem stellt die Gültigkeit und die Notwendigkeit der grundsätzlichen Einsicht und Entscheidung, daß es kein geistliches Leben am konkreten, historischen Leben vorbei geben kann und soll, in Frage. Aus diesem Grund wird auch ehrlich danach gesucht, mit welchem Geist wir leben und Leben spenden sollen. Demnach müssen wir hier, so scheint mir, drei wichtige Dinge festhalten:

Erstens ist es sehr wichtig geworden, daß wir nicht nur die Praxis Jesu analysieren, sondern auch den Geist, von dem diese Praxis getragen wird, wie er programmatisch in der Bergpredigt zum Ausdruck kommt. So wird uns durch die erste Seligpreisung, so wie sie im Lukasevangelium formuliert wird, deutlich, daß die Armut im buchstäblichen Sinne des Wortes die materielle Voraussetzung für die Spiritualität ist. Allerdings ist es wichtig, daß wir uns auch mit der Formulierung dieser Seligpreisung, so wie sie im Matthäusevangelium zu finden ist, auseinandersetzen. Matthäus redet von einer Armut im Geiste, nicht, damit wir an der wirklichen Armut vorbeigehen, sondern damit wir, um die glückliche Formulierung von I. Ellacuría aufzugreifen, arm „mit Geist“ seien. Aus der letzten Seligpreisung geht klar das entscheidende Kriterium der historischen Verifizierung echten geistlichen Lebens hervor: die Verfolgung, die die Praxis der Gerechtigkeit nach sich zieht. Wenn die Richtigkeit dieser beiden Seligpreisungen in unserer Situation mehr denn je deutlich wird, heißt dies nicht, daß wir damit nicht auch die Bedeutung und Wahrheit auch der anderen Seligpreisungen zurückgewinnen wie zum Beispiel die geistliche, christliche Bedeutung der Barmherzigkeit und des Arbeitens für den Frieden. Ich glaube, daß das, was wir erfahren, besonders gut formuliert ist in jener Seligpreisung derer, die, weil sie reinen Herzens sind, Gott schauen werden. Das heißt, daß hier diejenigen seliggepriesen werden, die nicht an sich selbst und auch nicht egoistisch an den Dingen, für die sie kämpfen, hängen, die reine Augen haben, die die Wahrheit suchen, die keusch sind im tiefsten Sinne dieses Wortes. Sie sind es, die sich in der Geschichte immer vor Gott stellen, um das Wort Gottes zu hören, das größer ist als jedes Wort, das wir selbst sprechen können, wie wahr dies auch immer sei. Wenn wir die Seligpreisungen in ihrer Gesamtheit nehmen, zeigen sie uns einen Menschen, der sich nicht nur zu einer bestimmten Wahl entschieden hat und sich konkret, im wirklichen geschichtlichen Leben engagiert, sondern der auch ein Mensch „im Geiste", „mit dem Geiste" ist.

Zweitens hat sich die Überzeugung gefestigt, daß es so etwas gibt, das wir „die Effizienz der Heiligkeit" nennen könnten. Es ist mehr als evident, daß, wer sich wirklich mit den Armen engagiert und solidarisiert, auch tatsächlich etwas erreichen will. In diesem Sinn wird die Notwendigkeit einer wirklichen Befreiung als der tatsächlichen Herbeiführung eines Zustandes der Gerechtigkeit stark betont, und deshalb wird auch die konkrete Beteiligung der Christen an den Befreiungsprozessen und — in Grenzfällen — sogar am revolutionären Kampf gefordert. Aber unabhängig davon, ist man auch der Überzeugung, daß das Leben im Geist, die Heiligkeit, eine eigene historische Effizienz besitzt. Daß dem so ist, hat man übrigens nicht aus irgendwelchen Prinzipien a priori abgeleitet, sondern dies läßt sich aus der Geschichte selbst deduzieren. Erinnern wir hier an das bedeutende Beispiel von Erzbischof Romero. An dem Wert seines konkreten Engagements kann kein Zweifel bestehen. Seinen enormen gesellschaftlichen Einfluß und die Wirksamkeit seiner Praxis kann man aber isoliert von seiner persönlichen Heiligkeit nicht verstehen. Daraus läßt sich schließen, daß ein konkret gelebtes, historisches Leben „im Geiste" die Christen nicht nur von den wirklichen Problemen nicht entfremdet, sondern sie im Gegenteil in ihrem Engagement für die Befreiung der Armen erfolgreicher macht.

Schließlich hat man auch, so glaube ich, die Überzeugung zurückgewonnen, daß es nötig ist, daß ein Leben im Geist auch in entsprechenden Formen einer spezifisch geistlichen Praxis zum Ausdruck kommt. Dies hat sich nicht nur aufgrund einer Deduktion a priori aus irgendwelchen Prinzipien gezeigt, sondern es handelt sich ganz einfach um eine Forderung, die aus dem konkreten Leben selbst hervorgeht, das in dem Maße weniger christlich wird, in dem solche Formen einer geistlichen Praxis fehlen. In gewissem Sinn bestätigt sich, daß die Wirklichkeit in sich selbst die Forderung birgt, daß man über sie auch auf der Ebene des Sinnes reflektiert und sie also auch dort explizit wird. Geschieht dies nicht, könnte man daran zweifeln, ob sie wohl existiert. Darüber hinaus ist auch die Notwendigkeit einer geistlichen „Explizitierung" der Wirklichkeit, also einer geistlichen Auseinandersetzung mit ihr, deutlich geworden. Denn nur so läßt sich die Bedeutung des konkreten Lebens entdecken, und nur so vermag man in diesem konkreten Leben die Motivation zu einem echten christlichen Engagement zu finden.

Wir wollen uns hier nicht auf eine theoretische Diskussion darüber einlassen, was hier Vorrang hat: das Leben oder seine Auslegung, das Modell des „contemplativus in actione" – mitten im Handeln kontemplativ sein – oder das des „contemplata aliis tradere" – was man in der Kontemplation an Wahrem erkannt hat, den anderen weitergeben. Persönlich glaube ich, daß das Leben wichtiger ist als alle Formen der Erklärung der Bedeutung und des Inhalts dieses Lebens. Andererseits können wir aber die Existenz einer Dialektik zwischen einem Leben im Geiste und der expliziten Auseinandersetzung damit und Frage danach, in und mit welchem Geist dieses Leben gelebt wird, nicht leugnen. In diesem Sinne muß es auch spezifische, eigene Formen der Spiritualität geben, auch wenn diese unabhängig vom realen Leben nicht existieren können bzw. keinen Sinn haben, denn sie erlauben es, das Leben noch stärker und entschiedener im Geiste zu leben. Wenn so auch einige traditionelle Formen der Spiritualität besser aufgegeben werden bzw. aufgegeben werden müssen, kann man dennoch auf sie nicht verzichten, vor allem nicht auf solche Formen, bei denen die Wurzeln des christlichen Lebens berührt werden, wie die Eucharistie, das Gebet, die Besinnung auch in der Form gezielter Besinnungstage, die Unterscheidung der Geister usw.

Zusammenfassend meine ich, daß die siebziger Jahre uns in

bezug auf das geistliche Leben zweierlei lehren: Erstens ist das konkrete, wirkliche Leben die absolute Voraussetzung dafür, damit es ein geistliches Leben geben kann. Diese Einsicht ist vom Standpunkt des christlichen Glaubens nicht nur die mit dem größten Neuigkeitswert, sondern auch überhaupt die wichtigste. Sie darf nicht mehr verlorengehen, und sie wird auch wohl für viele Christen und Ordensleute nicht mehr verlorengehen. Zweitens wissen wir nun auch deutlicher um die Notwendigkeit, unser konkretes, geschichtliches Leben mit mehr christlichem Geist zu durchdringen und zu leben. Denn dieser Geist richtet uns auch dann weiterhin, wenn wir uns innerhalb unseres historischen Lebens richtig orientiert haben, so wie er immer neu und immer mehr von uns fordert, daß wir uns immer mehr und immer christlicher auf das konkrete Leben einlassen.

Um es plastisch zu sagen: Es handelt sich darum, daß wir uns konkret um die Errichtung des Gottesreiches mitten in unserer Geschichte bemühen, daß wir uns so Gott nähern, daß wir Menschen reinen Herzens sind, die Gott schauen und so sein Reich aufbauen können. Oder anders gesagt: Es geht darum, daß wir tun, *was* Jesus getan hat, und daß wir dies auch immer mehr tun *wie* Jesus. Dies hat überhaupt nichts mit einer konservativ-pietistischen, fundamentalistischen Einstellung dem christlichen Glauben gegenüber zu tun, denn wichtig ist hier, daß wir im Geiste Jesu leben, der uns einerseits auf Jesus zurückverweist und in uns die „gefährliche Erinnerung" an ihn und sein Tun wachhält und der uns andererseits neue Wege öffnet, neue Forderungen an uns stellt und neue, konkrete Möglichkeiten bietet.

2. Die Bedeutung des geistlichen Lebens heute

Wie wir anfangs gesagt haben, läßt sich heute ein neues Interesse für das „Spirituelle" und ein neues Aufleben dieser geistlichen Dimension im Leben der Christen und Ordensleute feststellen. Einerseits drängt das religiöse Leben bzw. das Ordensleben darauf, daß wir bestimmten Anforderungen dieses Lebens gerecht werden, und dies geschieht nicht einfach dadurch, daß wir uns für eine neue Orientierung und Ausrichtung unseres geschichtlichen Lebens entschieden haben, auch wenn dies allein schon unserem religiösen Leben bzw. unserem Ordensleben einen tiefen Sinn verleiht. Denn auch bei einer solchen Entscheidung besteht die typische Problematik etwa des Ordenslebens weiter, und es wird nach wie vor von uns gefordert, daß wir durch den Gehorsam verfügbar seien, daß wir die Hingabe und die Einsamkeit des Zölibats, die Demut und den Verzicht, die die Armut uns auferlegt, die Chancen, aber auch die Einschränkungen des Lebens in der Gemeinschaft auf uns nehmen. Dies alles sind Wirklichkeiten, die in sich eigene Möglichkeiten, aber auch Schwierigkeiten bergen und die nach Geist rufen, damit diese überwunden werden und jene Frucht tragen.

Konzentrieren wir uns nun auf die konkrete, historische Wirklichkeit, in der wir unseren Glauben und unser Ordensleben in Zentralamerika leben und der wir nur gerecht werden können, wenn wir angesichts dieser Wirklichkeit christlich, im Geiste und mit Geist leben. Nennen wir hier ihre wichtigsten Merkmale, wenn auch deren Gewicht und Bedeutung von Land zu Land variieren.

2.1 Die Verfolgung ist in unseren Ländern eine ziemlich überall feststellbare Wirklichkeit, die einen *Geist der Stärke* erfordert. Wir alle wissen, wie das Volk in vielen unserer Länder unterdrückt wurde und wird und wie stark die Repression ist. Wo die Christen und Ordensleute sich wirklich mit dem Volk solidarisiert haben, haben auch sie die Verfolgung erfahren. Dies ist eine jener schwierigen, gefährlichen Situationen, in denen einzelne Ordensleute und ganze Ordensgemeinschaften vor eine neue, grundlegende und alles von ihnen fordernde Entscheidung gestellt werden.

In solchen Situationen ist es nicht leicht, sich so zu verhalten, daß damit eine mögliche Verfolgung in Kauf genommen wird, sowie es noch schwieriger ist, in der Verfolgung standhaft zu bleiben. Die Bereitschaft zur Verfolgung geht nicht automatisch aus dem Ordensleben mit der ihm eigenen Trägheit oder aus seinen allgemeinen Prinzipien hervor. Sie setzt voraus, daß wir zu den Grundlagen des christlichen Lebens durchdringen, zu jenem fundamentalen Prinzip der christlichen Liebe und zu der Bereitschaft, etwas vom eigenen Leben, ja dieses eigene Leben selbst herzugeben.

In einer Situation der Verfolgung ist Geist vonnöten, der Geist Jesu im Ölgarten, der Geist des guten Hirten, der seine Herde nicht aufgibt, wenn Gefahr droht. Sowohl um selbst in der Verfolgung durchzuhalten als auch um andere zu unterstützen, die, was ihre Arbeit betrifft, aber auch sonst auf uns angewiesen sind, brauchen wir einen besonderen Geist der Stärke, brauchen wir die Kraft des Geistes, die größer ist als alle Angst und Furcht. Mitten in unserer Hinfälligkeit und Schwäche bedürfen wir des Wortes Jesu, der uns sagt: „Fürchtet euch nicht, ich habe die Welt besiegt." Bis wir das Ziel erreicht haben, müssen wir an der Richtigkeit jenes so definitiven Wortes Jesu festhalten: „Niemand hat größere Liebe, als wer sein Leben gibt für seine Freunde." So bedeutet das geistliche Leben für uns heute, daß wir es lernen, in und mit dem Geist der Stärke zu leben.

2.2 Die neuen Entwicklungen, mit denen unsere Länder sich auseinandersetzen müssen, erfordern viel Unterscheidungsvermögen sowie einen *Geist der Wahrheitsliebe und Wahrheitssuche*. Beide sind theologisch äußerst wichtig. Auch für uns Ordensleute sind die neuen Befreiungsprozesse, die revolutionären Kämpfe, die nichtkapitalistischen Gesellschaften, der Neuaufbau unserer Länder unerforschtes Land. Wir müssen noch lernen, wie wir dort als Menschen, Christen und Ordensleute zu leben haben.

Hier stellen sich ernste und wichtige Fragen: Wie sollen wir uns in den Befreiungsprozessen, die nicht selten den Charakter eines revolutionären Kampfes annehmen, engagieren, „inkarnieren"? Wie können wir unterstützen, was in diesen Prozessen gut und richtig ist? Können wir dort einen eigenen wichtigen und womöglich spezifischen Beitrag leisten? Wie können wir dabei auf angemessene und gesunde Weise unsere Eigenheit und Autonomie als Ordensleute bewahren? Um all diese Fragen beantworten zu können, brauchen wir mehr, als was wir bisher gelernt haben. Auch unsere heutige Kenntnis des Christentums und was wir aufgrund eigenen Charismas und eigener Begabung kennen und wissen mögen, reicht nicht. Denn wir stehen einfach vor einer neuen Geschichte und so auch vor einem neuen Wort Gottes.

Um nicht an dieser Neuheit der Geschichte vorbeizugehen, sie zu verpassen oder fehlzudeuten und vor allem um den Willen Gottes in ihr zu erkennen, brauchen wir Geist, ein reines Herz und klare Augen, mit denen wir uns nicht an der Wahrheit, die wir schon zu erkennen meinen, festklammern, sondern wirklich den

Willen Gottes suchen. „Geistliches" Leben bedeutet in diesem Kontext, daß wir von einer leidenschaftlichen Liebe zur Wahrheit, also vom Geist der Wahrheit, erfüllt sind.

Die konkrete Situation unserer Länder ändert sich und dies in mancher Hinsicht sehr entscheidend. Dies erfordert von uns auch einen *Geist der Treue.* Die Geschichte geht weiter und bringt immer Neues mit sich. Auch wenn es sicher ist, daß wir uns in jeder geschichtlichen Situation, wie sie auch immer sei, „inkarnieren" müssen, so sicher ist auch, daß eine solche Inkarnation nicht ein für allemal stattfindet, so daß wir immer neu zu Bekehrung und Umkehr bereit sein müssen.

Die letzten zehn Jahre sind in Zentralamerika ein Beispiel dafür, wie sehr sich die Gesellschaft und die Kirche ändern können und wie dabei von uns immer neu Umkehr gefordert wird. Das gilt auch, wenn im revolutionären Prozeß ein Sieg errungen ist wie in Nicaragua. Die Geschichte steht nicht still. Immer kommen neue Probleme, neue Anforderungen. Und blicken wir auf die Zukunft, dann kann niemand sagen, was in zehn oder zwanzig Jahren sein wird.

Die Bereitschaft zu einer andauernden Inkarnation, zum ehrlichen Wahrnehmen und Wahrhabenwollen der Geschichte, so wie sie ist, erfordert von uns den Gleichmut, die Verfügbarkeit und Bereitschaft, die der heilige Ignatius von uns Jesuiten forderte. Sie fordert von uns eine Treue Gott gegenüber, die auch im Dickicht der Geschichte nicht verlorengeht; die Bereitschaft, das elterliche Haus zu verlassen, wie es Abraham getan hat, und „demütig den Weg mit deinem Gott zu gehen", wie es der Prophet Micha gesagt hat. „Geistliches" Leben bedeutet also, daß wir die Geschichte in einem Geist der Offenheit, der Bereitschaft und der Treue leben.

2.3 Zum Schluß möchte ich hier von einem Phänomen sprechen, das in der Kirche und auch in den Ordensgemeinschaften weit verbreitet ist: die Spaltung in verschiedene Gruppen, von denen jede für sich beansprucht, die wahre Kirche zu sein bzw. die einzig mögliche Form des Ordenslebens zu vertreten. Das so entstandene Problem wird letztendlich nur vom *Geist der Heiligkeit* gelöst werden können und erfordert daher auch diesen Geist.

Nicht selten berufen die einen sich zur Verteidigung ihrer Wahrheit auf den rechten Glauben, während die anderen, und dies läßt sich nach meiner Meinung eher begründen, sich auf das Evangelium bzw. eine diesem Evangelium nahestehende Theologie berufen. Die einen rufen nach den kirchlichen Autoritäten, damit diese mit den ihnen zur Verfügung stehenden Machtmitteln die Probleme lösen, die anderen vertrauen auf die Überzeugungskraft theologischer Argumente. So wiederholen die ersten, daß die wahre Kirche die institutionelle Kirche mit ihrer Hierarchie und ihre Lehre ist, während die anderen, ohne dieser institutionellen Kirche irgend etwas nehmen zu wollen, betonen, daß die wahre Kirche die Kirche der Armen ist.

Ich will nicht die Bedeutung der theologischen Argumentation bei der Beantwortung der Frage, welche nun die wahre Kirche ist, leugnen. Ich möchte aber hinzufügen, daß nur die jeweilige Heiligkeit letztendlich darüber entscheiden wird, welche Autorität einer Gruppe, die für sich beansprucht, die wahre Kirche zu sein, tatsächlich zukommt. Nur die Heiligkeit wird schließlich auf lange Sicht darüber entscheiden, wo die wahre Kirche zu finden ist, wenn hier auch auf kurze Sicht andere Faktoren zu entscheiden scheinen, wie es uns das Leben vieler Heiligen und Gründer von Ordensgemeinschaften zeigt.

Wer die Kirche wirklich liebt, wer ihre Erneuerung will, wer ihr helfen möchte in der heutigen Situation der Verwirrung und der Spaltung in der Kirche, muß bereit sein, das Zeugnis der Heiligkeit abzulegen. Es wäre falsch und unheilvoll, die Liebe zur Kirche mit einer bedingungslosen Verteidigung der Institution und der Orthodoxie zu verwechseln. Es würde aber auch nicht reichen, auch wenn es in sich nicht falsch wäre, die Liebe zur Kirche nur in der Form einer theologisch einwandfreien Argumentation zum Ausdruck bringen zu wollen.

Was wir hier von der Kirche sagten, läßt sich auch auf das Leben in den Ordensgemeinschaften übertragen. in denen Verwirrung und Spaltung herrschen. Letztendlich wird sich nur die Heiligkeit allein durchsetzen, und nur die Heiligkeit wird Vertrauen in der Wahrheit einer Argumentation wecken und sie so als glaubwürdig erscheinen lassen. Daher bedeutet in der heutigen Situation der Kirche „geistliches“ Leben auch Geist der Heiligkeit.

2.4 Wir haben hier einige Aspekte heutiger Wirklichkeit vorgetragen, die untermauern, wie notwendig „geistliches" Leben auch heute ist. Theoretisch ließen sich diese Aspekte auch als eine allgemeine Forderung nach solchen umfassenden, „universalen" Tugenden wie Stärke, Unterscheidungsvermögen, Treue, Heiligkeit interpretieren. Die heutige Situation aber macht offenkundig bzw. macht offenkundiger, als dies je der Fall war, wie notwendig diese Tugenden sind, und gibt ihnen zudem einen sehr konkreten Inhalt.

Aufgrund all dieser Aspekte kommen wir zum Schluß, wie wichtig ein Leben im Geist ist, sowohl weil es sich schon in sich als notwendig erweist, als auch im Hinblick auf größere historische Effizienz. Auf argumentativer Ebene läßt sich vielleicht nicht viel mehr sagen, und dies ist übrigens auch nicht der Ort, die Notwendigkeit und Effizienz des geistlichen Lebens theoretisch weiter zu erörtern. Wenn aber deutlich geworden ist, wie sehr das wirkliche, historische Leben Voraussetzung für das geistliche Leben ist, wächst in dem gleichen Maße, wie wir dieses konkrete, geschichtliche Leben ernst nehmen und uns darauf einlassen, auch die Überzeugung, wie nötig es ist, im Geist und mit Geist zu leben.

Oft ist es schwierig, in Worten auszudrücken, worin dieser Geist besteht. Vielleicht ist es leichter zu sagen, wo es ihn nicht gibt. Dennoch läßt sich nicht leugnen, daß wir in der Begegnung mit Männern und Frauen, die mit Geist erfüllt sind, etwas Neues bemerken. Wir stellen fest, wie ihr konkretes Leben, ihre Solidarität mit den Armen, ihr Kampf um Gerechtigkeit, ihr Engagement in den Prozessen der Befreiung und der Revolution etwas Besonderes aufweisen, das sie nicht von der Geschichte entfremdet, sondern im Gegenteil ihrem Leben Tiefe und ganz eigene Qualität verleiht. Und auch wenn es schwierig ist zu definieren, wie ein Leben im Geist sein soll, es ist überhaupt nicht schwierig, auf konkrete Personen und Gruppen hinzuweisen, bei denen es offenkundig ist, daß sie im Geiste leben. So war Erzbischof Romero ein Mann, der mit Geist gelebt hat. Manche Ordensgemeinschaften von Frauen, die unter der Landbevölkerung leben, manche kirchliche Basisgemeinden, viele Männer und Frauen, die selbstlos, mit viel Hingabe und Großmut, in Demut und großer Aufopferungs- und Hilfsbereitschaft leben und arbeiten, sagen uns viel besser als viele Worte, was es heißt, die Geschichte im Geist und mit Geist zu leben.

Erster Teil

Befreiung mit Geist

I

Voraussetzungen und Grundlagen der Spiritualität[2]

In diesem Kapitel wollen wir die Struktur der Spiritualität der Befreiung erörtern. Auf die konkreten Inhalte einer solchen Spiritualität werden wir an anderer Stelle eingehen.

Unser Ausgangspunkt muß hier die christliche Praxis der Befreiung sein, so wie sie tatsächlich existiert. Denn diese Praxis wird von einer Spiritualität der Befreiung getragen, auch wenn diese nicht so explizit von der Theologie der Befreiung aufgegriffen worden ist wie jene Praxis selbst. Indem aber anläßlich jener Praxis gesagt wird, man wolle Jesus nachfolgen, man wolle das Wort Gottes hören und dann auch tun, man wolle sich die Situation, die Anliegen und Interessen, das Schicksal der Armen zu eigen machen, werden damit auch wichtige Aussagen über eine christliche Spiritualität gemacht, die besagter christlichen Praxis Gestalt und Orientierung gibt. Die Struktur dieser Spiritualität ist aber, soweit wir wissen, bisher noch nicht explizit dargestellt worden.

Fangen wir damit an hervorzuheben, daß die Spiritualität nichts anderes ist als der Geist eines bestimmten Subjektes oder einer als Subjekt auftretenden Gruppe, insoweit dieser/diese zur Totalität der Wirklichkeit in Beziehung steht. Diese Aussage mag zwar höchst formell erscheinen, sie bringt aber in zweierlei Hinsicht Wichtiges zum Ausdruck. Erstens besagt sie, daß die Spiritualität eines bestimmten Subjektes keine Gegebenheit an sich in diesem Subjekt, sondern immer ein In-Beziehung-Stehen dieses Subjektes ist. Zweitens unterstreicht sie, daß dieses In-Beziehung-Stehen sich nicht auf einen Teil der Wirklichkeit bzw. sich nur auf eine andere geistige/geistliche Wirklichkeit beschränkt, sondern auf die Totalität der Wirklichkeit ausgerichtet ist.

Wir halten es für wichtig, dieses Bezogensein der Spiritualität auf die Totalität der Wirklichkeit eigens hervorzuheben. Erstens handelt es sich hier um eine Art intuitiven Erfassens, das der gesamten Befreiungspraxis und so auch der mit dieser verbundenen Spiritualität zugrunde liegt. Zweitens soll so ein Fehler vermieden werden, der, wie die Geschichte lehrt, öfter in der Spiritualität vorzufinden war: Es soll vermieden werden, daß man die Wirklichkeit sich selbst überlassen will und sich so der Geschichte entziehen zu können meint — mit all dem, was dies an Folgen der Entfremdung in sich birgt, daß so geistliches Leben und geschichtliches Handeln nebeneinander ablaufen, ohne sich wirklich zu begegnen und man sich so auf sehr subtile, wenn auch unbewußte Weise nachträglich den geschichtlichen Prozessen anpaßt und damit der Geschichte immer hinterherläuft bzw. daß man sich auf nicht weniger subtile Weise in ein Vorwegnehmen der Eschatologie flüchtet und sich so ebenfalls an der Geschichte vorbeimogeln zu können meint.

Um diesen Versuchen zu widerstehen und beim Verständnis der Spiritualität Fortschritte zu machen, muß man nach der richtigen Beziehung zwischen dem Geist eines Subjektes und der Wirklichkeit fragen. Wir werden hier die Mindestanforderungen für eine solche Beziehung darlegen, die wir dementsprechend als die unabdingbare Voraussetzung für jede Spiritualität betrachten. Sie sind zudem die Grundlagen, auf denen der Geist eines Subjektes aufbauen muß, will dieses Subjekt der inneren Dynamik dieser Voraussetzungen treu bleiben. Diese Voraussetzungen sind konkret: 1. eine grundsätzliche Ehrlichkeit, die Wirklichkeit so sehen zu wollen, wie sie ist; 2. eine große Treue dieser Wirklichkeit gegenüber; 3. die Bereitschaft, dem in dieser Wirklichkeit enthaltenen „Mehr" zu entsprechen und sich von ihm tragen zu lassen. Diese drei grundsätzlichen Verhaltensweisen können auch eine Rolle in der Beziehung zu Gott spielen, und dann bekommen besagte Voraussetzungen und Grundlagen theologale Qualität. In der Praxis der Theologie der Befreiung haben sie schärfere, deutlichere Konturen bekommen, und diese Präzisierung und Neuentdeckung in der Praxis der Theologie der Befreiung hat auch ihre Neuentdeckung im Leben, in der Praxis und im Schicksal Jesu erleichtert. Wir werden hier daher, allerdings mehr im Sinne der Erläuterung und Illustration als im Sinne einer strengen theologischen Argumentation, auf Jesus und seine Praxis der Befreiung verweisen.

1. Ein ehrliches Sehenwollen der Wirklichkeit

Was wir mit einem solchen ehrlichen Sehenwollen der Wirklichkeit meinen, wird in hervorragender Weise, wenn auch auf den ersten Blick negativ, von jener Stelle Röm 1,18ff definiert, wo es heißt: „Der Zorn Gottes wird vom Himmel herab offenbart wider alle Gottlosigkeit und Ungerechtigkeit der Menschen, die die Wahrheit durch Ungerechtigkeit niederhalten." Demnach richtet die Verurteilung Gottes sich zuerst und grundsätzlich gegen ein Verhalten, durch das die Wirklichkeit geleugnet wird, durch das also ein bestimmtes Subjekt die in der Wirklichkeit gegebene Wahrheit nicht wahrhaben will, sondern sich dieser Wirklichkeit gegenüber für eine grundsätzliche Unehrlichkeit entscheidet.

Diese Unehrlichkeit beschränkt sich nicht auf die Ebene des reinen Erkennens, sondern sie ist eine Form des Unrechts. Sie ist eine Vergewaltigung der Dinge in ihrem eigenen Sein, ein Nicht-ehrlich-sein-Wollen ihnen gegenüber. Daraus folgt dann dreierlei: Erstens werden die Dinge ihrer Bedeutung beraubt und damit auch ihrer Fähigkeit, Sakramente der Transzendenz sowie Faktoren wirklicher, sinnvoller Geschichte zu sein. Zweitens nimmt das betreffende Subjekt sich selbst die Fähigkeit, die Wirklichkeit auf angemessene Weise kennenzulernen, denn „ihr Herz verdüsterte sich". Drittens wird dadurch faktisch Gott selbst geleugnet, denn man weigert sich, ihn als das Fundament der Wirklichkeit wie auch des Geistes des Subjektes selbst anzuerkennen. Durch eine solche grundlegende Unehrlichkeit der Wirklichkeit gegenüber wird es dem Subjekt überhaupt unmöglich, irgendwie eine tragfähige Brücke zur Wirklichkeit zu schlagen. Dadurch wird die Spiritualität selbst unmöglich. Diese braucht ja genau die entgegengesetzte Grundlage: ein Verhalten grundsätzlicher Ehrlichkeit den Dingen gegenüber, die in einem ersten Schritt die Dinge wirklich so kennenlernen will, wie sie sind.

Sicherlich muß das bisher Gesagte übermäßig abstrakt erscheinen, und man könnte einwenden, daß es auf jener abstrakten Ebene überhaupt keine besonderen Schwierigkeiten für die Spiritualität gibt. Dem ist aber nicht so. Um hier ein wichtiges Beispiel anzuführen, könnten wir uns fragen, wie man historisch und theologisch mit der Schöpfung umgeht. Vor allem in der Ersten Welt pflegt man die Wahrheit dieser Schöpfung mancherorts mit einer universalisierenden Sprache zu beschreiben, in der von der „Menschheit“ oder schlimmer noch „vom modernen Menschen“ die Rede ist, als ob sich so die Wirklichkeit der Schöpfung, so wie sie heute ist, angemessen beschreiben ließe, als ob die Errungenschaften und die Probleme unserer Schöpfung die jenes besagten Menschen wären. Theologisch wird die Schöpfung zu Recht als ein Handeln Gottes beschrieben, als eine wichtige Gegebenheit sowohl für die Theologie als für die Anthropologie, als Anfang eines Heilsplans Gottes, der von ihm in der Geschichte verwirklicht wird, bis diese ihre Fülle erreicht hat.

Wenn man aber so die Schöpfung einfach dadurch zu verstehen sucht, daß man sie auf die „Menschheit“ oder auf den „modernen Menschen“ reduziert, verdeckt man ihre tiefste Wirklichkeit. Auch umfaßt die „Menschheit“ jenen „immensen, größeren Teil der Menschheit, der wenig mit dem modernen Menschen zu tun hat. Und die theologische Überstürzung, mit der man das Thema der Schöpfung abhandelt, könnte an jenem ersten Wort, das die Schöpfung über Gott sagt, vorbeigehen: nämlich, daß er den Menschen das Leben schenkt.

Wollen wir die Wahrheit der Schöpfung erkennen und anerkennen, müssen wir in jenem ersten, grundlegenden Augenblick der Ehrlichkeit eine andere Richtung einschlagen. Wie kalt und wenig theologisch die Daten der Statistik auch erscheinen mögen, mit ihnen müssen wir anfangen. Diese Daten sagen, daß die große Mehrheit der Menschheit Opfer der Armut, der institutionalisierten Gewalt und eines langsamen und manchmal auch gewaltsamen Todes ist. Theologisch betrachtet ist die Schöpfung Gottes bedroht und geschunden. Nicht nur die Eschatologie, auch die Protologie birgt nach wie vor ein grundlegendes Problem in sich. Zudem ist die Schöpfung nicht nur eine natürliche, sie ist auch eine historisch gewordene Wirklichkeit, die zu einem großen Teil das Ergebnis des Handelns von Menschen gegen Menschen ist. So ist die Wirklichkeit der Schöpfung auch Sünde, absolute Verneinung von Gott, schwere Ursünde.

Die Dinge so sehen zu wollen ist ein Akt der Vernunft, allerdings so auch ein Akt einer richtigen, durch eine Umkehr hindurchgegangenen Vernunft, bei der das die Erkenntnis leitende Interesse das einer objektiven Treue der Wirklichkeit gegenüber ist, und nicht nur das Eigeninteresse des erkennenden Subjekts, was sich notwendigerweise in Ideologie niederschlägt. Was von der dialektischen Theologie (vor allem von Karl Barth) über die menschliche Erkenntnis als grundsätzliche Möglichkeit, sich gegen Gott aufzurichten, gesagt worden ist, wobei dies nach Barths Meinung leider nicht nur Möglichkeit, sondern auch Wirklichkeit ist —, muß auch von unserer Erkenntnis der Wirklichkeit gesagt werden. Es gibt eine Art der Erkenntnis, die ein Sichwehren, eine, wenn auch verkehrt verstandene Selbstverteidigung gegen die Wirklichkeit ist. Richtig wäre es hier statt dessen die Wirklichkeit zu verteidigen und das, was ihr objektiv entspricht und not tut. Dazu muß man sie aber auch objektiv kennenlernen. Dies ist es, was wir sagen wollen, wenn wir von einer Ehrlichkeit der Wirklichkeit gegenüber reden.

Eine solche grundlegende Ehrlichkeit darf sich aber nicht auf einen ersten noetischen Augenblick — der als solcher auch ein ethisches Moment des Subjekts ist — beschränken. Sie ist auch immer dann notwendig, wenn aus der Wirklichkeit an uns Anforderungen ergehen. Denn wenn wir diese nicht durch ein ungerechtes Tun unsererseits zum Schweigen gebracht haben, spricht sie zu uns sowohl ein bedingungsloses „Nein" als auch ein bedingungsloses „Ja". „Nein" sagt die Wirklichkeit ihrer eigenen Verneinung und Zerstörung, dem Fehlen und der Zerstörung von Leben, dem Mangel an Leben gegenüber. Vom Standpunkt der Bibel aus betrachtet, stehen wir hier vor der Ursünde, und der gegenüber sprechen sie und die Wirklichkeit selbst ihr Nein: ihr Nein dem Brudermord Kains und ihr Nein der Unterdrückung der Israeliten durch die Ägypter gegenüber sowie das Nein der Propheten denen gegenüber, die einen Gerechten für ein Paar Sandalen verkaufen, und dem gegenüber die Propheten dann wieder jenes Nein der Wirklichkeit selbst sprechen. Es darf keine Theologie oder eine aus einer solchen Theologie abgeleitete Theodizee geben, die dieses erste Urnein der Schöpfung zu relativieren oder an ihm vorbeizugehen sucht, welche auch immer die anderen Anforderungen sind, die aus der Wirklichkeit an uns ergehen. In der Wirklichkeit unserer heutigen Welt ist das Nicht-Leben der großen Mehrheit der Menschheit durch nichts zu entschuldigen, und dem gegenüber spricht die Wirklichkeit selbst wieder ihr Nein.

Das Ja, das die Wirklichkeit von uns fordert, ist ein Ja dem

Leben gegenüber, und da der größte Teil der Schöpfung vom Nichtleben beherrscht wird, impliziert dieses Ja, daß wir wieder Leben schaffen, Leben herstellen. Es ist also nicht nur ein Ja dem Leben gegenüber, sondern auch ein Ja dem Spenden, dem Geben von Leben gegenüber. So fordert die Wirklichkeit selbst das, was man allgemein „Liebe" nennen könnte, nur daß die Ehrlichkeit dem Wirklichen gegenüber von uns eine erste Charakterisierung der Liebe als jene Praxis fordert, die darauf ausgerichtet ist, der immensen Mehrheit das Leben zu geben, die man also auch „Gerechtigkeit" nennen kann. Hieraus folgt zweierlei für eine Spiritualität, die in jener Ehrlichkeit der Wirklichkeit gegenüber wurzelt: Erstens, und dies spricht für sich selbst, darf sie nicht entfremdend sein: dies wäre ja ein Widerspruch in sich. Zweitens darf sie aber auch keine Spiritualität sein, die sich, wenn auch formell richtig, der Wirklichkeit anpaßt, ohne Liebe und immer mehr Spiritualität in sie zu investieren, ohne sich auf jene Form der Liebe einzulassen, die die Wirklichkeit fast überall von uns fordert: die Gerechtigkeit.

Für all dies ist Jesus uns ein Beispiel. Jesus war ehrlich jener ersten Urgegebenheit gegenüber, die für jeden unter uns die Wirklichkeit der eigenen Zeit ist. Er sah, wie die Schöpfung seines Vaters geschunden war und wie wenig die Mehrheit der Menschen in seiner Zeit jenem Ideal des lebendigen Menschen als Ruhm des lebendigen Gottes entsprach. Gerade diese Ehrlichkeit verleiht manchem seiner Worte eine beeindruckende theologische Logik, an denen wir oft achtlos vorbeigehen, weil sie uns nicht tief genug zu sein scheinen, um uns etwas Wichtiges über Jesus als den Christus auszusagen. So empfand Jesus Mitleid mit den Volksmassen und ihren Bedürfnissen. Er forderte seine Jünger auf, ihnen zu essen zu geben, so wie er sie übrigens lehrte, um das tägliche Brot zu beten. Er verteidigte den, der aus Hunger von einem fremden Feld aß, und heilte ohne Umstände Kranke, die ihn darum baten, auch wenn er damit gegen Vorschriften verstieß, die scheinbar auf höhere Ebenen des menschlichen Lebens, wie etwa auf die religiös-kultische Ebene, verwiesen. Sicherlich läßt sich Jesu Heilshandeln nicht auf diese Dinge beschränken. Aber genauso sicher ist, daß dies alles ihm nicht unwichtig war, daß er diesen Bereich ausdrücklich gepflegt hat und daß er auch dann, wenn er an anderen Stellen seiner Tätigkeit die Fülle des Heiles, die auch andere Bereiche des Menschlichen umfaßt, eher anzusprechen schien, jene Ebene der Grundbedürfnisse nicht aus den Augen verloren bzw. sie herabgesetzt hat.

Auch Medellín, die Theologie und die Praxis der Befreiung gehen von einem Akt grundsätzlicher Ehrlichkeit der Wirklichkeit gegenüber, in diesem Fall der lateinamerikanischen Wirklichkeit gegenüber, aus. Auch wenn die theologische Arbeit sich mehr auf solche Themen wie die Nachfolge Jesu, wie sie uns von Bibelstellen wie Mt 25 und Lk 4,18ff nahegelegt wird, und auf das Thema des Exodus zu konzentrieren schien, liegt ihr eine umfassendere und tiefere Logik zugrunde. Wenn sie eine aktive Solidarität mit den Armen dieser Welt betont, leitet sie diese nicht allein aus der Nachfolge Jesu ab — wenigstens nicht in dem Sinne, in dem man diese Nachfolge als eine Forderung Jesu versteht, die so nicht hätte sein müssen, also als eine Verpflichtung, die nur darauf zurückgeht, daß Jesus ausdrücklich gesagt hat, daß er sie will, und die nicht bestehen würde, hätte er solches nicht gesagt. Die Betonung jener Solidarität geht auch aus einer tiefen Ehrlichkeit der Wirklichkeit Lateinamerikas gegenüber hervor, und dabei ergibt sich eine tiefe Übereinstimmung zwischen ihr und der Forderung Jesu, ihm nachzufolgen. Man kann daher auch sagen, daß die Forderungen, die wir in einem ehrlichen Verhalten der Wirklichkeit gegenüber erfahren, und der Aufruf Jesu zu seiner Nachfolge sich gegenseitig erhellen.

Damit haben wir uns hier mit der ersten Voraussetzung für eine richtige Spiritualität, nämlich mit der Ehrlichkeit der Wirklichkeit gegenüber, befaßt. Es mag auch vom Zufall abhängen, ob es tatsächlich gelingt, die objektive Wirklichkeit, so wie sie ist, kennenzulernen. Aber es ist äußerst wichtig, dies wenigstens zu versuchen, genauso wichtig, wie es die Bereitschaft zur Bekehrung ist. In Lateinamerika glauben wir zu einem solchen Verhalten gefunden zu haben, und es sind die Armen, die uns das uns ermöglicht haben, und dies sowohl objektiv — denn von unten und von der Peripherie her läßt sich die Wahrheit der Dinge besser erkunden als vom Zentrum aus — als subjektiv — denn die Armen sind in der Lage, statt auf sich selbst auf die Welt zu blicken und dabei von den eigenen Interessen zu abstrahieren, um besser wahrzunehmen, was die Wirklichkeit fordert und was ihr, der gesamten Wirklichkeit, zugute kommt.

2. Die Treue dem Wirklichen gegenüber

Die Ehrlichkeit der Wirklichkeit gegenüber fordert von uns, daß wir uns ihr gegenüber auf jene oben beschriebene zweifache Weise verhalten: daß wir jeder Negation dieser Wirklichkeit gegenüber nein sagen und daß wir sie in ihrer Positivität fördern und schützen. Dies geht aber nicht ohne Schwierigkeiten und erfordert von uns einen Preis. Daher kann es nicht bei einer ersten Ehrlichkeit dem Wirklichen gegenüber bleiben, sondern wir müssen ehrlich bleiben. So verwandelt sich jene erste Ehrlichkeit in eine grundsätzliche Treue zur Wirklichkeit, wohin uns das Ehrlichsein auch immer führen möge. Diese Treue wird somit zur zweiten Voraussetzung der Spiritualität. Die historische Erfahrung der Menschheit — wie sie aus der Vergangenheit zu uns kommt, wie auch unsere heutige Erfahrung — lehrt uns, daß die richtige Antwort dem Wirklichen gegenüber, die Liebe in all ihren Formen und vor allem in der Form der Gerechtigkeit, nicht immer von Erfolg gekrönt ist und daß, wer das Leben fördern will, oft damit rechnen muß, auf eigenes Leben verzichten, ja dieses eigene Leben selbst hergeben zu müssen. Ein Spenden und Fördern des Lebens durch den Kampf gegen die Sünde führt oft dazu, daß man selbst zum Opfer der Sünde wird, die auch die zerstört, die Leben spenden wollen. Es kann so weit kommen, daß man sich die Frage stellt, ob es überhaupt möglich ist, Leben zu fördern und zu spenden. In solchen Situationen ist es verständlich, daß man sich versucht fühlt, von jener ersten, ehrlichen Hinwendung zur Wirklichkeit zu lassen und sie im nachhinein als naiv und illusorisch zu bezeichnen. Dies ist dann die Versuchung der Untreue dem Wirklichen gegenüber.

Ein Beispiel für jene Treue der von uns hier analysierten Grundeinstellung der Ehrlichkeit der Wirklichkeit gegenüber ist der Knecht Jahwes. Betrachten wir die vier Lieder, die von diesem Knecht Jahwes handeln, in ihrer Gesamtheit, können wir folgende Stufen in seiner Einstellung der Wirklichkeit gegenüber unterscheiden: Auf ein erstes Urteil über die Wirklichkeit als eine Wirklichkeit der Unterdrückung folgt als die erste ehrliche Reaktion des Gottesknechtes der Versuch, Recht und Gerechtigkeit herzustellen. Was wir aber vor allem vom Gottesknecht lernen können, sind die folgenden Schritte: Er bleibt ehrlich und läßt sich auch nicht von der tragischen Überraschung einer Negativität, die ihn und mehr noch das von ihm vertretene Ziel vernichtet, von seinem Weg abbringen. Er bleibt treu bis zum Ende und wirkt aus dem Inneren der Wirklichkeit heraus, wohin sein Schicksal ihn auch immer führt. Hier können wir überhaupt keine positive, sondern nur eine negative, allerdings durchaus sehr beeindruckende und letztendlich erfolgreiche Anthropologie und Theologie entdecken: Trotz allem darf man nie aufhören, der Wirklichkeit gegenüber ehrlich zu sein.

Diese Treue dem Wirklichen gegenüber wird uns von Jesus auf vollkommene Weise vor Augen geführt, und dies nicht nur auf prinzipieller, theoretischer Ebene, indem er uns nachträglich, infolge der theologischen Reflexion über seine Tätigkeit als *der* Knecht Jahwe dargestellt wird, sondern einfach in der Wirklichkeit seines historischen Lebens. Er begann sein Auftreten mit einer positiven Aussage und einer dieser Aussage entsprechenden positiven Einstellung, indem er verkündete: „Das Reich Gottes ist nahe", und er alles, was er war und hatte, in den Dienst dieses Gottesreiches stellte. Aber bald kam es zur tragischen Überraschung: Was für die Armen eine Frohbotschaft war, stieß auf Widerstand und Ablehnung. Was mit Begeisterung und Dankbarkeit begrüßt werden mußte, wurde von den Mächtigen als eine schlechte Nachricht betrachtet. Was Gnade war, wurde als Bedrohung und Angriff interpretiert. Trotz der Angriffe, die sich gegen die von Jesus vertretene Sache und seine Person richteten, blieb Jesus dieser Sache treu. Diese Einstellung wird uns vom Hebräerbrief hervorragend beschrieben, wenn dieser vom Gehorsam Jesu unter Seufzern und Tränen, von seinem Treubleiben bis zum Ende trotz aller Dunkelheit, die sich gegen das, was er vertrat, zusammenbraute, und trotz der Drohungen gegen seine Person redet. Der Brief nennt Jesus wiederholt einen getreuen Menschen.

Diese Treue findet sich auch in der Praxis der Befreiung. Es ist gesagt worden, daß man streng genommen nicht von einer Theologie der Knechtschaft reden kann, wohl aber von einer Theologie, die in einer Situation der Knechtschaft und von ihr ausgehend erarbeitet wird (L. Boff). Die Knechtschaft ist ja ein wichtiger Bestandteil der uns umgebenden Wirklichkeit, und wer diese Wirklichkeit ehrlich kennenlernen will, darf an ihr nicht vorbeigehen. Die vielen Märtyrer Lateinamerikas sind ein guter

Beweis für die Treue, von der wir hier reden, denn sie haben die Befreiung gesucht und für sie gearbeitet, und sie haben damit nicht aufgehört, als das Negative über sie hereinbrach und die Entwicklungen ihren eigenen Lauf nahmen.

Die Treue dem Wirklichen gegenüber bedeutet als zweite Voraussetzung der Spiritualität nichts anderes, als daß wir an jener ersten, grundlegenden Ehrlichkeit der Wirklichkeit gegenüber auch inmitten der Negativität der Geschichte festhalten, also auch dann, wenn hierfür ein hoher Preis von uns gefordert wird, wenn ein gewisses Nichtwissen jenes erste Wissen zu verdunkeln droht und die Macht der Negativität sich in voller Stärke zeigt und jene erste Hoffnung in Frage zu stellen scheint. Das einzige, was man dann noch sicher weiß, ist, daß wir durchhalten und treu bleiben müssen und uns der Geschichte nicht verweigern dürfen, indem wir auch immer versuchen, sie zum Positiven zu wenden.

Beispiel für diese Treue dem Wirklichen gegenüber ist das Kreuz Jesu. Auch als alles so aussah, als ob das Reich noch nicht gekommen war und nicht kommen würde, auch als er nur noch glauben und hoffen konnte, daß wenigstens der Vater sein Schweigen hörte, blieb Jesus treu, inkarnierte er sich weiter in der Geschichte, die er hatte umgestalten wollen und die sich nun für ihn im Kreuz verwandelte. Das Schweigen des Kreuzes war das Schweigen Gottes und der Geschichte. Aber Jesus hielt durch. Es wäre unehrlich gewesen, hätte er ein anderes Wort als jenes Wort des Schweigens erzwingen wollen. Er nahm das Schweigen und die Last, die es ihm auferlegte, auf sich und blieb treu.

3. Dem „Mehr“ der Wirklichkeit entsprechen und sich von ihm leiten lassen

Die Geschichte ist nicht nur Negativität, und es wird auch nicht von uns gefordert, daß wir dem gegenüber, was es in ihr an Dunkelheit und Leiden gibt, die Treue bewahren. Paulus sagt uns, daß die Schöpfung von der Hoffnung auf die eigene Befreiung von jeder Dienstbarkeit und Korruption lebt. Die Wirklichkeit birgt in sich eine Hoffnung und Verheißung, die auch die entgegengesetzte Erfahrung von Jahrhunderten nicht zum Schweigen bringen konnte. Denn trotz einer langen Geschichte des Scheiterns und des

Elends tendiert die Wirklichkeit zur Fülle, so wie sie auch in sich die Verheißung der Fülle birgt. Immer wieder findet ein neuer Exodus, eine neue Rückkehr aus dem Exil, eine neue Befreiung aus der Knechtschaft statt, wenn sie auch niemals definitiv sind. Immer wieder findet sich ein neuer Sprecher und Prophet, ein Mose, ein neuer Mose, der eine neue Erde und einen neuen Himmel, ein menschlicheres Leben, homines viventes, eine neue lebendige Menschheit ankündigt.

Die Ehrlichkeit der Wirklichkeit gegenüber verwandelt sich dann in eine Hoffnung, wie sie allerdings von der Dynamik, die in der Wirklichkeit selbst angelegt ist, gefordert wird. Diese Hoffnung ist mehr als ein bloßes Erwarten und Abwarten: Sie ist eine aktive Hoffnung, die der Wirklichkeit zu helfen sucht, damit sie wird, was sie sein will: Sie ist Liebe. Hoffnung und Liebe sind zwei Seiten derselben Münze: Sie sind die in konkrete Praxis umgewandelte Überzeugung, daß in der Wirklichkeit positive Möglichkeiten angelegt sind, die es zu verwirklichen gilt. Beides, die Hoffnung und die Liebe, nähren sich gegenseitig. Daß die Welt zu einem wirklichen Heim für die Menschen wird (E. Bloch), erhofft man nur, insoweit man selber bei der Errichtung eines solchen Heimes bereit ist, Hand anzulegen. Daß die Welt Leben habe, erhofft man nur dann, wenn man selber bereit ist, Leben zu geben. Diese Aufgabe, die Menschheit zu vermenschlichen und dafür zu arbeiten, daß die Menschen leben können, ergibt sich nicht aus irgendeiner auf dem Willen von irgend jemand beruhenden Forderung, von der es auch möglich gewesen wäre, daß es sie nicht gegeben hätte. Sie geht also auch nicht etwa auf ein Gebot von Jesus selbst zurück, sondern steht in tiefster Übereinstimmung mit der Wirklichkeit selbst und geht aus ihr hervor. Daher ist die Aufgabe der Vermenschlichung der Menschheit, die Liebe, eine Aufgabe, die in sich selbst die eigene Rechtfertigung findet und der in sich keine Grenzen gesetzt sind.

Hoffnung und Liebe sind die beiden Formen, durch die wir dem, was die Wirklichkeit an „Mehr" in sich birgt, zu entsprechen suchen und durch die wir so auch versuchen, dieser Wirklichkeit gerecht zu werden, indem wir ihr gegenüber treu und ehrlich sind. Dies wird auf verschiedene Weisen konkretisiert werden müssen, wie es auch Jesus getan hat und die Praxis der Befreiung heute zu tun sucht. Die verschiedenen Formen der Konkretisierung dürfen aber nicht dazu führen, daß wir den Kern der Aufgabe, die hier vor uns liegt, aus den Augen verlieren: die Hoffnung und die Liebe, durch die wir als menschliche Subjekte auf das „Mehr“ einer Wirklichkeit, die die eigene Fülle anstrebt, zu antworten suchen.

Von hier aus können wir auch zu den Tiefen der Person und der Tätigkeit Jesu durchdringen. Angesichts der Höhe, die manche christologischen Aussagen des Neuen Testaments erreichen, mögen uns andere Aussagen über Jesus als wenig tief erscheinen, die ihn zum Beispiel als einen Menschen darstellen, der sich von Mitleid rühren ließ oder der einfach „umherging und Gutes tat“. Aber gerade solche Aussagen bringen uns dem Kern der Spiritualität von Jesus selbst sehr nahe. Dies könnte man mit der Sprache einer systematisierenden Theologie so zusammenfassen, daß man sagt, er habe sich der Vermenschlichung der Menschen gewidmet, er habe versucht, das zu verwirklichen, was die Christen später mit der Aussage, daß der lebendige Mensch die Ehre Gottes ist, aussagen wollten. Sein Ausgangspunkt war das Ziel des vivens pauper, damit der Arme lebe, und ausgehend von diesem Ziel, den Armen das Leben zu geben, bietet er auch allen anderen, auch den Unterdrückern, die er zur Bekehrung aufruft, das Leben an. Wenn auch an erster Stelle den Armen, er hat allen das wahre Leben angeboten, wobei er allerdings auch von allen gefordert hat, daß sie arm im Geist, arm mit Geist werden.

„Herumgehen und das Gute tun“: So entspricht man dem „Mehr“, das in der Schöpfung angelegt ist. Nur hat Jesus wie andere auch entdecken müssen, daß, damit aus der Geschichte mehr werde, der Mensch als Subjekt mehr von sich, ja sich selbst geben muß. Das Gebot der Liebe, das von Jesus verkündigt und so vollkommen vorgelebt worden ist, und seine Forderung, daß wir „für die anderen“ daseien, dürfen nicht allein im Sinne von sapientiellen Klugheitsmaximen — etwa im Sinne: „Was du nicht willst, das man dir tut, das füge auch keinem anderen zu“ — und auch nicht nur in einem anthropologischen Sinn verstanden werden — etwa als ein Weg zur Selbstfindung des Subjekts: Sie entsprechen der Wirklichkeit selbst in dem, was am tiefsten in ihr angelegt ist, und helfen ihr, daß sie „mehr“ werden kann. Das Leben Jesu als ein Leben „für“ ist hier nicht nur die Grundlage für die Erarbeitung späterer Soteriologien: Auf einer viel grundlegenderen Ebene ist dieses Leben eine Aussage darüber, was es bedeutet, zu leben, und was es dabei bedeutet, dies in Übereinstimmung mit Gottes Schöpfung zu tun.

Diese Hoffnung, die aus der Wirklichkeit hervorkeimt, und der praktische Versuch, mit der Wirklichkeit mitzuarbeiten, damit es Leben gebe, bilden die Grundlage der Praxis der Befreiung, wenigstens bei den besten Versuchen der Verwirklichung einer solchen Praxis. Daher kann es auch eine authentische Spiritualität der Befreiung geben, denn diese wird nicht etwas sein, was einer vorher existierenden Befreiungspraxis ideologisch übergestülpt wird: Sie ist vielmehr der Geist, der Leben gibt, bzw. der Geist des Lebens selbst. Eine echte Befreiungspraxis steht in tiefer Harmonie mit der Wirklichkeit, und daher wird die Hoffnung der Armen, trotz der großen Schwierigkeiten auf dem Wege zur Befreiung, letztendlich nicht vergeblich sein. Wenn es uns von der Wirklichkeit unserer heutigen Erde aus und unter dem heutigen Himmel erlaubt ist, von einem neuen Himmel und einer neuen Erde zu reden, dann daher, weil die Hoffnung aus dem Befreiungsprozeß selbst hervorgeht. Nur inmitten dieses Prozesses — nicht abseits von ihm — kann sie verstanden und formuliert werden. Wer sich mit der Wirklichkeit auseinandersetzt und in ihr das Leben zu fördern sucht, wird immer mehr vom „Mehr" der Wirklichkeit überzeugt sein. Und dieses „Mehr" fordert von uns trotz der in ihm auch gegebenen Negativität Ehrlichkeit und Hoffnung.

Fassen wir auch hier zusammen: Der Versuch, in Hoffnung und Liebe dem „Mehr" der Wirklichkeit zu entsprechen, ist die dritte Voraussetzung der Spiritualität. Durch ihn wird, da er ja ein „der Wirklichkeit Entsprechen-Wollen" ist, deutlich, daß die Spiritualität in ihrem Wesen eine Antwort ist auf die Forderungen, die die Wirklichkeit uns stellt. Er ist aber zudem mehr als das. Die Wirklichkeit selbst ermöglicht es uns, ihren Forderungen zu entsprechen. In diesem Sinn wird das menschliche Subjekt von der Wirklichkeit selbst getragen, und dieses Getragenwerden ist ein Geschenk der Wirklichkeit an uns: Ausdruck der „Gratuität", also eine Gnade, ein Geschenk an uns, bevor wir selbst irgendeine Leistung erbracht haben.

4. *Die Erfahrung von Gott*

Mit diesen Überlegungen über die Spiritualität haben wir nicht die kasuistische Diskussion über die verschiedenen Formen und Methoden der Spiritualität aufgreifen und gar entscheiden wollen. Wir haben hier auch nicht so etwas wie eine christliche Spiritualität im strengen Sinn des Wortes skizzieren wollen, und — was noch mehr überraschen dürfte — wir haben auch nicht von einer persönlichen Beziehung zwischen dem Menschen und Gott geredet.

Bisher ist nur von den *Voraussetzungen* einer Spiritualität die Rede gewesen, die allerdings nach unserer Meinung auch die Voraussetzung jeder menschlichen Spiritualität sind. Diese Voraussetzungen haben wir besonders deshalb so hervorgehoben, weil nur dadurch, daß an ihnen festgehalten wird, vermieden werden kann, daß die Spiritualität sich ohne irgendwelchen Bezug zur Wirklichkeit, ohne Auseinandersetzung mit der Geschichte in einem rein geistigen Bereich isoliere. Das Gleichnis vom barmherzigen Samariter ist eine klare Warnung Jesu vor der Gefahr, die in dieser Versuchung liegt, den „Umweg" über die Konkretheit der Geschichte bzw. den „Aufenthalt" in dieser Geschichte meiden zu wollen.

Aber auch wenn wir noch nicht ausdrücklich vom Gott des Christentums geredet haben, haben wir dennoch schon Wichtiges von ihm gesagt. Erstens entspricht die Tatsache, daß wir hier diese Voraussetzungen für eine Spiritualität und keine anderen so betont haben, einem christlichen Verständnis der Wirklichkeit. Wenn zum Beispiel die Wirklichkeit nicht als reine Negativität gesehen wird, sondern man in ihr auch eine Verheißung und Hoffnung zu entdecken meint, setzt dies ein bestimmtes Verständnis von Gott voraus. Aber noch wichtiger und grundlegender ist, daß wir bei der Erörterung dieser Voraussetzungen auch schon implizit die Art und Weise angesprochen haben, wie Gott durch diese Wirklichkeit mit uns kommuniziert und sich offenbart und wie wir auf diese Selbstmitteilung und Offenbarung Gottes grundsätzlich reagieren müssen. Ehrlichkeit und Treue der Wirklichkeit gegenüber sind nicht nur notwendige Voraussetzungen für eine geistliche Erfahrung Gottes, sondern sie sind der materielle Inhalt, die materia prima, dieser Erfahrung selbst. Gott offenbart sich uns unabhängig von ihnen nicht: Sie sind der einzige Ort, an dem wir Gottes Offenbarung wahrnehmen und auf sie antworten können. Dies entspricht, positiv betrachtet, der historischen Struktur der Offenbarung Gottes, von der so oft geredet worden ist, seit ihren Anfängen im Laufe der Geschichte der Menschheit über die Inkarnation des Sohnes bis zu ihrer Vollendung in der Eschatologie. Negativ betrachtet hat dies alles mit der Warnung des Paulus zu tun: Wenn wir der Wirklichkeit gegenüber nicht mehr ehrlich sind, sind die Dinge nicht mehr, was sie tatsächlich für uns sein sollten, und so verlieren sie ihren sakramentalen Charakter als Instrumente der Offenbarung. Dann kann es auch keine Offenbarung Gottes mehr geben, sowohl aus objektiven Gründen nicht, denn Gott offenbart sich dann nicht mehr in der Wirklichkeit, als auch aus subjektiven Gründen nicht: durch die Vergewaltigung der Wirklichkeit hat sich ein Schleier über das Herz des Menschen gelegt, und dadurch wird er unfähig, die Offenbarung Gottes zu erkennen.

Das Thema der Spiritualität ist nichts anderes als die Frage, wie wir auf die Offenbarung Gottes in unserer konkreten Geschichte antworten. Zwar gehört es zum christlichen Dogma, daß Jesus Christus die Fülle von Gottes Offenbarung ist, die so in ihm abgeschlossen ist, aber dies heißt nicht, daß die geistliche Erfahrung von Gott sich abseits von der Geschichte vollzieht, sondern vielmehr, daß Gott sich weiterhin in ihr manifestiert und zu erkennen gibt. Verstehen wir die Offenbarung Gottes in der Vergangenheit als das Schnüren und Ablegen eines „Depositums", dann erlaubt dies uns zwar, eine Lehre *über* Gott zu erarbeiten, aber an eine Erfahrung *von* Gott ist dann nicht zu denken. Soll Gott auch heute erfahren werden, muß er sich weiterhin zeigen. Aber heute genauso wie schon in der Zeit der biblischen Offenbarung kann dies nur im Rahmen der menschlichen Geschichte geschehen. Deshalb sind jene Ehrlichkeit und Treue nicht nur Voraussetzungen, sondern auch die Grundlagen und die wesentlichen Elemente der Spiritualität. Sie ermöglichen es uns, weiterhin auf Gott zu hören, wie er aus der Geschichte zu uns redet, und sie sind die bestmögliche Antwort auf sein Wort.

Daher sind diese Voraussetzungen die Grundlagen sowohl einer radikal anthropologischen als auch einer radikal theologalen, also auf Gott ausgerichteten Spiritualität. Sie lehren uns, wie wir uns als

Menschen der Geschichte gegenüber verhalten müssen, und gerade dadurch zeigen sie uns auch, wie unsere Beziehung zu Gott und dem Persönlichen in Gott sein muß.

Dem entsprach auch die theologale Spiritualität Jesu. Der Hebräerbrief zeigt uns dies sehr deutlich, indem er die Beziehung zwischen der historischen und der theologalen Erfahrung Jesu, zwischen seiner Barmherzigkeit und seiner Treue herstellt. Oder um dies mehr in der Sprache der systematischen Theologie zum Ausdruck zu bringen: In Jesus verbinden sich die Treue dem Gottesreich und die dem Gott dieses Reiches gegenüber, die historische Praxis Jesu und seine Erfahrung des Vaters. In seiner Praxis, die die Menschen zu vermenschlichen suchte, erscheint er uns als der Mensch vor Gott; in seiner Praxis, die Menschen zu Brüdern zu machen, ist er für uns der Sohn vor dem Vater. Er ist der geistliche Mensch. Er nennt Gott „Vater“ und macht dadurch deutlich, wie seine Beziehung dem Vater gegenüber eine Beziehung des Gehorsams und des Vertrauens ist. Zugleich „ruft er ihn in einem historisch befreienden Handeln als ‚Vater‘ an“ (Ch. Duquoc).

Um hier ein Wort des Paulus zu paraphrasieren, können wir sagen, daß, wenn sich der Zorn Gottes über Juden und Heiden wider alle Gottlosigkeit und Ungerechtigkeit der Menschen, die die Wahrheit durch Ungerechtigkeit niederhalten, offenbart hat, in Jesus uns die Gnade Gottes offenbar wird, denn er hat der Wirklichkeit Recht widerfahren lassen. Daher erscheint uns in Jesus einerseits die Wahrheit Gottes, denn durch ihn wissen wir, wie Gott die Welt sieht und was er mit dieser Welt will. Andererseits erfahren wir durch ihn auch die Wahrheit über den Menschen: Wie der Mensch Gott sehen soll, wie er den Willen Gottes tun muß und wie er so seine Beziehung zu Gott gestalten kann.

Eine grundsätzliche Ehrlichkeit der Wirklichkeit gegenüber und die Bereitschaft, mit ihr mitzugehen, wohin sie uns leitet, gehören also wesentlich zur Spiritualität und sind unabdingbar, wollen wir Gott erfahren. Ohne hier auf die Theorie der anonymen Christen eingehen zu wollen, läßt sich sagen, daß, wenn jemand sich richtig der Wirklichkeit gegenüber verhält und objektiv auf Gott abgestimmt ist, Gott sich ihm mitteilt, auch wenn der Betreffende sich dessen konzeptuell nicht bewußt ist. Wer glaubt, daß uns in Jesus die Gnade und die Wahrheit Gottes offenbar geworden sind, kann und darf zudem jene richtige Beziehung zur Wirklichkeit als eine Beziehung zu Gott, als eine Erfahrung von Gott und als Geschenk seiner Gnade betrachten.

Fassen wir zusammen: Nach unserer Meinung sind die Ehrlichkeit der lateinamerikanischen Wirklichkeit gegenüber, die Treue dem gegenüber, was sie von uns fordert, auch wenn dies einiges von uns abverlangt, die beharrliche Hoffnung und eine durchgehaltene Praxis der Liebe, damit die Geburtswehen sich in die Freude über neues Leben verwandeln, sowie schließlich die Erfahrung der Gnade, daß wir nicht nur unter dieser Wirklichkeit zu leiden haben, sondern daß sie uns auch trägt, die letzten, tragenden Voraussetzungen und Grundlagen einer Spiritualität der Befreiung. Und da ihre Konkretisierung auf unserem christlichen Kontinent auch immer mit Gott und mit Jesus zu tun hat, sind sie auch die Fundamente einer christlichen Spiritualität. Auch wenn wir sie im Hinblick auf die christliche Fülle und Vollkommenheit immer weiter vertiefen und entwickeln müssen — wie aus anderen Teilen dieses Buches deutlich werden wird —, sind sie von Anfang an notwendig und unverzichtbar, denn ohne sie kann es keine Spiritualität der Befreiung geben, so wie sie auch von Anfang an Frucht tragen, denn sie führen dazu, daß geistliche Menschen heranwachsen können und die Völker immer mehr mit christlichem Geist erfüllt werden.

II

Befreiung und Spiritualität[3]

Für viele Christen ist eine tatsächliche Befreiung der Unterdrückten unbedingt notwendig. Sie kann also nichts anderes als auch gerecht sein, und so ist es dann auch die Praxis der Befreiung. Zudem behaupten diese Christen, daß sie im persönlichen und im gemeinsamen Engagement für die Befreiung den Sinn ihres Lebens zurückgewinnen und vertiefen, und darüber hinaus, daß die Praxis der Befreiung für sie der Weg und für einige vielleicht zum einzigen Weg geworden ist, auf dem sie Gott persönlich erfahren. Von dieser Praxis aus lesen sie die gesamte Schrift neu, und sie stellen fest, welche zentrale Stelle in ihr die Befreiung einnimmt sowohl als eine Wirklichkeit, die von Gott für die Armen gewollt wird, als auch als Aufgabe für die, die an ihn glauben. Die *Befreiung* ist daher für sie eine zentrale Aufgabe, in der sich das Historische und das Persönliche, die Forderungen der Gegenwart und die normativen Ursprünge in der Schrift vereinen. Die Aufgabe der Befreiung stellt für diese Christen also überhaupt kein Problem dar, sondern im Gegenteil, sie ist ihnen die angemessene Lösung heute für alle möglichen Probleme, die sie als Menschen, Gläubige und Christen in ihrer Existenz haben können.

Das gleiche trifft aber nicht unbedingt auch für die *Spiritualität* zu. Sicherlich ist sie für einige Christen, die sich im Sinne der Befreiung engagieren, genauso notwendig wie diese Befreiung. Andere halten sie offensichtlich für nicht so notwendig, und sie begegnen ihr mit Vorbehalten und Mißtrauen. Gerade in einem solchen Kontext wollen wir hier von der Wirklichkeit, der Wichtigkeit und der Notwendigkeit der Spiritualität reden.

Bevor wir näher auf dieses Thema eingehen, erlaube man uns zuerst einige Erläuterungen:

1. Wir wollen uns hier vor allem mit der Spiritualität und weniger mit der Praxis der Befreiung auseinandersetzen. Wir gehen dabei von der Notwendigkeit einer konkreten Befreiung

aus, die vor allem auch eine strukturelle Umgestaltung der heutigen Gesellschaften der Unterdrückung mit einschließt, so wie wir auch von der Notwendigkeit eines Kampfes um Gerechtigkeit überzeugt sind und meinen, daß dieser Kampf konkrete politische Formen annehmen muß. Schließlich halten wir es für berechtigt und angebracht, auf der Grundlage der Bibel und theologisch über diese Praxis zu reflektieren.

2. Während wir uns hier vor allem mit der Spiritualität beschäftigen wollen, tun wir dies nicht von einem übergeordneten, allgemeinen Standpunkt aus, sondern uns interessiert vor allem die Beziehung zwischen der Spiritualität und der Befreiungspraxis, oder genauer: Wir wollen uns mit jener Spiritualität beschäftigen, die von der Befreiungspraxis gefordert wird und diese dann auch ihrerseits fördert.

3. Bei dieser Erörterung einer auf die Befreiungspraxis bezogenen Spiritualität wollen wir vor allem programmatisch sowie auch auf synthetisierende, zusammenfassende Weise vorgehen. Das heißt, daß wir nach den letzten Wurzeln und den wesentlichen Inhalten dieser Spiritualität fragen und uns so weniger ihre Details oder die verschiedenen konkreten Formen, die sie annehmen kann, interessieren.

4. Schließlich geschieht diese Analyse der Spiritualität, auch wenn sie hier recht theoretisch vorgetragen wird, auf der Grundlage dessen, was die Christen, die sich im Sinne der Befreiung in Lateinamerika und vor allem in San Salvador engagieren, sagen und tun, wobei hier durchaus Parallelen mit den Worten und Taten auch von Nichtchristen festzustellen sind.

Demnach wollen wir diesen Abschnitt wie folgt gliedern:

1. Die Spiritualität und ihre Problematik.
2. Die Notwendigkeit und Bedeutung der Befreiungspraxis für die Spiritualität.
3. Die Notwendigkeit und Bedeutung der Befreiungspraxis für die Spiritualität.
4. Die Spiritualität der Befreiung als Weg und Zugang zu Gott.

1. Die Spiritualität und ihre Problematik

1.1 In Lateinamerika hat die Spiritualität von Anfang an bei den Befreiungsprozessen eine Rolle gespielt, und dies zu Recht. Seitdem hat sich weiterhin sehr deutlich sowohl ihre Notwendigkeit als auch ihre Bedeutung gezeigt.

Schon von Anfang an wurde gesagt, die Befreiungspraxis brauche nicht nur theoretische (theologische und wissenschaftliche) Kategorien, sie brauche auch „eine lebendige, globale und umfassende Einstellung, die unser Leben sowohl in seiner Gesamtheit als in seinen Details prägt, eine ‚Spiritualität'" (G. Gutiérrez). Später faßte L. Boff etliche Jahre der Befreiungspraxis zusammen, indem er schrieb: „Hinter jeder Erneuerungspraxis der Kirche, an der Wurzel jeder wahren und neuen Theologie verbirgt sich eine entsprechende, typisch religiöse Erfahrung."

Diese Einstellung und diese Erfahrung stehen in unserer Situation in Lateinamerika deutlich in Beziehung zu der Befreiungspraxis auf unserem Kontinent. Diese Beziehung ist aber kein Automatismus, sondern beide Dimensionen ergänzen sich gegenseitig auf dynamische Weise, wobei jeweils die Eigenart der anderen respektiert wurde. Dadurch, daß immer von der Befreiung *der Armen* geredet wurde, war, so meinen wir, von Anfang an deutlich, daß wir mehr brauchten als nur eine reine Praxis. Jener Zusatz ist im Hinblick auf die konkrete Befreiungspraxis auf unserem Kontinent nichts Sekundäres, und er wird auch nicht einfach hinzugefügt, weil man das so gewohnt ist, sondern er verweist auf eine wesentliche Dimension dieser Praxis, legt ihr bestimmte Einschränkungen auf und integriert sie klar in ein umfassenderes Ganzes, das mehr ist als nur die reine Praxis.

Die Armen sind nicht nur diejenigen, denen die Befreiung zugute kommen soll. Sie sind auch schon in ihrem reinen Vorhandensein für den Gläubigen der historische Ort der Begegnung mit Gott. Daher „werden die befreiende Praxis und Theorie (Theologie) von einer geistlichen Erfahrung der Begegnung mit dem Herrn in den Armen getragen" (L. Boff). Auf profanmenschlicher Ebene geht es hier um die Befreiung der Armen, vom Evangelium aus betrachtet aber vor allem um das Gottesreich als eine weit umfassendere Wirklichkeit als die gesellschaftliche und wirtschaftliche Befreiung, deren absoluter und unabdingbarer

Notwendigkeit dadurch aber kein Abbruch getan wird. Wer von jenem Standpunkt aus von „Armen“ redet, redet damit auch von einer umfassenden Befreiung — oder, um die hierfür gebräuchliche kirchliche Terminologie in den romanischen Ländern zu verwenden, von einer „integralen“ Befreiung. Demnach darf die Befreiung sich nicht auf eine einzige Ebene des menschlichen Lebens beschränken, sie muß alle umfassen, und dies setzt eine von Geist erfüllte Praxis voraus, damit das Gelingen konkreter, historischer Befreiung uns immer wieder, bis zur Fülle des Gottesreiches voranbringt. Wie immer wieder wiederholt wird, sind es die Armen selbst, die sich befreien müssen. Allerdings könnte dies, würde man es ernst nehmen, auch mit dem Ärgernis in Konflikt geraten, daß Befreiung auch auf dem Weg über die Schwäche stattfinden kann, wie es uns das Ärgernis des Schicksals des Dieners Jahwes deutlich macht. Will man nicht nur für die Armen arbeiten, sondern glaubt man gleichzeitig auch an ihr Potential der Befreiung, dann erfordert dies einen Glauben, der mit der Befreiungspraxis nicht schon automatisch gegeben ist. Schließlich müssen die Armen sicherlich aus ihrer ungerechten materiellen Armut befreit werden, zugleich aber müssen sie auch heranreifen, bis sie zu dem geworden sind, was I. Ellacuría in seinem Versuch der Zusammenfassung auf der Ebene der systematischen Theologie der Seligpreisungen des Matthäus- und Lukasevangeliums „Arme in/mit Geist“ nennt.

Die lateinamerikanische Theologie vertritt also die Theorie, daß die Praxis der Befreiung über die durchaus anerkannte Notwendigkeit theoretischer Analysen hinaus nicht nur nicht im Widerspruch steht zu anderen Dimensionen der menschlichen Existenz wie der religiösen Erfahrung des Menschen und einer lebendigen und regen Einstellung der Wirklichkeit gegenüber, also dem, was man mit einem Wort Geist nennt, sondern sie auch geradezu erfordert. Wenn diese Dimensionen also in der Theologie — und in der Befreiungspraxis — einen eigenen Platz haben, dann geht dies nicht darauf zurück, daß sie irgendwie durch eine Hintertür voluntaristisch oder idealistisch hineingeschmuggelt worden sind oder aus reiner Treue zu der uns von der Tradition hinterlassenen geistlichen Welt an ihnen festgehalten wird, sondern sie haben inmitten der Befreiungspraxis und der sie begleitenden Theologie volles Heimrecht, und es stellt sich immer mehr ihre Notwendigkeit heraus. Dem ist letztendlich so, weil, so glauben wir, die „Armen“ eine Wirklichkeit sind, die unser gesamtes Mensch- und Christsein in Frage stellt, zum Handeln aufruft und anspricht, und nicht nur deren praktische Dimension. Zudem wird das, was hier für die Theorie der Befreiung gilt, von den Subjekten der Befreiung auch in der Praxis gelebt. Denn sie sind es, die zugleich spüren, wie sehr sie eine Spiritualität brauchen, als auch selbst eine solche erarbeiten, handele es sich dabei um einen Erzbischof Romero, um die Christen der Basisgemeinden, um Christen, die in Krisengebieten leben, oder gar um solche, die auch im buchstäblichen Sinn des Wortes um die Befreiung kämpfen.

1.2 Für andere Christen dagegen ist die Spiritualität eine suspekte Wirklichkeit. Sie meinen, daß es faktisch Zeitverlust ist, sich mit ihr zu beschäftigen, es sei denn, man tue dies, um einer entfremdenden Wirkung dieser Spiritualität vorzubeugen.

Zur Verteidigung dieser Meinung könnte man verschiedene Gründe anführen. So könnte man erstens meinen, daß eine Spiritualität der Befreiung bestenfalls eine subjektive Widerspiegelung dessen sei, was in der Befreiungspraxis objektiv geschehe. Demnach sei sie nur ein Abbild jener Praxis, wenn sie auch bei bestimmten Menschen eine gewisse Rolle gespielt haben möge bei ihrer Entscheidung, sich im Befreiungsprozeß zu engagieren. Sie trage aber zur Befreiungspraxis selbst nichts Wesentliches bei, komme höchstens als Zusatz hinzu, und man brauche ihr daher auch keine besondere Aufmerksamkeit zu schenken. Zweitens könnte man meinen, die Spiritualität tendiere dahin, angesichts der Praxis der Befreiung eine eigene Autonomie zu entfalten. Sie führe so zu unlöslichen Dualismen und letztendlich zur Entfremdung. Drittens könnte dort, wo der Säkularisierungsprozeß vorangeschritten ist, der Sinn für eine Spiritualität verlorengegangen sein. Sollte in solchen Kontexten noch darüber reflektiert werden, ob es so etwas wie persönliche Beziehungen eines Menschen zu Gott geben könne und wie diese sein könnten, dann wird man, wenn man positiv antwortet, von einer Antwort des Menschen auf den Willen Gottes sprechen, daß wir für sein Reich arbeiten. Aber hier setzen dann auch schon die Schwierigkeiten ein, denn es ist weit schwieriger darzulegen, wer und was ein Gott des Reiches sein soll, als auf der Ebene der Ethik Gerechtigkeit zu fordern oder von einer Dynamik der Wirklichkeit auf die Utopie hin zu reden. Man kann aber nicht die Thematik der Spiritualität ansprechen, ohne gleichzeitig auch die Wirklichkeit Gottes als Person und Vater zu erwähnen, als jemand, der seinen Söhnen und Töchtern sein Reich schenken will und zugleich mit ihnen das Gespräch sucht.

1.3 Die Schwierigkeiten, von denen wir sprachen, stellen sich nach den verschiedenen Personen, Gruppen und Orten unterschiedlich dar. Wir glauben nicht, daß man ihnen auf der Ebene einer theoretischen Erörterung der Spiritualität antworten kann. Dies wird nur auf der Ebene der Wirklichkeit selbst möglich sein. Und dabei stellt sich folgendes heraus: Wenn es inmitten der Befreiungspraxis so etwas wie eine Spiritualität gibt, läßt sich ihre Möglichkeit nicht mehr leugnen. Wenn die Praxis der Befreiung durch sie an Kraft gewinnt, dann kann sie nicht entfremdend sein, und wenn ohne sie die Praxis der Befreiung degeneriert, dann ist sie auch noch notwendig.

Sicherlich ist es wichtig, wenigstens kurz zu erklären, was wir unter Spiritualität verstehen, damit so unnötige Mißverständnisse vermieden werden.

Unter „Spiritualität" verstehen wir nicht ein allgemeines Substrat der verschiedenen Formen herkömmlicher Spiritualität bzw. der verschiedenen traditionellen Praktiken der Frömmigkeit, die oft als eine Art frei wählbare Instrumente zur Erlangung der Heiligkeit dargestellt werden. Dabei ist sogar explizit gesagt worden, daß der gewöhnliche Mensch und Christ nicht verpflichtet ist, sich ihrer zu bedienen, und sie nur für denjenigen notwendig sind, der auf dem Weg zur christlichen Vollkommenheit vorankommen will. Auch ist es für uns keine Spiritualität, wenn man meint, mit der geistlichen Welt unmittelbar Kontakt aufnehmen zu können, bzw. dies auch versucht, denn, so meinen wir, unabhängig von der konkreten Geschichte ist solches nicht möglich. Schließlich glauben wir auch nicht, daß sich mit Hilfe bestimmter Mechanismen eine Spiritualität an sich generieren läßt, die nachher auf eine konkrete Situation bzw. auf die konkrete Praxis eines Christen angewandt werden kann, als ob jene Situationen und die konkrete Praxis nicht auch schon für die Konstituierung der Spiritualität und ihre wesentlichen Inhalte wichtig wären.

In Anbetracht all dessen läßt sich aber nicht leugnen, daß der

Mensch auch Geist ist und daß vergleichbar damit auch Gruppen von Menschen über so etwas wie einen Geist verfügen; daß es einen eigenen Bereich des Geistes gibt und daß zum Menschen seine Spiritualität bzw. Geistigkeit/Geistlichkeit genauso gehört wie seine Körperlichkeit, seine Einbettung in einer konkreten Gesellschaft und die praktische Dimension seines Lebens. Sicherlich gibt es eine enge Beziehung zwischen dem menschlichen Geist und dem Materiellen und Geschichtlichen, und so wird die Geistigkeit/Geistlichkeit des Menschen auch von diesem Materiellen und Geschichtlichen konditioniert. Aber nicht weniger sicher ist auch, daß der Mensch der Materie und der Geschichte gegenüber eine gewisse Freiheit und Kreativität besitzt, daß auch er umgekehrt die Materie und die Geschichte prägt und daß die Art und Weise, wie er das tut, nicht automatisch von jenen vorgegeben wird.

Auf die Freiheit bezogen bedeutet dies, daß durch die gegebene Unfreiheit und die in ihr angelegte Aufgabe der Befreiung dem Menschen und seinem Geist bestimmte materielle Fakten und Möglichkeiten vorgegeben sind und ihm so sozusagen das Material vorgelegt wird, mit dem er arbeiten muß. Andererseits aber bekommt die Freiheit erst durch den Menschen und seinen Geist ihre Gestalt. Sie geben ihr das Ziel vor, erfüllen sie mit konkretem Inhalt, formulieren die Wertvorstellungen, die die Freiheit fördern und den Befreiungsprozeß selbst prägen sollen.

1.4 Diese a priori formulierten Aussagen finden a posteriori eine Bestätigung in den konkreten Prozessen der Befreiung, nicht wie diese vorher erdacht worden sind, sondern so wie sie sich tatsächlich entwickeln. In der konkreten Befreiungspraxis erweist sich die Notwendigkeit des Geistes.

a) In Zentralamerika sind die notwendigen objektiven Voraussetzungen für die Entstehung einer Befreiungspraxis schon seit langem gegeben. Die notwendigen subjektiven Voraussetzungen sind aber erst vor kurzem hinzugekommen. Nun könnte man argumentieren, daß es sozusagen zwangsläufig und von selbst zu dieser späten Entscheidung für die Befreiung, die wir ja für einen Akt des Geistes halten, gekommen ist. In Wirklichkeit aber läßt sich hier nur deduzieren, daß es eine Beziehung zwischen dem Geist und den objektiven historischen Voraussetzungen gibt, nicht aber, daß es sich dabei um einen Automatismus handelt, denn zum Beispiel haben nicht alle sich für die Befreiung entschieden. Die Entscheidung für die Freiheit ist ja ein Akt des Geistes, bei dem es durchaus eine Rolle spielt, daß man um ihre Möglichkeit und Notwendigkeit weiß, der aber aus jenem Wissen nicht von selbst, automatisch hervorgeht. Und so ist es auch ein Akt des Geistes, wenn man in der Praxis der Befreiung mit den damit verbundenen Anforderungen, also der Notwendigkeit der Stärke, der Kreativität, der Hoffnung und der Bereitschaft, das Leben zu geben, durchhält. Die Befreiungspraxis selbst begünstigt die Entstehung solcher Verhaltensweisen, sie bringt sie aber nicht automatisch hervor.

b) Auch wenn die Befreiungspraxis in sich richtig und gut ist, bleibt sie ein Handeln erschaffener Menschen und ist daher selbst etwas Erschaffenes. Sie birgt in sich nicht nur positive Möglichkeiten, wie wir unten darstellen werden, sondern sie ist auch bestimmten Beschränkungen und der Sünde unterworfen, und zwar nicht nur einer allgemeinen Sündigkeit, wie sie für die Schöpfung, so wie sie nach dem Sündenfall einmal ist, typisch ist, sondern auch einer ihr eigenen, spezifischen Sündigkeit. So kann sie negative Nebenwirkungen haben, die sich nicht aus ihr selbst, sondern nur durch ein bewußtes, von Geist erfülltes Handeln korrigieren lassen. Unter solchen einer an sich richtigen Befreiungspraxis eigenen Versuchungen, vor denen Erzbischof Romero gewarnt hat und um die auch viele engagierte Christen wissen, lassen sich folgende nennen:

1. Ein übertriebenes Selbstbewußtsein, mit dem gewisse Befreiungsgruppen sich als eine Elite betrachten und von anderen Befreiungsgruppen absetzen bzw. sich gegen all jene anderen Gruppen wenden, die sich zwar ebenfalls im Befreiungsprozeß engagieren, aber dies auf eine andere Weise tun. Dadurch entsteht einerseits Uneinigkeit, die die Effizienz der Befreiungspraxis selbst bedroht, andererseits läßt sich bei solchen Gruppen nicht selten ein ausgesprochenes Bewußtsein der eigenen ethischen Überlegenheit feststellen, das dazu führt, daß alles, was die Gruppe tut, schon deshalb allein für das einzig Richtige gehalten wird.

2. Ein allmähliches Verdrängen des Volkes, bei dem nach und nach die großen Volksmassen den organisierten Gruppen, diese ihren Kadern und diese letzten wiederum einer kleinen Führungs-

clique weichen müssen, wobei diese Führung, in deren Hände sich alle Macht konzentriert — was vielleicht historisch unvermeidlich und für den Kampf und seine Effizienz notwendig sein mag —, sich vom wirklichen Volk, seinen Bedürfnissen und seinem konkreten Leiden entfernt und dieses Volk einem nur gedanklich existierenden, abstrakten Ideal des Volkes opfert.

3. Die Verabsolutierung einer bestimmten Form der Befreiungspraxis den jeweiligen (gesellschaftlichen, politischen und militärischen) Gegebenheiten entsprechend, was dazu führt, daß das Leben der Bevölkerung in seiner Gesamtheit auf die eine oder andere Dimension reduziert wird, auf die sich alle Anstrengungen konzentrieren und die so verabsolutiert wird, als ob ein Gelingen in diesem einen Bereich auch automatisch die Erfüllung des menschlichen Lebens in all seinen Dimensionen nach sich zöge.

4. Eine Manipulation des Religiösen über ein legitimes Sich-Berufen auf das Religiöse und Einsetzen dieses Religiösen hinaus — es besteht ja eine unleugbare Konvergenz zwischen Befreiung und Evangelium. Eine solche Manipulation vergewaltigt die historische Dimension des Religiösen im Leben der Völker und nimmt ihnen darüber hinaus, was eine authentische religiöse Motivation zur Befreiung sein könnte.

5. Ein Dogmatismus schon bei der Erhebung und dann vor allem bei der Analyse und Interpretation der Fakten, durch die diese in Funktion der jeweiligen eigenen Interessen so zurechtgebogen werden, daß sie den vorher formulierten Postulaten entsprechen, wodurch eine Verifizierung dieser Postulate bzw. eine Prüfung jener Interessen unmöglich wird.

6. Ein sich selbst zum Ziel Werden der Macht, die in sich ja die Tendenz zur Selbstbehauptung und zur Selbsterhaltung und nicht zum Dienst birgt und die sich leicht mißbrauchen und in einer Mystik der Macht verherrlichen läßt. Sollen all diese möglichen negativen Nebenwirkungen einer Befreiungspraxis vermieden werden, ist Geist, ja viel Geist vonnöten.

c) Dieser Geist ist auch vonnöten, damit die Befreiungspraxis ihr Ziel erkennt und im Hinblick auf dieses Ziel spezifische Wertvorstellungen entwickelt, und dies sowohl auf der Ebene des persönlichen Lebens der einzelnen Menschen als auf der strukturellen Ebene der Wirklichkeit und der Gesellschaft. Dieses Ziel könnte man mit der Sprache mancher kirchlichen Dokumente als das der „integralen“

Befreiung der Menschen umschreiben. Auch wenn dieser Begriff kalt erscheinen und auch an einige extrem rechte Lehren erinnern mag, drückt er doch aus, daß die Befreiung von ihrem Wesen her, sowohl was ihr letztes Ziel angeht, das in den vielen partiellen Befreiungen geahnt und vermutet wird, als was diese im Rahmen jenes großen Befreiungsprozesses angestrebten und verwirklichten partiellen Befreiungen betrifft, auf die Totalität verweisen muß. Auf ethisch-religiöser Ebene bedeutet diese Totalität, daß danach gestrebt werden muß, solche Werte wie Solidarität, Versöhnung, Barmherzigkeit als Werte zu verwirklichen, die den Befreiungsprozeß begleiten und ihn vorantreiben; auf anthropologischer Ebene heißt dies, daß die vielen Äußerungen des Geistes in der Kreativität der Kultur, in den Künsten, auf der Ebene der Feier, der Freundschaft, der Liebe usw. gepflegt und gefördert werden.

Dies heißt, daß die Befreiung sich auf die Utopie und die Transzendenz hin öffnen muß. Nur in der Utopie wird es die befriedigende und beglückende Versöhnung all jener disparaten Elemente der verschiedenen historischen Befreiungen geben, die sich in der Geschichte selbst so schlecht miteinander verbinden lassen: das Persönliche und das Strukturelle, eine echte Kampfbereitschaft und die Sehnsucht nach Frieden, Gerechtigkeit und Vergebung, Sieg und Versöhnung usw. Der Prozeß der Befreiung öffnet sich nicht von selbst der Utopie: das ist das Werk des Geistes. Es ist nicht leicht, sich in der konkreten Geschichte die Utopie vor Augen zu halten, um sich von ihr aufrichten und ermutigen zu lassen. Dies muß bewußt getan werden, in großer Selbstlosigkeit und mit großer Hoffnung.

1.5 Diese theoretische Beschreibung dessen, was in den Prozessen der Befreiung vor sich geht, zeigt uns, daß wir den Geist brauchen, damit er uns in die Praxis der Befreiung einführt und in uns die Treue den Anforderungen dieser Praxis gegenüber aufrechterhält, damit wir jene unvermeidlichen Nebenprodukte, von denen auch in sich berechtigte Befreiungsbemühungen bedroht sind, zu bekämpfen und zu besiegen lernen, damit unsere Befreiungspraxis immer der Utopie gegenüber geöffnet bleibt. Zudem zeigt die Wirklichkeit uns, daß dieser Geist die Befreiungspraxis effizienter macht, auch wenn er in einem ersten Augenblick der Praxis in ihrem Streben nach politischer Befreiung Energien zu rauben scheint.

Hiermit wird nicht geleugnet, daß die Befreiung die absolute, unabdingbare und dringende Forderung nach der Befreiung der Armen beinhaltet, wobei wir hier die Armen in der ursprünglichen, gesellschaftlich-wirtschaftlichen Bedeutung des Wortes meinen, sowie die Forderung nach einer radikalen Umwandlung der gesellschaftlichen und wirtschaftlichen Strukturen. Sie beinhaltet also notwendigerweise auch ein starkes Element des politischen Kampfes. Wir wollen hier nur betonen, daß in jenem Prozeß der Befreiung das Politische nicht alles ist und daß es auch andere als nur politische Mittel gibt; daß Geist nötig ist, damit der Befreiungsprozeß der Fülle seiner Verwirklichung in der Utopie gegenüber offen bleibt, aber auch damit jene erste gesellschaftlich-wirtschaftliche Kernaufgabe erfüllt werden kann und der politische Kampf zum Erfolg führt.

Ähnlich kann die Beziehung zwischen Praxis und Spiritualität dargestellt werden. Die Befreiung braucht sowohl die Praxis als auch den Geist. Beide sind von ihrem Wesen her keine Gegensätze, sondern sie ergänzen sich. Negativ könnten wir hier sagen, daß eine Spiritualität ohne eine Praxis der Befreiung heute nur reine Abstraktion und eine Sammlung nichtssagender Allgemeinplätze ist, sie, vom Evangelium her betrachtet, überhaupt keine Spiritualität sein kann und historisch entfremdend wirkt; eine Praxis ohne Spiritualität mag zwar abstrakt gut sein, konkret droht sie zu degenerieren und in Engstirnigkeit und Sünde zu verkommen. Oder sagen wir es positiv: Die Spiritualität braucht die Befreiungspraxis, damit der Geist einen Raum und den Stoff hat, um sich auf relevante und auch dem Evangelium gemäße Weise in der Geschichte zu verwirklichen. Die Befreiungspraxis braucht den Geist, damit sie eine Praxis der Befreiung der Armen bleibe, damit sie kreativ sei und auch wirklich zu einer immer umfassenderen Befreiung führe.

Hiermit ist auch gesagt, mit welcher Einstellung und mit welchem Ziel die Frage nach der Beziehung zwischen Spiritualität und Befreiung zu stellen ist. Es würde nicht weit führen, würde man sich in bezug auf die Spiritualität von Anfang an ängstlich und wie in die Enge getrieben verhalten, wenn dies auch in unserer Zeit verständlich wäre, so wie es auch nicht reicht, die Befreiungspraxis als das große Heilmittel bei der heutigen Krise der Spiritualität und als ein Vorbeugungsmittel gegen eine möglicherweise in ihr drohende Entfremdung darzustellen. Statt dessen sollte man der Spiritualität grundsätzlich positiv gegenübertreten in der Überzeugung, daß sie, wenn sie dem Geist des Evangeliums entspricht, die Befreiungspraxis heilt und stärkt. Gerade dies wollen wir auf den folgenden Seiten von einem betont christlichen Standpunkt aus darstellen.

2. Notwendigkeit und Bedeutung der Befreiungspraxis für die Spiritualität — Eine theologale Grundspiritualität

Die Befreiungspraxis ist für das christliche Leben, und so auch für die grundlegende Spiritualität dieses Lebens, einfach eine *Notwendigkeit.* Ohne eine klare Entscheidung, sich das Wohlergehen jener bedrückenden Mehrheit der Armen auf unserer Welt zu Herzen zu nehmen, ohne ein tatkräftiges Engagement für ihre Befreiung kann es heute keine echte christliche Liebe mehr geben. Auch wenn diese Liebe als Quintessenz des christlichen Lebens noch andere Formen hat als die Befreiungspraxis, kann man schwerlich von Liebe reden, wenn es überhaupt keine Befreiungspraxis gibt bzw. wenn diese nicht ebenfalls wie die Liebe, wenn auch nicht ganz auf die gleiche Weise, im christlichen Leben zentral steht. Wir wollen hier aber nicht noch weiter die Notwendigkeit der Befreiungspraxis betonen, sie müßte nach unserer Meinung deutlich genug sein.

Wohl aber wollen wir hervorheben, wie *wichtig* die Befreiungspraxis für die Erarbeitung einer christlichen Grundspiritualität heute ist. Wir wollen darlegen, daß sie objektiv, *von ihrem Wesen her* und also nicht nur auf der Ebene des Intentionalen, also auf der der subjektiven Absichten, die Christen mit der letzten Wirklichkeit des Lebens konfrontiert, über die im Grund nur der Geist wirklich Aufschluß geben kann. Daß sie dies in dieser oder jener Form tut, läßt sich kaum verhindern oder steuern, aber es läßt sich nicht leugnen, daß die Christen durch sie auf die eine oder andere Weise mit den letzten Wurzeln der Wirklichkeit und so auch ihren eigenen Wurzeln konfrontiert werden. Aus diesem Grund reden wir hier von einer theo-logalen Grundspiritualität, wenn wir auch erst in einem letzten Schritt explizit von Gott reden werden.

Dieses Ausgerichtetsein auf das Tiefste und Letzte in der

Wirklichkeit verdankt die Befreiungspraxis der Tatsache, daß es die Armen sind, die befreit werden sollen. Denn dies fordert vom Menschen, daß er angesichts der Ideale und der Wirklichkeit der Wahrheit, der Liebe und der Hoffnung definiert, wer er selber ist. So wird ihm die Möglichkeit einer definitiven Begegnung mit der letzten Wirklichkeit geboten auf eine Weise, die der Geschichte und den Normen des Evangeliums gerecht wird. Geschieht dies positiv, hört der Mensch auf, sich selbst nachzulaufen, um Nachfolger Jesu zu werden, und er hört auf, ein fleischlicher Mensch zu sein, um ein geistlicher zu werden.

2.1 Die Armen und Benachteiligten dieser Welt sind in ihrer eigenen Wirklichkeit selbst die radikalste aller möglichen Fragen nach der Wahrheit dieser Welt sowie auch die richtigste Antwort auf diese Frage.

Die Armen dieser Welt haben Hoffnung, und sie kämpfen. So könnte man zu Recht sagen, nur sollte man hieraus keine voreiligen Schlüsse ziehen. Denn sie sind an erster Stelle nicht von Natur aus arm: Sie sind zum Auswurf und Abfall der Menschheit gemacht worden. Sie sind meistens langsam und still von den Strukturen dieser Welt gekreuzigt worden, aber man hat auch nicht gezögert, gewaltsam gegen sie vorzugehen, wenn sie Widerstand leisteten. Sie sind der Beweis dafür, wie sehr die Wirklichkeit dieser Welt Sünde ist, und auch sie mehr als nur das ist: Man muß sich schon ganz jedem Versuch, die Wahrheit zu entdecken, verschließen, will man ihre offenkundige Sündigkeit nicht sehen. Dies gilt um so mehr, als quantitativ betrachtet die große Mehrheit der Menschheit arm ist, auch wenn sie nur selten die Aufmerksamkeit der Weltöffentlichkeit auf sich lenkt, und als qualitativ betrachtet manche Armen in kaum vorstellbare Tiefen des Elends, der Folter und des Todes hinabgestürzt werden.

Infolgedessen wird die Wirklichkeit zu einer Frage an den Menschen, auf die er in tiefer Ehrlichkeit, und dies heißt, in einem Akt des Geistes, antworten muß. So wird er an erster Stelle gefragt, wie er die Wirklichkeit sehen will, und diese Frage ist keineswegs nur rhetorisch zu verstehen, als ob die Antwort schon vorgegeben wäre. Denn gerade als Sünde neigt die Wirklichkeit dazu, ihre Negativität zuzudecken bzw. sie zu relativieren und angesichts der Errungenschaften der Menschheit als eher zufällig und unwichtig gelten zu lassen. So fordert sie vom Menschen eine erste Stellungnahme, auf die bald eine zweite zu folgen hat, die über die reine Anerkennung der Wirklichkeit, so wie sie ist, hinausgeht. Denn hier wird nach außen hin vom Menschen gefordert, daß er aussagt, wie sie ist: daß er sich also zur prophetischen Anklage durchringt. Sie stellt aber zudem, nach innen hin, den betreffenden Menschen selbst in Frage: denn auch er hat teil an der Sünde der Menschheit. So verwandelt sich die Wirklichkeit für den Menschen zum ersten großen Aufruf zur Bekehrung. Denn durch sie wird ihm gesagt, daß die Armut der Armen kein Produkt des Zufalls, sondern Folge des Handelns anderer Menschen ist. So richten sich jene Beschuldigung des Petrus in der Apostelgeschichte, „Ihr habt den Gerechten getötet" (2,23), sowie der Satz im Buch Genesis „Was hast du mit deinem Bruder gemacht" (Gen 4,10) an uns alle, und sie verwandeln sich so in die Frage nach unserer eigenen Wahrheit. Die Forderung, die die Armen durch ihre Existenz an jeden Menschen richten, ist, daß er bereit sei, die Wahrheit der Wirklichkeit und damit auch die Wahrheit über sich selbst anzuerkennen. Nur im Geiste/mit Geist kann er angemessen auf sie eingehen. Die Anerkennung der Wahrheit ist dann zugleich auch Bekehrung, denn auch die menschliche Erkenntnis besitzt eine eigene Begierlichkeit, die sie daran hindert, die Dinge zu sehen, wie sie sind, um statt dessen die Wirklichkeit zu knechten und sie nur den eigenen Interessen dienstbar machen zu wollen (Röm 1,18).

2.2 Die Armen und Benachteiligten dieser Welt stellen den Menschen vor die Frage, wo er in dieser Welt steht, und wie er angesichts dieser Welt antworten will.

Die Frage, wo der Mensch in dieser Welt steht, geht weit über das Entdeckenwollen unwichtiger und zufälliger Gegebenheiten hinaus, denn sie ist im Grunde die Frage, ob er richtig zu erkennen und zu handeln vermag. Um die wahre Wirklichkeit kennenlernen zu können, muß man ihr nahe sein. Der, dem sie fremd ist, wird unheilbar dazu neigen, sie sich falsch vorzustellen und manipulieren zu wollen. Christlich gesprochen heißt in der Wirklichkeit zu sein nicht einfach, sich irgendwo aufzuhalten, oder auch nicht, eventuell an einem anderen, richtigeren Ort sein zu wollen. Es heißt, daß man sich dazu entscheidet, dort zu stehen, wo man stehen muß. Dieses Sichhinstellen ist etwas Aktives: ein Tun, das dem nahekommt, was wir meinen, wenn wir transzendental redend von Jesus sagen, daß er Fleisch, Mensch geworden ist, oder wenn wir — und dies kommt unserem Thema noch näher — sagen, daß er, obwohl er reich war, arm geworden ist (2 Kor 8,9). Diese aktive Bereitschaft, arm zu werden und von den Armen die eigenen Gewohnheiten und Einstellungen, das eigene Erkennen und die eigenen Interessen prägen zu lassen, setzt eine grundsätzliche, definitive Entscheidung des Geistes voraus.

Es kann kein Zweifel daran bestehen, daß die Armen vor allem den, der sich unter ihnen „inkarniert", also sich ihre Wirklichkeit zu eigen macht und von dort aus mit ihren Augen die Armut sieht, zu viel Liebe auffordern und zu einem Handeln, das von viel Liebe geprägt ist. Eine solch große Liebe ist aber die einzig mögliche, richtige und ehrliche Antwort auf die Wirklichkeit der Armen. Dabei wird der konkrete Inhalt eines von einer solchen Liebe getragenen Handelns von der Aufgabe der Beseitigung des Elends und der Unterdrückung, unter denen die Armen zu leiden haben, und von der Aufgabe der Verbesserung ihrer Lebensumstände bestimmt sein. Es kann also kein Zweifel daran bestehen, daß die Liebe zu den Armen die konkrete Gestalt eines Kampfes um ihre Befreiung annehmen muß und daß dabei ihre Befreiung auf den „primitivsten", elementarsten Ebenen ihres Lebens, auf der Ebene des reinen materiellen Überlebens, an erster Stelle steht. Die Sätze des Exodusbuches: „Ich habe das Elend meines Volkes in Ägypten gesehen, und ihre laute Klage über ihre Antreiber habe ich gehört. Ich kenne ihr Leid. Ich bin herabgestiegen, um sie der Hand der Ägypter zu entreißen und aus jenem Land hinaufzuführen in ein schönes, weites Land" (Ex 3,7f) sind weiterhin das transzendentale Paradigma für eine richtige Antwort auf die Wirklichkeit der Armen. Es gibt also allen Grund zu betonen, wie wichtig eine strukturelle Gerechtigkeit und eine effiziente Liebe sind, durch die mit allen notwendigen gesellschaftlichen und politischen Mitteln die Befreiung der Geknechteten angestrebt wird.

Wir möchten uns hier allerdings der Frage zuwenden, was jene Liebe für die Menschen selbst bedeutet, die sich von ihr zu einem Engagement der Befreiung motivieren lassen, auch wenn die Antwort theoretisch schon bekannt sein mag. Durch die Liebe hört der Mensch auf, sich selbst zur Mitte des eigenen Lebens zu machen, um sich in der Hingabe an die Armen zu verwirklichen. Aufgrund ihres eigenen Wesens kann eine Liebe, die die Armen befreien will, nichts anderes fordern, als daß der Liebende sich radikal hingibt: Sie ist die Forderung, daß dieser aufhört, sich selbst als die Mitte seiner Existenz zu betrachten. Dies heißt sehr konkret, daß jemand, der sich in der Befreiungspraxis engagiert, sich fragen lassen und sich selbst fragen muß, ob es wirklich das Leiden und der Schmerz des „anderen" sind, die er zu beseitigen sucht, ob es ihm also wirklich um die Befreiung des „anderen" geht. Der Arme ist so sehr ein „anderer", daß man sich ohne eine absolute „Exzentrizität" seiner nicht annehmen kann und es nicht möglich ist, tatsächlich etwas für seine Befreiung zu tun, wenn diese nur nebenbei, etwa neben einer subtilen Suche nach einem Sinn für das eigene Leben, angestrebt wird — wobei wir nicht leugnen wollen, daß sich ein solcher Sinn durchaus dann auch als eine Art legitimer Zugabe im Befreiungsprozeß ergeben kann. Durch den Armen werden wir auf sehr radikale und effektive Weise vor die Entscheidung gestellt, entweder uns selbst oder den „anderen" zu wählen. Es stellt sich dann heraus, ob wir tatsächlich an solche einfachen Sätze des Neuen Testaments glauben wie etwa jenen: „Es ist besser zu geben als zu nehmen".

Im Prozeß der Befreiung der Armen wird die Exzentrizität, die der Liebe an sich schon eigen ist, bis zu der Forderung nach einem totalen Vergessen der eigenen Existenz gesteigert. Dieses „Vergessen" muß gepflegt werden, damit sich das „ich" nicht wieder einschleicht, sondern die Befreiungspraxis tatsächlich von der Befreiung des armen „anderen" bestimmt wird. Es wird auf eine sehr konkrete Weise gefordert, denn mit der Befreiung der Armen sind notwendigerweise, aufgrund dessen, was sie ist, Gefahren und Verfolgungen für das eigene Ich verbunden. Dabei ist es mehr als eine nur imaginäre Möglichkeit, daß man ganz auf sich selbst verzichten muß. Die befreiende Liebe muß mit dem Tod und dem Martyrium rechnen. Will man sich konsequent auf die Praxis der Befreiung einlassen, heißt dies, das man an etwas glaubt, was in sich gar nicht so evident ist, was aber, wenn es wirklich geglaubt wird, zur Konstituierung des Menschen als Menschen beiträgt, nämlich daß man, um das Leben zu finden, dieses erst verlieren muß (Mk 8,35) oder „daß niemand größere Liebe hat, als wer sein Leben für seine Freunde hingibt" (Joh 15,13). Zur Befreiung der

Armen ist Liebe nötig, aber diese wird mit einer solchen Radikalität gefordert, daß ein reines Liebenwollen oder eine reine Praxis als solche nicht ausreichen. Zwar sind beide, das Liebenwollen und die Praxis, wichtig, aber damit beide sich so verbinden, daß Befreiung Wirklichkeit wird, brauchen wir wiederum den Geist.

2.3 Die Armen und Benachteiligten dieser Welt konfrontieren uns sowohl mit der Hoffnung als auch mit Verzweiflung, Resignation und Zynismus.

Die schon stattgefundenen Befreiungen zeigen, wie unvollkommen sie auch waren und wie sehr ihre Errungenschaften auch bedroht sind, daß Befreiung oder wenigstens ein bestimmter Typus von Befreiung möglich ist. In den Befreiungsprozessen lassen sich Teilerfolge feiern, und so werden neue Formen eines gerechteren und menschlicheren gesellschaftlichen Lebens entwickelt. Einige Theorien sagen dabei einen nicht zu verhindernden Sieg der Revolution und die Errichtung einer Gesellschaft voraus, die ein Heim für die Menschen sein wird.

Andererseits führen nicht alle Befreiungsprozesse zum Erfolg, und bei denen das doch der Fall war, wird dieser Erfolg sowohl von innen als von außen her bedroht. Man kann nicht leugnen, daß die Zukunft der Mehrheit der Menschheit, sowohl ökonomisch als sozial betrachtet, düster aussieht, auch dann, wenn man von möglichen Nuklearkatastrophen abstrahiert. Das Reich Gottes scheint gar nicht nahe zu kommen.

Hat die Hoffnung dann noch Sinn, und wo soll sie ihre Nahrung finden? Wäre es nicht besser, sie aufzugeben, mag sie auch, psychologisch und anthropologisch betrachtet, einen gewissen Nutzen aufweisen, so sie sich letztendlich doch als Illusion herausstellt? Wir meinen, daß diese Fragen sich so radikal anhören, weil sie uns von der Befreiungspraxis nahegelegt werden. Dort zeigen uns aber die Armen, wie man die wahre Hoffnung bewahrt. Sie zeigen uns, was es in der Hoffnung an Positivem, an Realistischem und an Ärgernis gibt. „Die Hoffnung der Armen ist nicht auf immer verloren", sagt uns der Psalm (9,19), und dies stimmt auch. Gerade diejenigen unter uns, die Tag für Tag sehr hart ums Überleben zu kämpfen haben und denen der Tod immer vor Augen steht, bewahren die Hoffnung! Auch wenn diese

Hoffnung sich gelegentlich von Teilerfolgen und mehr noch von gelebter Solidarität ernährt, sind ihre Wurzeln andere. Auch sind es nicht jene Analysen, die den Sieg der Revolution prophezeien, die den Armen jene Zuversicht geben, auch wenn dies nicht heißt, daß sie sie ablehnen würden, wenn sie sie kennen würden. Statt dessen ist ihre Hoffnung vielmehr ein Urakt des Vertrauens der Wirklichkeit gegenüber trotz allem, und dieser Akt konkretisiert sich im Vertrauen auf einen Gott Vater. Worte wie „Das Reich Gottes ist nahe“ (Mk 1,14) und „Ich sah einen neuen Himmel und eine neue Erde“ (Offb 21,1) geben ebenfalls diese Urhoffnung wieder. Dies wäre ihre Art zu sagen, daß Güte und Gerechtigkeit der letztendlich tragende Grund der Wirklichkeit sind und daß trotz allem das Gute ursprünglicher, grundlegender und mächtiger ist als das Böse. Mehr noch: Sie akzeptieren es — und sagen es manchmal auch ausdrücklich —, daß auch das Kreuz der Weg zum Heil sein kann, daß der Diener Jahwes wahre Hoffnung schenkt. Keines ihrer Leiden, keine Schwierigkeit reicht, um ihnen den Mut zu nehmen, weiter aktiv auf die Befreiung hinzuarbeiten, wie es auch der Gesalbte Jahwes getan hat, der die Befreiung, die Frohbotschaft, das Recht und die Gerechtigkeit bringt. Dabei akzeptieren sie auch das Ärgernis, daß dieser Diener sein Kreuz zu erleiden hatte, und dieses Kreuz wird ihnen Teil ihrer Hoffnung.

Diese Hoffnung der Armen läßt sich letztendlich nicht analysieren: Es gibt sie. Und weil es sie gibt, ist sie auch die Frage nach der radikalen Hoffnung derer, die sich im Befreiungsprozeß engagieren. Wie diese dann auf diese Frage antworten, kann unterschiedlich sein. Auf alle Fälle werden sie von den Armen gezwungen, die Frage nach ihrer eigenen Hoffnung nicht nur vom eigenen Standpunkt aus zu beantworten.

Warum die Hoffnung im Befreiungsprozeß nicht verlorengeht, läßt sich nicht a priori beantworten. Vielleicht könnte man sagen, daß die Hoffnung letztendlich von der Liebe lebt. Wer die Armen dieser Welt radikal und selbstlos liebt, hat etwas getan, was in sich absolut gut ist, also etwas, was für immer als etwas Positives in die Geschichte eingeht. Möglicherweise läßt sich aus solchen Überlegungen nicht mehr als eine negative Theologie der Hoffnung ableiten, wie etwa, daß es besser ist, aus Liebe zu den Armen zu leiden, als sich nur mit sich selbst zu beschäftigen und nicht zu leiden, oder daß den Armen Hoffnung zu geben das Beste ist, das man tun kann. Die ersten Christen sagten dies so: „Und wer wird euch Böses zufügen, wenn ihr euch voll Eifer um das Gute bemüht?“ (1 Petr 3,13). Die Hoffnung, die Überzeugung von der Überlegenheit der Liebe und der Gerechtigkeit in Worten zu fassen, ist nicht leicht. Eine solche Überzeugung geht aber immer mit der Liebe Hand in Hand. Paulus sagt: „Wir wissen, daß Gott bei denen, die ihn lieben, alles zum Guten führt“ (Röm 8,28). Die Auferstehung als höchstes Symbol der christlichen Hoffnung bezeugt uns gerade jene Überlegenheit der Liebe und der Gerechtigkeit. Wer sich ganz für die Armen hingab, dabei nichts für sich selbst bewahrte und sogar die Geborgenheit seiner Beziehung zum Vater verlor, um aus Liebe gekreuzigt in großer Einsamkeit zu sterben, hat das absolut Gute getan, und dies ist dann auch für immer vom Vater angenommen.

Die Praxis der Befreiung konfrontiert uns mit der Hoffnung. Von den Armen können wir lernen, daß es trotz allem vernünftiger und klüger ist, zu hoffen, als zu verzweifeln. Eine solche Einstellung bringt uns der letzten Wahrheit der Wirklichkeit nahe. Wie ein Mensch auf die Wirklichkeit reagiert, läßt sich nicht vorhersagen. Wenn er ihr aber mit Hoffnung gegenübertritt, besagt er dadurch, daß das letzte Geheimnis der Wirklichkeit, ob er dieses nun mit biblischen Symbolen oder auf andere Weise zu bezeichnen sucht, ein Geheimnis der Güte und des Heiles ist. Der Wirklichkeit auf diese Weise entgegenzutreten ist wiederum ein Akt des Geistes.

2.4 Die Praxis der Befreiung der Armen ist in sich eine wichtige Form und Ausdruck der Liebe und so auch des Geistes. Wenn dieser Praxis keine Grenzen auferlegt werden, wird der Mensch in ihr mit äußerst bedeutenden Wirklichkeiten konfrontiert. So stößt er zu den tiefsten Quellen der Liebe und auch der Wahrheit und der Hoffnung vor. Daher ist sie eine Dimension des Lebens, die ohne eine tiefe Spiritualität nicht fruchtbar sein kann, zugleich aber auch selbst eine solche Spiritualität hervorruft und begünstigt.

Wir sagten, daß es sich hier um eine tiefe Spiritualität handelt, weil sie vom Menschen eine grundlegende Ehrlichkeit der Wirklichkeit gegenüber fordert. Sie ist eine Spiritualität, die zur Tiefe der Wirklichkeit durchdringt und so auch selbst einen Charakter des Letzten, Endgültigen hat. In ihr setzt der Mensch sich ja mit den letzten Wirklichkeiten des Lebens auseinander wie

Leben und Tod, Gerechtigkeit und Unrecht, den anderen das Leben zu geben und das eigene hinzugeben. Sie ist auch eine christliche Spiritualität, denn in ihr sieht der Mensch dies alles im Zusammenhang mit der absoluten Gegebenheit des anderen, des Armen, und seines Lebens und Todes. Von dort aus findet er dann auch wieder zu seiner eigenen Letztendlichkeit und Nichtreduzierbarkeit, zum Sinn des eigenen Lebens, zu jenem Absoluten und Letzten, das für den Menschen wirklich eine De-zentrierung vom eigenen Sein bedeutet.

In diesem Sinn hat die Befreiungspraxis große Bedeutung für jene Grundspiritualität des Menschen, denn sie konfrontiert ihn mit der tiefsten Ebene seines Selbst, auf der er sich auf bestimmte, endgültige Weise entscheiden muß. Wer sich in der Befreiungspraxis engagiert, wird, wenn er der Dynamik dieser Praxis treu bleibt, zu einem Menschen der Wahrheit, der absoluten, selbstlosen Liebe und der Hoffnung. Theoretisch könnte er dies auch auf anderem Weg als über die Praxis der Befreiung werden, aber unter den heutigen Gegebenheiten in unserer heutigen Welt kann man sich schwer vorstellen, daß er, ohne daß seine Praxis wenigstens einen Kern der befreienden Liebe aufweist, ein vom Geist erfüllter Mensch, ein Mensch mit Geist sein kann. Und umgekehrt kann man positiv sagen, daß aus der Praxis der Befreiung solche Menschen hervorgegangen sind.

Wir nennen diese Grundspiritualität theologal, denn auch wenn wir bisher noch nicht ausdrücklich von der Beziehung des Menschen zu Gott gesprochen haben, sind die grundsätzliche Ehrlichkeit der Wahrheit gegenüber, die absolute Hingabe der Liebe und eine Hoffnung, die nicht stirbt, Wege, auf denen sich der Mensch dem letzten, tragenden Geheimnis der Wirklichkeit nähert.

3. Die Notwendigkeit und Bedeutung einer Praxis der Spiritualität für die Befreiung — Die geistliche Gestalt des Christen

Die Praxis der Befreiung begünstigt die Entstehung einer grundlegenden Spiritualität. Hier wollen wir dem hinzufügen, daß es neben jener Gesamtheit geistlicher Verhaltensweisen und Werte, die man als eine Art allgemeine Gestalt des Geistlichen umschreiben könnte, auch noch andere gibt, die jene grundlegende

Spiritualität und die Befreiungspraxis schützen, gestalten und stärken und die zusammenfließen in dem, was ich hier die geistliche Gestalt des Christen nennen möchte.

Diese geistliche Gestalt wollen wir hier — wiederum einmal — nicht abstrakt, allgemein, sondern in ihrem Bezug zur Befreiung der Armen beschreiben. Es geht hier um eine geistliche Gestalt des Christen, die bewirkt, daß der an sich gerechte Befreiungskampf auch tatsächlich ein richtiger und guter Kampf ist und dies immer „mehr" wird, damit er sich immer mehr der Verwirklichung des Gottesreiches und seinen spezifischen Werten öffnet. Dabei gehen wir mehr vom Ideal einer solchen geistlichen Gestalt aus, und wir heben dabei einige jener Werte hervor, wie sie programmatisch von Jesus in der Bergpredigt formuliert worden sind. Es ist kein Zufall, daß diese mit der Seligpreisung der Armen anfängt, und dies verweist uns erneut auf eine Praxis der Befreiung zugunsten der Armen. Gerade diese Praxis ermöglicht und erfordert jene geistliche Gestalt, von der wir hier reden wollen.

3.1 Die, die reinen Herzens sind, werden Gott sehen.

Diese Reinheit des Herzens ermöglicht es den Menschen, dauernd der Wahrheit treu und in der Wahrheit zu bleiben, auch nachdem sie die Grundwahrheit der Geschichte verstanden haben, ohne zu versuchen, diese zu beherrschen und zu manipulieren, ohne sich über sich selbst und die Befreiungsprozesse zu täuschen, ohne Propaganda und Wahrheit zu verwechseln. Ganz konkret handelt es sich hier um eine dauernde Bereitschaft zur Überprüfung und zur Bekehrung — da auch nach einer ersten großen Bekehrung zur Befreiung die richtige Einstellung und das richtige Verhalten nicht für immer gesichert sind. Diese Reinheit des Herzens ist eine tiefe Keuschheit des Verstehens und des Wollens, die dazu führt, daß man nicht sich selbst sucht und auch nicht den anderen die eigenen Vorstellungen aufzwingen und bei der Befreiung die eigenen Interessen verwirklichen will.

Die *Barmherzigen* sind die, die sich aus Erbarmen und einem echten Mit-Leid dem Schmerz der Armen gegenüber am Befreiungskampf beteiligen und an dieser Motivation auch im Laufe dieses Kampfes festhalten.

Sicherlich ruft dieser Schmerz Empörung und Zorn hervor angesichts des Verhaltens der Unterdrücker, wie wir dies auch bei den Propheten und Jesus feststellen können. Sie sind aber nicht die erste Motivation zum Handeln, denn diese ist vielmehr das „misereor super turbam“, „Ich habe Mitleid mit dem Volk“, wie es von Jesus in Mk 6,34 gesagt wird. Von einem solchen Mitleid/Erbarmen muß auch die prophetische Anklage geprägt sein, ohne daß diese deshalb an Schärfe verlieren muß, wie es uns das Beispiel von Erzbischof Romero zeigt. An erster Stelle aber verwandelt diese Einstellung das Engagement in der Befreiungspraxis in ein Handeln der Liebe zuerst den Armen gegenüber, denn diese sollen geschützt und um ihre Rechte soll gekämpft werden, aber auch den Unterdrückern gegenüber, denn sie werden aufgerufen zur Bekehrung, was auch für sie eine gute Nachricht ist, wenn auch „sub specie contrarii“. Konkret betrachtet bedeutet dies, daß im Befreiungskampf der Schmerz der Armen nie aus den Augen verloren werden darf, denn er ist es doch, der beseitigt werden muß, daß man nie leichtsinnig bereit sein darf, welchen gesellschaftlichen Preis auch immer für den Sieg der Befreiung zu zahlen, wenn ein gewisser Preis auch immer unvermeidlich sein wird. Das heißt, daß man bei all den Strategien und Taktiken der Befreiung, bei allen Bündnissen, die man eingeht, und bei allen Abgrenzungen, die gelegentlich notwendig sein mögen, sich auch immer fragt, was das alles an geringerem oder auch größerem Leiden für die Bevölkerung bedeutet. Erbarmen und Mitleid sind viel mehr als rein psychologische Erregungen im Menschen, als Formen einer Affektivität, zu denen bestimmte Menschen von ihrer Veranlagung und ihrem Charakter her eher neigen als andere: Sie bringen auf strukturelle Weise zum Ausdruck, daß der Kampf um die Befreiung des armen Volkes von Anfang an und in seinem gesamten Verlauf von einer großen Liebe zum armen Volk motiviert und getragen wird.

Die, die *den Frieden suchen,* sind die, für die der Kampf nicht ein Ziel in sich ist, die nicht einer Mystik des Kampfes huldigen und nicht auf ihn allein all ihre Hoffnung konzentrieren, sondern bei denen sich die tragische Notwendigkeit des Kampfes mit einem brennenden Verlangen nach Frieden verbindet.

Konkret bedeutet dies, daß die Friedliebenden auch in Zeiten des Kampfes und des Krieges dafür arbeiten, daß bei den Konflikten so menschlich wie möglich verfahren wird, damit so der Krieg soviel wie möglich von seiner Unmenschlichkeit verliert, und daß gleichzeitig alle erfolgversprechenden friedlichen Mittel probiert und eingesetzt werden. In der Sprache der Bibel heißt dies, daß sie es sind, die sich dafür einsetzen, daß die Schwerter durch Pflüge ersetzt werden und daß auch dann, wenn die Schwerter geschwungen werden, die Pflüge dennoch die Erde bearbeiten.

Die, *die zu vergeben wissen,* das sind die, die ihrem Gegner nicht jede Zukunft verbauen wollen.

Dies geht weit über eine bestimmte psychologische Einstellung hinaus — von der man weiß, daß sie schwer genug ist, auch wenn einige Arme uns zeigen, welche Großmut möglich ist. Es handelt sich ja um die Fähigkeit zu glauben, daß letztendlich auch der Gegner zur Menschlichkeit finden kann und daß man ihm vielleicht sogar in der Hitze des Kampfes, die jede positive Einstellung dem Gegner gegenüber sehr schwer macht, nicht jede Menschlichkeit absprechen darf. Konkret bedeutet dies eine grundsätzliche Bereitschaft zum Dialog unabhängig von der Tatsache, daß eine solche Bereitschaft auch aus rein politischen Motiven manchmal angebracht sein kann. Diese Bereitschaft ist über jeden politischen Kalkül hinaus grundsätzlich so notwendig, weil durch sie jene großen und kleinen Zeichen der Versöhnung gesetzt werden können, ohne die kein Sieg ein Sieg auf Dauer sein und keine Gesellschaft wirklich menschlich werden kann.

Schließlich sind die *Armen* die, die glauben, daß man mitten in der Schwäche stark sein kann und daß die Armut Ort des Geistes ist.

Die Armen im materiellen Sinn des Wortes (nach der lukanischen Version der Bergpredigt) bzw. die Armen im Geiste (nach der des Matthäus) sind diejenigen, die gegen eine Armut kämpfen, die einerseits eine Form materiellen Elends ist, die so nicht sein muß und also ungerecht ist. Andererseits aber sehen sie in der Armut auch eine tiefmenschliche Chance. Die Armut ist ja auch Protest und Widerstand gegen Reichtum und Macht, die die Menschlichkeit zerstören. Die Armen verweisen auf eine Gesellschaft, die man als eine „Zivilisation des Armseins" (I. Ellacuría) beschreiben könnte, in der es kein Elend mehr gibt und in der angesichts der beschränkten Mittel so verfahren wird, daß alle am Nötigen teilhaben können. In ihr gibt es infolgedessen auch keinen Verlust der Menschlichkeit durch eine zügellose Konsummentalität. Konkret bedeutet dies einmal mehr, daß man sich in den Befreiungskämpfen immer neu den Armen zuwendet, weil sie uns nicht selten Lehrmeister des Geistes sind. Auch so wird dann garantiert, daß der Befreiungskampf wirklich für sie stattfindet und er ihr Kampf bleibt.

3.2 Aus dem Neuen Testament geht noch ein anderes Element jener so notwendigen geistlichen Gestalt hervor, von dem jede echte Spiritualität geprägt sein muß und von dem auch die Bergpredigt geprägt ist: das, was wir hier *Gratuität* nennen möchten: ein Wissen um ein grundsätzliches Beschenktsein ohne irgendwelche vorangehende eigene Leistung und ein entsprechendes eigenes, nicht auf den eigenen Lohn bedachtes Verhalten. Im Neuen Testament wird vieles vom Christen gefordert. Alles, was er ist und hat, soll er einsetzen, und dennoch — und dies ist ein recht harter Satz — wird gesagt, daß, nachdem er alles getan hat, was er tun konnte, er sich selbst als einen unnützen Knecht betrachten soll. Positiv ist das gesamte Neue Testament von der Vorstellung durchdrungen, daß jede menschliche Initiative zum Guten ihren Ursprung hat in etwas bzw. in jemandem, der vor uns existierte und größer ist als wir, und daß wir in ihm nicht nur selbst Gaben empfangen haben, sondern daß er uns dazu befähigt, selber Gabe für die anderen zu werden.

Vielleicht ist keine andere Wirklichkeit so schwer verständlich und in Worten zu fassen als gerade diese Gratuität. Dennoch läßt sich einiges über ihre Bedeutung in der Befreiungspraxis sagen, wenn wir dabei vom konkreten, mit jener Gratuität beschenkten Menschen ausgehen. Angesichts der großen Begeisterung, die der Befreiungskampf erfordert, bewahrt das Wissen um jene Gratuität vor der *hybris,* dem Hochmut, der sich bei jenem Kampf so leicht einschleichen könnte, dem Gefühl der eigenen moralischen Überlegenheit. Dieses ist deshalb so gefährlich, weil vor allem, wenn es jene Überlegenheit tatsächlich gibt, was ja nicht unmöglich ist, diese nur allzuleicht zu einer automatischen Rechtfertigung all dessen wird, was man anders tut als die, denen man sich überlegen glaubt, und weil sie in sich neben der Gefahr eines Personenkultes der eigenen Führer auch die Gefahr eines Auserwähltenbewußtseins und eines Gruppenkults birgt. Statt dessen erinnert die Gratuität daran, daß wir alle unsere Grenzen und

Fehler haben, daß wir alle Sünder sind und daß wir, um ein Wort von Gonzáles Faus aufzugreifen, die Revolution durchführen müssen als Menschen, denen vergeben worden ist. Die Erfahrung der Gratuität als der Erfahrung eines unverdienten Beschenktseins setzt Dankbarkeit voraus, und eine solche Einstellung und Antwort der Dankbarkeit stärkt den Geist und die Praxis, denn aus der Dankbarkeit wachsen inmitten der Hingabe und des Engagements Großmut und Großzügigkeit, die Freiheit des Geistes und die Freude, die kostbare Perle und den verlorenen Schatz gefunden zu haben, auch wenn hier die mit der Begeisterung von „Konvertiten" verbundenen spezifischen Gefahren nicht vergessen werden dürfen. Auf alle Fälle zeigt sich hier die mit der Erfahrung von Gratuität verbundene Kreativität und Fruchtbarkeit.

Aber auch hier stellt sich die Frage nach dem Ursprung: Was ist die Wurzel dieser Gratuität? Diese Frage ist um so schwerer zu beantworten, als die Wirklichkeit dieser Gratuität schwer zu fassen ist. Theologisch kommt jede gute Gabe von oben, vom himmlischen Vater. Konkret aber wird sie in den Armen und durch sie gegeben: sind die Armen „Vermittler" von Gratuität. Sie selbst erkennen an, daß ihnen „etwas gegeben worden ist". In Formulierungen, die stark in der Bibel verwurzelt sind, erkennen sie an, daß sie, die vorher nicht waren, jetzt sind, daß sie, die vorher kein Volk waren, jetzt ein Volk sind, das auf dem Weg ist, Volk Gottes zu werden. Ein Bauer aus Aguilares brachte dies in folgenden tiefen und tragischen Worten zum Ausdruck: „Zuvor starben wir, sie töteten uns, und wir wußten nicht warum. Heute werden wir vielleicht auch noch sterben müssen, aber wir wissen, daß wir für ein Volk sterben. Das ist letztendlich etwas ganz anderes."

Diese Armen sind in ihrer Gesamtheit, als Volk der Armen mit all ihren Fehlern und Irrtümern, aber auch mit seinen vielen Qualitäten und den tiefen Werten, die sie vertreten, zur Gnade und zur Gabe für alle geworden, die sie begleiten, verteidigen und schützen und zusammen mit ihnen kämpfen. Diese Erfahrung hat universellen Wert. Das heißt nicht, daß alles, was die Armen sind und tun, Evangelium ist; aber vieles davon ist es. Auf alle Fälle stimmt folgendes ganz und gar, und es wird dadurch nicht weniger wahr, daß es so oft wiederholt worden ist: Die Armen evangelisieren uns. Und dabei hat auch für uns das Wort „Evangelium" seine ursprüngliche Bedeutung bewahrt als die gute Nachricht, daß Gott in seiner Güte entschieden hat, sich uns mitzuteilen und uns zu beschenken. Diese gute Nachricht ist uns übermittelt worden, und wer sie als Geschenk annimmt, den prägt sie in seinem tiefsten Wesen, also in seinem Geist, sowohl indem sie uns dazu befähigt, daß wir uns ihr als guter Nachricht öffnen, als auch indem sie in unserem Leben anfängt, Frucht zu tragen.

3.3 Man könnte meinen, daß dies alles, was wir hier als die geistliche Gestalt eines Christen darstellen — also ein Verhalten, das den Seligpreisungen entspricht, und das Wissen um ein unverdientes Beschenktsein, um eine Gratuität, die uns umgibt —, sich zwar sehr sublim anhören mag, aber insgesamt doch nur ein unrealistisches Ideal darstellt und sogar wieder die Gefahr der Entfremdung in sich birgt. Die Realität berechtigt uns aber darauf zu antworten, daß eine solche geistliche Gestalt des Christen nicht etwas Utopisches ist, daß sie vielmehr im Leben mancher Christen schon Wirklichkeit ist. Zudem haben wir sie hier so dargestellt, wie wir sie dargestellt haben, weil uns dies die Wirklichkeit selbst nahelegt. Wir bezweifeln, ob wir sie ohne diese Wirklichkeit so hätten darstellen können, obwohl das „Konzept" dieser geistlichen Gestalt des Christen uns natürlich in seinen wichtigsten Elementen deutlich genug im Evangelium vor Augen gestellt wird. Sicherlich handelt es sich um ein Ideal, und wir können also nicht erwarten, daß es möglich sein wird, es voll zu verwirklichen. Daher haben wir auch von einer *geistlichen Gestalt* gesprochen: nicht etwa, weil „geistlich" sich hier auf eine reine Innerlichkeit beziehen würde im Gegensatz zur konkreten Geschichte, sondern weil diese Gestalt des christlichen Lebens Ausdruck und Frucht des Geistes ist und es dieser selbe Geist ist, der uns immer wieder das Ideal vor Augen führt und nicht zuläßt, daß wir uns mit dem Faktischen abfinden.

Auch die Gefahr, daß ein solches Ideal entfremdend sein könnte, besteht nicht, wenn es mit jener Grundspiritualität zusammengeht, von dem wir redeten, wenn Ideal und Spiritualität aus der Befreiungspraxis hervorgehen, sich in ihr inkarnieren und sie prägen. Zudem — und dies muß hier auch gesagt werden, und dies wird sogar von nichtchristlichen Revolutionären anerkannt — haben die konkreten Befreiungsprozesse in unseren Ländern einigen Christen Wesentliches zu verdanken, die in ihrem Leben dieser geistlichen Gestalt des Christentums entsprochen haben. So kann man nicht daran zweifeln, daß Erzbischof Romero als hervorragendes Vorbild dieses christlichen Ideals und der christlichen Spiritualität sehr dazu beigetragen hat, daß die Praxis der Befreiung in ihren verschiedenen konkreten Formen an Kraft gewann, auch indem er das Negative kritisierte und das Positive förderte und lobte. Nicht selten bitten revolutionäre Gruppen die Christen darum, zu sein, was sie sind, und dies so zu sein, wie wir es hier beschrieben haben. Denn eine Revolution braucht Geist, und je tiefer sie ist und je mehr Bereiche des Lebens sie umfaßt, desto mehr Geist ist vonnöten.

4. Die Spiritualität der Befreiung als Zugang zu und Begegnung mit Gott

Sagen wir hier schließlich, um dieses Kapitel abzuschließen, ein Wort über das Verhältnis zwischen der Spiritualität, wie wir sie hier beschrieben haben, und der Beziehung des Menschen zu Gott. Denn diese Spiritualität kommt nicht nachträglich zu einem Glauben an Gott und einer Begegnung mit ihm hinzu, auch wenn sie sich erst in der Befreiungspraxis wirklich herausbildet und oft doch schon vorher, am Anfang der Praxis, ein gewisser Glaube an und eine gewisse Erfahrung von Gott gegeben sind. Sie ist vielmehr die historische Realisierung des Glaubens als Zugang zu Gott und Begegnung mit ihm. Über diese Problematik möchte ich hier vom Standpunkt der Spiritualität aus einige kurze Überlegungen anstellen.

4.1 Die Spiritualität, so wie wir sie hier beschrieben haben, vereint in sich jene zwei Merkmale, die, dialektisch miteinander vereint, das Wesen des menschlichen Zugangs zu Gott prägen: die Gottähnlichkeit des Menschen und sein Unterwegssein zu Gott.

Ein Mensch der Wahrheit, der Liebe und der Hoffnung wird in der konkreten Geschichte seines Lebens immer mehr Gott ähnlich. Gerade durch eine solche Ähnlichkeit und die dadurch entstehende Verwandtschaft kommt man dem Gott der Wahrheit nahe: Indem man die Wahrheit der Dinge anerkennt, ohne sie den eigenen Interessen unterordnen zu wollen, indem man klar und entschieden die Sünde anklagt, indem man die Reinheit des

Herzens zu bewahren sucht, die es erlaubt, die wechselnde Wahrheit der historischen Abläufe, Prozesse und Unternehmen zu sehen. Dem Gott der Schöpfung, des Lebens, der Gerechtigkeit und der Befreiung nähert man sich in der Praxis, Leben zu schenken und Gerechtigkeit zu fördern, denn eine solche Praxis macht uns ihm ähnlich, und durch sie werden wir mit ihm verwandt. Dem Vater, der ein Gott der Güte und des Erbarmens ist, der zärtlicher ist als eine Mutter, nähert man sich im eigenen Mit-Leiden mit den anderen und in einem eigenen Tun der Barmherzigkeit. Dem inkarnierten Gott, der im Ärgernis des Kreuzes den Armen und Unterdrückten auf kaum faßbare Weise nahekommt, nähert man sich in der Gottähnlichkeit, die dadurch entsteht, daß man sich unter die Gekreuzigten dieser Welt „inkarniert" und mit ihnen und für sie die Verfolgung auf sich nimmt, um schließlich auch das eigene Leben hinzugeben. Dem Gott der Hoffnung, des kommenden Reiches, der Auferstehung, des neuen Himmels und der neuen Erde nähert man sich in der Gottähnlichkeit einer beharrlichen Hoffnung mitten in der Geschichte und trotz all ihrer Negativität.

Die Spiritualität ist Verwandtschaft und Ähnlichkeit mit Gott, ist ein bei ihm Sein und heißt zudem, mit ihm in der Geschichte gegenwärtig zu sein und dort mit ihm mitzuarbeiten. Durch sie suchen wir voll einzugehen auf jene grundlegende Forderung Jesu, die nicht nur eine ethische Forderung oder gar eine freibleibende Empfehlung für fromme Seelen, sondern Paradigma jenes Ideals ist, das jeder Mensch anstreben muß: „Ihr sollt also vollkommen sein, wie es auch euer himmlischer Vater ist" (Mt 5,48) und: „Seid barmherzig, wie es auch euer Vater ist!" (Lk 6,36). Als Verwandtschaft und Ähnlichkeit mit Gott bedeutet die Spiritualität, daß wir in der Geschichte Gottes Heiligkeit nachzuahmen suchen, wie sie uns offenbart worden ist: nicht als ein Weitentferntsein vom profanen Leben, sondern als die höchst denkbare Nähe des absoluten Heils. Eine solche Spiritualität vermag die Befreiung der Armen tatkräftig zu fördern, und sie stärkt die effiziente und selbstlose Liebe, die für ein Engagement in der Befreiungspraxis nötig ist. Die Schrift zeigt uns diesen Weg als den wichtigsten Weg zur Gottähnlichkeit: Gott zu kennen heißt: das Recht zu tun und dem Armen und Bedürftigen Recht widerfahren zu lassen.

Diese Gottähnlichkeit ist allerdings nie ein Verfügenkönnen

über Gott, eine Art Besitzen von Gott, denn er ist weiterhin ein unergründliches Geheimnis, das sich von uns nicht manipulieren läßt. Sich Gott nähern heißt auf Gott zuzugehen, aber so, daß Gott Gott bleibt. Daher ist die Spiritualität der wahre Weg zu Gott. Die Wirklichkeit Gottes als Geheimnis drängt sich dem Menschen in jedem Bereich seiner Existenz auf, wo auch immer dieser Weg angefangen hat. Allerdings nimmt dieses Gott Gott sein lassen vom Standpunkt der Befreiung der Armen aus spezifische Formen an, in denen jenes Unterwegssein, das kein Besitzen ist, besonders deutlich wird. Wir könnten hier von verschiedenen Elementen einer Dialektik — bzw. gar von verschiedenen Formen der Dialektik — reden, die danach streben, miteinander versöhnt zu werden, für die es aber nur im Unterwegssein als solchem eine partielle Versöhnung gibt. Gerade diese Erfahrung, nie voll zur Synthese zu gelangen, obwohl man sie andauernd anstrebt, entspricht der konkreten, historischen Erfahrung des Menschen, daß man Gott nur begegnen kann, indem man zu ihm unterwegs ist.

Dieses dauernde Unterwegssein zu Gott ist unabdingbar, denn die vollkommene Versöhnung zwischen Kampf und Frieden, Gerechtigkeit und Versöhnung, Effizienz und Wissen um die Gnade (Gratuität) findet nicht irgendwo an einer bestimmten Stelle des Weges der Befreiung statt, an der wir dann stehenbleiben dürfen. Wir müssen immer weitergehen, denn wie stark unsere Hoffnung auch ist und sein muß, wir kennen weder den Tag noch die Stunde der Befreiung. Oder bringen wir es hier in Form eines zu verwirklichenden Programms zum Ausdruck, da ja die Befreiung die Versöhnung zweier verschiedener Bewegungen voraussetzt: einerseits der entschiedene Kampf gegen die Unterdrükkung, die die Armut bedeutet, und andererseits ein eigenes Sichbewegen auf die Armut hin.

Zudem müssen wir an diesem dauernden Unterwegssein zu Gott festhalten, weil wir so Gott entsprechen, der uns mit der Kraft der Utopie anzieht. Diese löst zwar nicht alle Probleme, sie nimmt aber auch der Wirklichkeit nichts von ihrer Konkretheit, und sie stellt sich uns dar als eine Verheißung und eine Zukunft des Heils. So wird sie zu einer starken Kraft, die uns aus der Zukunft heraus zu sich hinzieht und bewirkt, daß die Geschichte mehr hergibt, als sie dies sonst tun würde. In den Beschränkungen und in der Hoffnung dieses Unterwegsseins erfahren wir, wie Gott der immer Größere ist, erfahren wir also, daß er Gott ist. Die Spiritualität dieses Unterwegsseins sucht in der Geschichte das Geheimnis Gottes und die Transzendenz seiner Heiligkeit zu verwirklichen. Diese verwandeln sich so von einer Ferne, die abschreckt, in ein Ideal und eine Zukunft, die anziehen. Daher richtet sich die Spiritualität, um die es uns hier geht, immer neu auf Gott aus. So wendet sie sich auch immer neu der Utopie zu, um aus ihr als aus einer Reserve für unsere Geschichte immer neu zu schöpfen, damit so die Wahrheit, die Liebe und die Hoffnung in uns immer größer werden und damit die Befreiung immer tiefer und umfassender, immer „integraler" sei.

4.2 Eine Spiritualität, die ein Unterwegssein zu Gott ist, ermöglicht auch die Begegnung mit Gott in der Geschichte und die persönliche Beziehung zu ihm.

Die ganze Schrift bezeugt eindeutig, daß Gott eine persönliche Wirklichkeit ist und daß man daher mit ihm in Verbindung treten — oder wie wir es modern sagen: Kontakt aufnehmen — kann und muß. Und wenn die Christen die Geschichte Jesu erzählen und gläubig bekennen, daß er der Sohn Gottes ist, sagen sie dadurch auch, daß Gott Person ist, daß man auf sein Wort hören, seinen Willen tun, ihm vertrauen und sich auf ihn verlassen muß und darf, daß man mit ihm sprechen und ihn lieben kann: Er hat zuerst uns alle und jeden unter uns geliebt, und daher können wir auch auf seine Liebe antworten.

Aufgrund der Erörterung der Spiritualität, wie ich sie hier vorgetragen habe, läßt sich die persönliche Erfahrung von Gott, die ein Mensch haben kann, etwas konkreter darstellen. Bringt man, getragen von seiner Hoffnung, die Überzeugung zum Ausdruck, daß, wer tiefer in die Wirklichkeit vordringt, dort der Güte, der Gerechtigkeit, der Barmherzigkeit und der Liebe begegnet, so sagt man damit auch, daß der Urgrund der Wirklichkeit persönlichen Charakter hat. Zu erfahren, daß wir von diesem Urgrund persönlich angesprochen werden und daß sich von dort aus ein ganz persönlicher Wille an uns wendet, so daß alle so Angesprochenen sich mit ihrem eigenen Namen angesprochen fühlen und sich aufgerufen fühlen, das, was sie tun sollen, konkret zu erkennen und nicht nur aus allgemeinen Prinzipien abzuleiten, das alles heißt auch, daß der Urgrund der Wirklichkeit kein anonymer, kalter Abgrund ist, sondern jemand, der uns ruft und dessen konkreten Willen wir entdecken und verwirklichen sollen.

Vielleicht verstehen wir diese Entdeckung des Personseins Gottes am besten durch die Entdeckung und Erfahrung, daß auch die Armen eine konkrete, persönliche Wirklichkeit sind, daß sie eigene Namen haben, daß jeder unter ihnen seine eigene Hoffnung und seinen eigenen Schmerz hat und diese jeweils unverwechselbar sind, auch wenn sich Allgemeines darüber sagen läßt, da all dem dieselbe strukturelle Wirklichkeit des Unrechts zugrunde liegt. Diese Erfahrung ist im Hinblick auf die Entdeckung des Personseins Gottes das womöglich wichtigste Element einer Spiritualität der Befreiung, denn die Entdeckung des Armen als eines konkreten Menschen hat die Entdeckung der Konkretheit Gottes als Korrelat. Wenn diese uns von der gesamten Schrift bezeugte transzendentale Korrelation zwischen Gott und den Armen aus der Perspektive der persönlichen, irreduzierbaren und unverwechselbaren Konkretheit eines jeden Armen verstanden wird, dann enthält auch die Erfahrung von Gott das Moment des Konkreten und Persönlichen.

Wir beanspruchen mit diesen Überlegungen natürlich nicht, das Personsein Gottes auf der Ebene der theologischen Argumentation schlüssig zu beweisen, wohl aber wollen wir das hervorheben, was in einer Spiritualität der Befreiung auf Gott verweist. So spricht auch die Theologie der Befreiung von einer „Begegnung" mit Gott, und auch die Subjekte des Befreiungsprozesses legen Zeugnis von ihr ab. Sie ist eine vieldimensionale, reichhaltige Erfahrung, die den Ruf zur Bekehrung und zu einer befreienden Praxis sowie zu einer großen Liebe in sich birgt und die Aufforderung enthält, die Zeichen der Zeit zu erkennen, die aber zugleich auch alle Merkmale einer persönlichen Begegnung hat. Diese Erfahrung, die anfangs eine Erfahrung im Inneren eines Menschen ist, der sich für die Befreiung entscheidet, bekommt später deutlichere Umrisse im persönlichen und gemeinsamen Gebet, um dann in der Liturgie und in den Zusammenkünften der Gemeinden gefeiert zu werden. Was in ihr erfahren wird, entspricht der Synthese dessen, was der Exodus, die Propheten und Jesus selbst uns bezeugen: daß Gott als der Ursprung der Befreiung und zugleich auch als der erfahren wird, der mit seinem Volk einen Bund schließt, von dem auch das

Herz des einzelnen Menschen berührt wird. „Befreiung" heißt in diesem Kontext, daß wir Gott ähnlich werden und zu ihm unterwegs sind, während der „Bund" eher die Dimension der so schon stattfindenden Begegnung hervorhebt.

Vom Gott, dem Unsagbaren, zu reden ist nicht leicht. Hier müssen alle menschlichen Worte enttäuschen und all unsere Konzepte versagen. Dennoch haben wir uns hier von der Überzeugung leiten lassen, daß jene Spiritualität und jenes Ideal des geistlichen Menschen, wie sie aus der Praxis der Befreiung hervorgehen, uns erlauben — und uns in vielen Fällen sogar dazu verpflichten —, so zu reden, wie wir es hier getan haben. Von diesem Gott wird in letzter Instanz auch gesagt, daß er Vater ist, also eine persönliche Wirklichkeit, der man vertrauen kann und die für die Praxis der Befreiung Paradigma der Güte ist. Aber von diesem Vater wird auch gesagt, daß er weiterhin Gott bleibt und so das letzte Geheimnis der Wirklichkeit ist. Daher müssen wir auch immer neu auf sein kreatives und immer neues Wort hören und es zu verwirklichen suchen. Zudem sind wir zu ihm in unserer Geschichte unterwegs, und in diesem Unterwegssein begegnen wir ihm paradoxerweise auch immer wieder, ohne ihn allerdings je besitzen zu können.

5. Zum Schluß

Noch vieles andere müßte und könnte von der Beziehung der Spiritualität zur Befreiung gesagt werden. So hätten wir dies alles eindeutiger vom Standpunkt der Christologie aus entwickeln können, obwohl alles, was hier gesagt worden ist, auch schon damit zu tun hat, daß Jesus unser Befreier ist. Auch wäre es nötig gewesen, die Spiritualität der Befreiung auf die Wirklichkeit der Kirche zu beziehen. So hätten wir von der Spiritualität der verschiedenen Charismen und Aufgaben reden müssen und von einer Spiritualität, die das Streben nach einer Einheit der Kirche, die die Effizienz der Befreiungspraxis steigern würde, mit der Aufrechterhaltung einer fruchtbaren Spannung zwischen Institution und Charisma und der Suche nach einem Weg zur angemessenen Austragung innerkirchlicher Konflikte zu verbinden sucht. Auch von einer Spiritualität der vom Befreiungsprozeß so begünstigten und geförderten Solidarität zwischen den verschiedenen Kirchen und Gruppen hätten wir nicht schweigen dürfen, und auch einige spezifische Probleme, die nur durch eine tiefe Spiritualität zu lösen sind, hätten erwähnt werden müssen, so die Frage, wie sich die Zugehörigkeit zu bestimmten politischen und revolutionären Parteien und Gruppen mit der Loyalität dem Evangelium und der Kirche gegenüber versöhnen läßt oder wie jene Grenzfrage nach der Beziehung zwischen Spiritualität und Gewalt. Statt dessen haben wir es vorgezogen, von den Wurzeln der Spiritualität und ihren wesentlichen anthropologischen und theologalen Inhalten auszugehen.

Hieraus läßt sich einmal mehr die Schlußfolgerung ziehen, daß Befreiung und Spiritualität sich nicht ausschließen, sondern sich gegenseitig als Praxis und Geist bedingen und erfordern. In der Einheit dieser Dualität kommt die Totalität des menschlichen Wesens zum Ausdruck, und sie entspricht auch der Totalität der Wirklichkeit, wenn wir diese aus der Perspektive der Offenbarung zu verstehen suchen. Zugleich erscheint sie uns als eine vereinheitlichte Dualität bzw. duale Einheit, wie es die Befreiung und der Bund beim Auszug der Israeliten aus Ägypten, wie es das Reich Gottes und der Gott des Reiches bei Jesus sind und wie es heute die von der lateinamerikanischen Kirche neu entdeckte Einheit zwischen dem Kampf um die Befreiung von einer ungerechten Armut und einem vertrauensvollen Sichöffnen Gott gegenüber (Medellín, Die Armut der Kirche, Nr. 5; Puebla Nr. 1161, 1149) ist. Auch verschiedene Orden haben sich dieser Einsicht anschließen und sie in ihre traditionelle Spiritualität integrieren wollen. So war bei den letzten Generalversammlungen der Jesuiten die Rede von der Einheit und Unzertrennlichkeit von Glauben und Gerechtigkeit, und der neue General des Dominikanerordens redet in einem ähnlichen Zusammenhang von der Verkündigung der Frohbotschaft und der Arbeit um Gerechtigkeit und Frieden. Dies ist im Grunde nichts anderes als das, was wir in jener beeindruckenden Synthese der Wirklichkeit des menschlichen Lebens beim Propheten Micha lesen können: „Es ist dir gesagt worden, Mensch, was gut ist und was der Herr von dir erwartet: Nichts anderes als dies: Recht tun, Güte und Treue lieben, in Ehrfurcht den Weg gehen mit deinem Gott“ (6,8).

Viele Christen haben dem entsprechen wollen. Schließen wir

hier mit einigen Worten von Erzbischof Romero, jenem hervorragenden Vorbild und Beispiel der Praxis und des Geistes, des Kampfes um die Gerechtigkeit und des Glaubens an Gott. Sein Beispiel zeigt uns, daß jene Synthese nicht nur auf der Ebene des persönlichen Lebens der einzelnen, die sich so engagieren, möglich ist, sondern auch auf der Ebene der kirchlichen und anderer Institutionen. So kann eine Synthese, die sich im tiefsten Inneren des eigenen Personseins vollzieht, auch die „berufliche" Ebene des eigenen Lebens prägen und hier ihre schönsten Früchte tragen, und dies ist dann auch im Leben von Bischof Romero in seinem „erzbischöflichen Dienst" der Fall gewesen.

So war ihm die Notwendigkeit einer Praxis der Gerechtigkeit absolut klar: „Wie sollten wir angesichts einer Welt, in der die Notwendigkeit gesellschaftlicher Veränderungen offensichtlich ist, von den Christen nicht fordern, daß sie die Gerechtigkeit des Christentums konkret verwirklichen, daß sie sie in ihren Familien und in ihrem Leben realisieren, daß sie an den Veränderungen mitarbeiten und selbst neue Menschen zu werden suchen" (3.12.1978). Dabei liegt die letzte Begründung dieser Praxis in folgender Tatsache: „Nichts ist für die Kirche so wichtig wie das menschliche Leben, vor allem das der Armen und Unterdrückten" (16.3.1980). Und mit beeindruckender und im nachhinein Schauer erregenden Klarsicht und Stärke war er bereit, die konkreten Folgen seiner Option auf sich zu nehmen: „Ich freue mich, Brüder, daß unsere Kirche verfolgt wird, weil sie sich zum Wohle der Armen inkarnieren will" (15.7.1979). „Es wäre traurig, wenn in einem Land, wo so schrecklich gemordet wird, unter den Opfern keine Priester wären. Sie sind das Zeugnis einer Kirche, die sich inkarniert und sich dabei die Probleme des Volkes zu eigen gemacht hat" (15.7.1979). All das hat er als Bischof, als Christ und als Salvadorianer persönlich auf sich genommen: „Meine Arbeit als Hirte verpflichtet mich, solidarisch zu sein mit jedem, der leidet, und mich im eigenen Körper jedem Versuch der Verteidigung der Menschenwürde anzuschließen (acuerpar)" (7.1.1979). Sein eigenes, von ihm vorausgesehenes Martyrium betrachtete er als einen letzten Dienst an der Befreiung: „Möge mein Tod, wenn er von Gott angenommen wird, zur Befreiung meines Volkes gereichen und ein Zeugnis der Hoffnung für die Zukunft sein!" (März 1980)[4].

In dieser gesamten Einstellung trennte ihn nichts von Gott, sondern das alles brachte ihn ihm sehr nahe. Im Glauben an diesen Gott meinte er besser sehen zu können, was der Mensch ist: „Niemand kennt sich, wenn er Gott nicht begegnet ist. ... Wie schön wäre es, meine Brüder, wenn die heutige Predigt dazu führte, daß jeder unter uns sich auf den Weg zur Begegnung mit Gott machte“ (10.2.1980). In einem solchen Glauben und in einer solchen Praxis verwurzelt, vermochte Erzbischof Romero mit Worten, die sich bei anderen nach Propaganda oder einem verbohrten Dogmatismus anhören könnten, die Hoffnung seines Volkes zu stärken, denn bei ihm hörten sich diese Worte so an, als ob sie aus der tiefsten Wirklichkeit Gottes und der tiefsten Wirklichkeit der Menschen kämen:

„Es macht sich also die Notwendigkeit von etwas Transzendentem, etwas, was von draußen kommt, bemerkbar. Und jenes zerstörte Jerusalem wird wieder in jener Morgenröte erstrahlen, die Gott selber ist. Gott selbst wird sich inmitten Jerusalems inkarnieren. Wie sollte uns dies nicht mit Hoffnung erfüllen, meine Brüder, wenn wir unsere eigenen, unzulänglichen Kräfte sehen, wenn wir sehen, wie sich unser Land in einer Sackgasse befindet, und wir wissen, daß die Politik und die Diplomatie hier nichts vermögen, weil wir nur Katastrophen und Zerstörung sehen und es Torheit wäre, das alles leugnen zu wollen. Wir brauchen ein transzendentes Heil! Über diesen Ruinen wird die Herrlichkeit des Herrn erstrahlen“ (7.1.1979).

„Der Schrei dieses Volkes um Befreiung ist ein Rufen, das zu Gott empordringt, und nichts und niemand wird das verhindern können“ (7.1.1980).

III
Spiritualität und Theologie[5]

Es besteht heute nicht nur, wie das traditionell der Fall war, in der Kirche und unter denen, die sich einem „Leben der Vollkommenheit“ widmeten, sondern auch in der sogenannten Welt ein ungewöhnliches Interesse für die Thematik der Spiritualität. Die Geschichte unserer Zeit fordert mit ihren Krisen, Fragen, Chancen und der sich in ihr stellenden Aufgabe einer menschlichen Zukunft die einzelnen Menschen und die gesamte Menschheit als solche heraus. Man kann sich weigern, diese Herausforderung anzunehmen, man kann sie im Sinne eigener Ziele zu pervertieren oder zu manipulieren suchen. Aber für den, der die Dinge so sehen will, wie sie sind, stellt sich immer neu die Frage: Wer bin ich, und was sollte ich sein? Was ist meine Hoffnung, und was darf ich hoffen? Was tue ich, und was sollte ich tun? Aus der Geschichte selbst ergeht der Ruf an uns, auf diese Fragen nach der Wahrheit der Geschichte und nach der eigenen Wahrheit zu antworten und uns dabei der Geschichte zu stellen, ohne uns von ihr beherrschen zu lassen und ohne zu versuchen, passiv davonzuschleichen.

1. Suche nach Spiritualität

Eine solche Aufgabe stellt sich immer, sie wird aber in Zeiten der Krise, wenn die alten Fundamente das Gebäude nicht mehr tragen, um so dringlicher und unumgänglicher. Damit neue Grundlagen für die Geschichte gefunden werden, auf denen sie sich weiterentwickeln kann und richtig weiterentwickelt, und damit die Menschen als Menschen leben können, ist vieles zu tun. Diese Elemente alle auf die richtige Weise zusammenzubringen ist nicht die Aufgabe der Wissenschaft oder irgendeiner Ideologie allein: Sie ist auch eine Aufgabe des Geistes. Das so erforderliche „Menschsein-mit-Geist“, „Menschsein-im-Geist“, das die Krisen und die Chancen der Wirklichkeit aufgreift und ihre verschiedenen Elemente so zusammenbringt, daß sie selbst letztendlich mehr Chance als Krise sei, nennen wir Spiritualität. Man mag diese Beschreibung der Spiritualität für äußerst ungenau und unklar halten, aber dies sollte uns nicht daran hindern, wenigstens grob zu skizzieren, wie von ihr geredet werden muß, damit sie nicht bewußt oder unbewußt auf nur einen Teil der Wirklichkeit, etwa auf das Immaterielle oder auf die Innerlichkeit des Menschen reduziert wird.

Auch in der Kirche wird die Frage nach der Spiritualität intensiver denn je gestellt. Dies kommt daher, daß die Kirche, ob sie dies nun will oder nicht, an der heutigen Geschichte und ihren Entwicklungen teilhat und weil zudem in der Kirche selbst durch die Erneuerungen, die durch das Zweite Vatikanum und durch Medellín ausgelöst wurden, manche alten Fundamente unbrauchbar geworden sind. Man kann nicht leugnen, was es alles neben den uns von der Tradition überlieferten alten kirchlichen Lehren, theologischen Inhalten, liturgischen Formen und Methoden der Pastoral an Neuem gibt. Man kann nicht leugnen, daß es schwer ist, zu einer Synthese all jener Erneuerungen auf der Ebene der Theorie und mehr noch der Praxis zu finden. So sind hier verschiedene Versuche unternommen worden, von denen die einen sich eher über das Neue zu freuen scheinen und in ihm das Alte zu integrieren suchen, während andere eher von einer Sehnsucht nach der Vergangenheit und einer Angst dem Neuen gegenüber geprägt sind.

Das einst aus so vielen Steinchen und Farben zusammengesetzte Mosaik der Kirche ist in viele Stücke zerbrochen und muß neu zusammengesetzt werden. Angesichts einer so anspruchsvollen Aufgabe und der damit verbundenen Gefahren könnte man sich für einen Versuch der Wiederherstellung dieses Mosaiks mit Hilfe administrativer Maßnahmen der kirchlichen Hierarchie auf der Grundlage der alten Sicherheit der kirchlichen Lehre entscheiden. Aber wie notwendig die kirchliche Lehre und eine richtige Verwaltung der Kirche auch weiterhin sind, auf diese Weise wird es nicht gelingen, wieder zu einem sinnvollen Ganzen zu gelangen. Dazu ist Geist, viel Geist vonnöten, der auf kreative Weise die verschiedenen Elemente, aus denen die Wirklichkeit der Kirche besteht, wieder miteinander zu vereinen vermag: Transzendenz und Geschichte, hierarchischer Dienst und Volk Gottes, Glaube und Praxis usw. Daher gibt es auch in der Kirche unter denen, die sich der Situation bewußt sind, nicht nur ein Interesse für die Spiritualität, sondern auch eine richtige Frage nach ihr. Damit wird auch die dringende Notwendigkeit anerkannt, daß die Gemeinschaft der Christen in der heutigen Welt eindeutig und bewußt als ein gläubiges und christliches Volk lebt und so zu einem Sakrament des Heiles in der Welt wird. Wie dies Wirklichkeit werden kann, ist eine Frage des Geistes, denn nur mit seiner Hilfe kann eine Spiritualität entdeckt und verwirklicht werden, die es möglich macht, gleichzeitig Mensch und gläubig zu sein, selber gerettet zu werden und zum Heil der anderen beizutragen, Gott zu dienen und sich gleichzeitig auf ihn zu verlassen.

Vor allem aus diesen, aber auch aus anderen, spezifischeren Gründen ist auch in der Theologie ein erneuertes, starkes Interesse für die Spiritualität festzustellen.

Diese schon einige Jahre alte Entwicklung fing an mit der Feststellung, daß eine rein erklärende und deduktive dogmatische Theologie nicht reichte, um dem neuen Hereinbrechen der Wirklichkeit im Leben der Kirche angemessen gegenüberzutreten, denn hierdurch wären die Gläubigen auf die Ebene des Vordogmatischen und Umfassenderen zurückgeworfen worden. Unter solchen Voraussetzungen war eine rein dogmatische Theologie irrelevant geworden. Auch die Wahrheit, die man verkündigen und verteidigen zu müssen meinte, um die Identität des Glaubens zu verteidigen, stellte sich nun unter den neuen Umständen als eine abstrakte Wahrheit dar, die kaum noch etwas mit der Wahrheit des konkreten Lebens zu tun zu haben schien, von der doch jede Theologie ausgehen müßte, die der Meinung ist, daß Gott weiterhin unter den Menschen wirkt. Auch war es keine Lösung, wenn die Theologie ihre Identität vor allem auf der Ebene der Traktate der dogmatischen Theologie zu bewahren suchte, während sie ihre Relevanz vor allem im Bereich der Moraltheologie, der Pastoral und der Spiritualität unter Beweis stellen wollte, denn das wahre Problem ist hier wirklich nicht die Frage nach der formellen Organisation der verschiedenen Inhalte der Theologie, sondern danach, wo die Theologie in ihrer Gesamtheit steht und was sie bewirkt.

Unter diesen Voraussetzungen bestand die Erneuerung der

Theologie nicht nur darin, daß man sich wieder vergessenen Inhalten zuwandte, sondern vor allem, daß diese gerade die Inhalte waren, in denen sich aufgrund ihrer Eigenart ein bestimmter Geist mitteilte. Nehmen wir hier als wichtiges Beispiel ein Thema, das immer mehr zu einem wesentlichen Thema jeder Theologie wird: das Thema des Gottesreiches als einer einerseits objektiv schon gegebenen Wirklichkeit, die aber andererseits auch noch verwirklicht werden muß mit all dem, was dies an utopischer Hoffnung und Veränderungspraxis und so auch an subjektiver Wirklichkeit in den Adressaten des Reiches voraussetzt. Die wesentliche Veränderung besteht hier nicht darin, daß diese Thematik des Gottesreiches den anderen schon immer behandelten Themen wieder hinzugefügt wird, sondern in der objektiven Notwendigkeit für jeden Theologen bzw. jedes theologische Subjekt, sich dem Gegenstand seiner Theologie mit jenem neuen Geist zuzuwenden, der vom Thema her erforderlich ist, um dann auch dieses Thema mit Geist und im Geist den Adressaten seiner Theologie vorzutragen. Der wesentliche Gegensatz zu einer rein dogmatischen Theologie besteht darin, daß die gesamte theologische Arbeit von der Hoffnung durchdrungen sein und vor dem Hintergrund der christlichen Praxis bewältigt werden muß, und dies gilt sowohl, wenn explizit vom Gottesreich die Rede ist, als wenn andere theologische Inhalte zur Sprache kommen.

Durch die Übernahme einer solchen Einstellung und ihre neue Nähe zur Praxis hat sich die Theologie in eine geistliche Theologie verwandelt. Die Theologie selbst ist sich seitdem ihres geistlichen Auftrags und Halts bewußt geworden, und dies wird sowohl deutlich in den Fragen, denen sie sich zuwendet, als bei den Themen, die sie nicht mehr so interessieren. Sie beschäftigt sich heute intensiver mit den traditionellen Themen der Spiritualität, wobei sie vor allem die Notwendigkeit anerkennt, daß die theologische Arbeit von Geist und vor allem vom Geist Gottes durchdrungen ist, damit sie auch Geist und insbesondere den Geist Gottes weitergeben kann. Hier sei nur an einige Aussagen einiger führender europäischer Theologen erinnert. So interpretierte schon im Jahre 1969 Hans Urs von Balthasar die damaligen Anfänge einer politischen Theologie als eine Neuentdeckung der „biblischen Spiritualität“, und er fügte hinzu, daß einer jungen Generation, die die Sensibilität aufgebracht hat, die Trennung zwischen Theologie und Spiritualität, zwischen Kontemplation und Aktion, zwischen Kirche und Leben als unerträglich zu empfinden, die Flügel nicht gestutzt werden dürfen[6]. Und Karl Rahner verwies auf das Beispiel von Thomas von Aquin, um dafür zu plädieren, daß jene schreckliche Trennung, die in der Theologie nach ihm zwischen Theologie und geistlichem Leben festzustellen ist, überwunden werde[7]. So hat auch der Vater der politischen Theologie, Johann Baptist Metz, von einer „Mystik und Politik der Nachfolge" geredet[8]. Bei diesen Zitaten handelt es sich zwar nur um einige wenige Beispiele, die aber auf die Notwendigkeit einer Reintegration der Spiritualität in die Theologie als eine ihrer wesentlichsten Dimensionen hinweisen.

An einer solchen Reintegration hat die Theologie der Befreiung von Anfang an gearbeitet, und sie tut dies noch immer. Nun hat in dieser Theologie die utopische und praktische Parteilichkeit für die Armen immer eine große Rolle gespielt, denn für sie ist ihre gesamte Daseinsberechtigung die umfassende, totale Befreiung jener immensen Mehrheit des lateinamerikanischen Volkes, die die Armen sind. Diese gewollte Konzentration auf die Befreiung der Armen geschieht aber nicht, wie einige behaupten, durch eine Reduktion der gesamten Theologie auf diese Thematik, sondern sie geht Hand in Hand mit einem großen Interesse für die Frage der Spiritualität. „Seit den ersten Schritten der Theologie der Befreiung", so G. Gutiérrez, „war die Frage der Spiritualität — genauer gesagt die der Nachfolge Jesu — ihr ein wesentliches Anliegen."[9] Es ist eine Sache, wenn die Theologie der Befreiung nicht von Anfang an eine fertige ausformulierte Spiritualität aufweisen konnte — obwohl auch in der Anfangsphase der Theologie der Befreiung solche Arbeiten, die sich mit der Frage der Spiritualität beschäftigten, nicht gefehlt haben[10] —, und etwas anderes wäre es zu behaupten, daß sie nicht von Anfang an ein eigenes geistliches Gepräge gehabt hätte. So wurde klar gesagt, daß zur Erarbeitung einer Theologie der Befreiung rein theoretische Kategorien nicht reichen: „Es ist eine lebendige, globale und umfassende Einstellung vonnöten, die unser Leben sowohl in seiner Gesamtheit als in seinen Details prägt, eine ‚Spiritualität'."[11] Am Anfang der Theologie der Befreiung steht „die Begegnung mit dem Herrn" im Armen und „una vivencia de gratuidad", die Erfahrung von Gratuität bzw. das „Erlebnis, *unverdient beschenkt* zu sein"[12]. Aufgrund des Vorangegangenen wird man verstehen, warum Geist und Spiritualität von Anfang an bei der Theologie der Befreiung eine wichtige Rolle gespielt haben, denn angesichts der neuen Situation, vor die die Christen sich auf dem lateinamerikanischen Kontinent gestellt sahen, konnte man mit den alten Inhalten nicht mehr weiterarbeiten. Wo das Neue sich mit unwiderstehlicher Kraft aufdrängte, mußte einfach eine neue kreative Synthese des Christseins erarbeitet werden.

Dieses also von Anfang an feststellbare Interesse für die Spiritualität wurde immer ausdrücklicher auch theologisch vertieft. Um nur zwei Beispiele zu erwähnen: Im Jahre 1979 veröffentlichten sieben lateinamerikanische Zeitschriften zur gleichen Zeit ein thematisches Heft über die „Spiritualität der Befreiung"[13]. Wie im Vorwort zu diesen Heften gesagt wurde, handelt sich bei dieser Spiritualität „um ein Phänomen, das die christliche Existenz der Christen, die sich in der Erneuerung dieser gekreuzigten Erde engagieren, durchdringt. Nur eine ‚Spiritualität' vermag die Dynamik des lateinamerikanischen Christentums und seine wachsende Fruchtbarkeit zu erklären."[14] Im Jahr 1982 wurde in Costa Rica das Buch Espiritualidad y liberación en América Latina[15] herausgebracht, in dem zwölf Autoren verschiedene Aspekte der Theologie der Befreiung erörterten. Im Anhang zu diesem Buch wurden 74 Titel von Veröffentlichungen genannt, die sich aus der Perspektive der Befreiung mit Fragen der Spiritualität befassen. In der Einführung wurde wieder einmal wiederholt, daß die Thematik der Befreiung „als Konsequenz eines Lebens entsteht, das in einer auch von den Armen selbst ausgehenden Praxis der Befreiung der Armen engagiert ist"[16], und daß umgekehrt der Arme „der Ort ist, von dem aus die Erfahrung von Gott und von einem Leben nach dem Geist gelebt wird"[17].

So hat die Theologie der Befreiung sich immer mehr in eine auch spirituelle Theologie verwandelt. Die Spiritualität ist für sie eine genauso wesentliche und notwendige Dimension wie die Befreiung, und beide Dimensionen erfordern sich gegenseitig. Dies wird heute von vielen anerkannt[18], auch wenn die sog. Instruktion über einige Aspekte der Theologie der Befreiung dies unglücklicherweise noch nicht beachtet hat. Ich meine zudem, daß die Spiritualität nicht nur als eine der Dimensionen der Theologie neben anderen verstanden werden muß, sondern daß sie vielmehr die Dimension ist, die alle anderen vereint und zusammenfaßt. Die von der Theologie der Befreiung entdeckten und in ihrer theologischen Arbeit erörterten Dimensionen der Körperlichkeit des Menschen sowie seiner gesellschaftlichen und utopischen Verfassung und der Rolle der Praxis in seinem Leben werden alle von der Spiritualität umfaßt. So geht man in der Theologie der Befreiung letztendlich nicht anders vor als Paulus, der den neuen Menschen als den geistlichen Menschen darstellt. Das alles hat wenig zu tun mit einer Immaterialität des Menschen oder mit einem bestimmten, isolierten Bereich seines Lebens. „Vom christlichen Standpunkt aus sind geistliche Menschen die, die auf lebendige und dauernde Weise vom Geiste Jesu erfüllt sind, indem die Kraft und das Leben dieses Geistes ihre gesamte Persönlichkeit und ihr ganzes Handeln durchdringen."[19] Gerade dies ist dann auch die Aufgabe der Theologie, die diese Synthese des christlichen Lebens vortragen und sie, so gut sie kann, fördern muß.

2. Spiritualität und Theologie

Was schon anfangs klar war, ist in unseren Tagen immer deutlicher geworden: Die Theologie der Befreiung ist eine geistliche Theologie. Dies wird nicht nur von den Befreiungstheologen selbst gesagt: Es wird auch von vielen anderen anerkannt. So betont L. Boff: „Die Praxis und die (theologische) Theorie der Theologie der Befreiung werden von einer geistlichen Erfahrung getragen."[20] Und P. Richard sagt: „Unsere Theologie ist grundsätzlich eine geistliche (‚spirituelle') Theologie."[21] Was hier gesagt wird, ist bekannt, es bedeutet aber für die Theologie und die theologische Arbeit eine schwere Herausforderung. Denn es wird gesagt, daß der Theologie als zweitem Akt etwas anderes, nämlich eine geistliche Erfahrung, als erster Akt vorangehen muß, und darüber hinaus wird gefordert, daß die Theologie selbst sowohl im Geiste erarbeitet wird als auch den Geist weiterzugeben vermag und daß sie so in jeder Hinsicht geistlich ist.

Was eine solche in jeder Hinsicht geistliche Theologie ist — eine Theologie also, für die es nicht genug ist, daß sie aus einer geistlichen Erfahrung hervorgeht und die traditionellen Themen der christlichen Spiritualität aufgreift —, werden wir auf den nächsten Seiten darstellen. Nach unserer Meinung ist zudem erstens erforderlich, daß eine solche Theologie mit Geist und im Geiste erarbeitet wird und sie so in all ihren Inhalten und Dimensionen den Geist weiterzugeben vermag, und zweitens, daß sie in ihrer Gesamtheit die Menschen sowohl als Individuen denn auch als Mitglieder eines geistlichen Volkes sowie dieses gesamte Volk erleuchtet, eint, ermutigt und stärkt.

Das erste besagt, daß die theologische Arbeit im Geist und mit Geist verrichtet werden muß und die von ihr erarbeiteten Inhalte vom Geist geprägt sein sollten. Auf formeller Ebene heißt dies, daß die Theologie als *logos* die Wahrheit erkundet und darzulegen sucht sowohl mit Hilfe eines historisch, hermeneutisch und spekulativ vorgehenden *logos* als auch mit Hilfe des gesamten Instrumentariums der Bibelwissenschaft, der Philosophie und der Geschichtswissenschaft. Dieser Gesamt*logos* der Theologie bewährt sich dann dadurch als ein wirklich geistlicher und geistiger *logos,* daß er tatsächlich erleuchtet. Die Dinge wissenschaftlich, auf der Ebene der Theorie zu erkunden und darzustellen heißt ja noch nicht, daß man damit den Menschen auch wirklich Erhellendes und Erleuchtendes gesagt hat. So ist es auch nicht dasselbe, über viele Dinge zu reden, als darauf hinzuarbeiten, daß diese Dinge selbst zu reden anfangen. Gelingt aber dies letzte der Theologie und ihrem *logos,* zeigt sie damit auch, daß sie von jenem Geiste durchdrungen wird, der ihr von ihrer Aufgabe her angemessen ist, und sie vermag dann auch wirklich Licht zu verbreiten. Nicht nur werden dann ihre Inhalte von denen, an die sie sich richtet, auf der Ebene ihrer Erkenntnis registriert, sondern diese machen sie sich auch im Geiste zu eigen. So redet die Theologie, um hier nur einige Beispiele ihrer Inhalte zu erwähnen, von der Hoffnung, von der Praxis der Gerechtigkeit, von einem unverdienten Beschenktsein und einem entsprechenden Verhalten des Menschen (von „Gratuität"). Es ist aber nicht dasselbe, einerseits die Glaubensinhalte, die irgendwie mit Hoffnung, Gerechtigkeit und Gnade zu tun haben, systematisch zusammenzubringen, zu ordnen und konzeptuell darzulegen und diese andererseits darüber hinaus auch so darzustellen, daß sie zur Praxis überleiten, zu ihr motivieren und in ihr Mut zu machen vermögen, daß sie Hoffnung wecken und ein Leben in „Gratuität" ermöglichen: ein Leben, das geprägt ist vom Wissen um die

Gnadenhaftigkeit der christlichen Existenz und von einer damit verbundenen Praxis der nicht berechnenden Liebe. Wenn aber die Theologie letzteres bewirkt, ist sie eine von Geist geprägte und in Geist erarbeitete Theologie, die dann auch diesen Geist weiterzureichen vermag.

Das heißt nicht, daß eine geistliche Theologie bedeutet, daß die Theologie auf Voraussetzungen verzichten sollte, die für sie als Wissenschaft wesentlich sind, oder daß sie ihre entsprechenden Inhalte voluntaristisch durch eine spiritualistische oder emotionale Sprache ersetzen darf. Hierum geht es nicht. Wohl aber geht es darum, daß die theologische Arbeit und die Inhalte der Theologie von jenem Geist geprägt sind, der der Theologie als solcher zu eigen ist und sein soll. Ob dies dann tatsächlich der Fall ist, läßt sich nicht a priori, sondern nur a posteriori feststellen. Es sollte aber von vornherein klar sein, wie notwendig dies ist. Nun kann man zwar nicht an dem ehrlichen Willen vieler heutiger Theologen zweifeln, unserer Welt die Glaubensinhalte zu verdeutlichen, aber nur einigen gelingt dies wirklich, während andere es trotz ihrer langen, ausführlichen Traktate nicht schaffen.

Viele Theologen möchten den Menschen deutlich machen, wie wichtig die Hoffnung, die Praxis der Gerechtigkeit und ein Leben im Wissen um die Gratuität unserer Existenz sind, aber nicht allen gelingt es, auch wirklich und effizient zu einer solchen Hoffnung, zu einer solchen Praxis der Gerechtigkeit und zu einem Leben in Dankbarkeit und selbstloser Liebe aufzurufen, wie ausführlich sie auch über dies alles schreiben. Daher ist es für eine geistliche Theologie wichtig, daß in ihr jene für die Theologie als Theologie grundsätzliche Tautologie verwirklicht wird, nämlich, daß sie ein redendes Wort ist, d.h. ein von einem eigenen Geist geprägtes Wort.

Zweitens, so haben wir oben gesagt, setzt eine wirklich geistliche Theologie voraus, daß die Theologie als Theologie in ihrer Gesamtheit zur Identität und Orientierung sowohl des einzelnen Menschen als der Menschen als geistlichem Volk beiträgt. Dies heißt, daß die Theologie zum christlichen Leben ermutigen und dieses Leben beseelen muß, daß sie — wie es dem Geist zugeschrieben wird — Leben spendet und zugleich diesem Leben in all seinen Dimensionen und Aspekten Einheit verleiht. Daher muß — wie dies z.B. von Gustavo Gutiérrez beschrieben wird —

der Theologie nicht nur eine geistliche Erfahrung zugrunde liegen, sondern zudem muß man an ihr dauernd festhalten und sie muß, in voller Offenheit der Geschichte gegenüber, auch andauernd vertieft werden. In Lateinamerika und auch was die Erste Welt angeht, bestätigt sich a posteriori, was schon a priori betrachtet mehr als deutlich genug ist: Eine solche umfassende, die gesamte Theologie tragende und durchdringende geistliche Erfahrung ist nur dann gegeben, wenn diese Theologie, sowohl was die von ihr erarbeiteten Inhalte als auch was ihre gesamte Arbeitsmethode und -mentalität angeht, erstens eine theologale, zweitens eine dem Volk nahe und auf dieses Volk ausgerichtete und drittens eine kreatürliche Theologie ist.

2.1 Eine theologale Theologie

Auch wenn es sich hier um eine reine Tautologie zu handeln scheint, ist es, vor allem in der heutigen Zeit, wichtig, entschieden daran zu erinnern, daß die Theologie von ihrem Wesen her theologal sein muß. Oder um es ganz schlicht und einfach zu sagen: Es handelt sich um nichts anderes, als daß die Theologie darum weiß, was es für sie bedeutet, daß sie mit Gott zu tun hat. Denn dazu reicht es nicht, daß sie von Gott redet, sondern in ihr muß Gott selber zu reden anfangen können, und sie muß die Menschen dazu bringen, daß sie mit Gott reden und sich auf ihn verlassen und ihm vertrauen. In einem Wort: Es geht darum, daß Gott für die Theologie, und dies auf der Ebene ihrer gesamten Tätigkeit, eine echte, lebendige Wirklichkeit ist.

Dies bedeutet an erster Stelle, daß die theologische Lehre von Gott und die anderen Inhalte der Theologie den Menschen wirklich helfen müssen, besser Gott zu erfahren. In diesem Sinn muß die Theologie als theologale Theologie auch eine Mystagogie sein, d.h., sie muß in das Geheimnis Gottes, so wie dieses ist, einführen: in das Geheimnis Gottes als einer transzendenten, unmanipulierbaren Wirklichkeit und zugleich auch als eines nahen, gütigen und rettenden Vaters. Diese Lehre von Gott soll dabei so sein, daß das Geheimnis Gottes respektiert und zugleich in dieses Geheimnis eingeführt wird und daß Gott Gott bleiben kann und zudem bei der Erkenntnis von Gott auch das Wissen um unser grundsätzliches Nichtwissen eine Rolle spielt. Zugleich sollte eine solche Theologie ein anthropologisches Gegengewicht zu dieser Lehre über Gott enthalten, indem sie den Menschen auf das Gebet vorbereitet und ihm hilft, sich in den Zeichen der Zeit und den Aufforderungen, die ein offenes Menschenherz verspürt, Gottes Wort zu öffnen und dieses Wort immer neu zu entdecken und zu akzeptieren, wie neu und ungewohnt es ihm auch erscheinen mag.

Eine solche Theologie muß aber auch in den Kern des Geheimnisses, das Gott ist, einführen: in Gottes Liebe. Sie muß den Menschen Gott als einen nahen Gott, als einen rettenden und guten Vater darstellen. Gerade so wird Gott selbst zur Frohbotschaft. Wenn es auch überflüssig erscheinen mag, an das alles zu erinnern, es ist absolut notwendig. Und auch hier muß die Theologie dementsprechend auf anthropologischer Ebene die Menschen auf die beglückende Begegnung mit Gott vorbereiten und in ihnen Hoffnung und Vertrauen wecken. Wenn die Theologie Gott so zugleich als den transzendenten Gott, der aber auch ein guter und naher Vater ist, und umgekehrt als einen herzensguten Vater, der aber der geheimnisvolle, transzendente Gott bleibt, darstellt, hilft sie sowohl den einzelnen Menschen als auch ganzen Völkern, Gott auf einer ganz persönlichen und durch nichts zu ersetzenden Weise zu erfahren und zu begegnen, wie dies bisher auch von keiner Lehre und von keiner Kultur ermöglicht worden ist.

Zweitens bedeutet dies, daß die Theologie als theologale Theologie auch eine Theologie der Geschichte erarbeiten muß. Eine solche Theologie der Geschichte ist genauso wie die Spiritualität notwendig, vor allem dann, wenn es zu einer Krise der Geschichte kommt, indem die alten Komponenten dieser Geschichte zerfallen und sich eine neue Synthese abzuzeichnen anfängt. Unabhängig von den schon existierenden expliziten Geschichtstheologien ist eine solche Theologie der Geschichte in dem Glauben an Gott und Christus und den entsprechenden Lehren der Theologie schon enthalten. So waren in den ersten christlichen Gemeinschaften das Wissen um die Gegenwart Christi bzw. ihr zuversichtliches Hoffen auf sein baldiges Kommen oder später das Wissen um unser Nichtwissen bezüglich des Eintretens der Parusie echte Formen einer Theologie der Geschichte. Eine andere Form einer solchen Theologie war — etwa in der Zeit der sogenannten „Christenheit“, der geschlossenen christlichen Welt des Spätmittelalters — der Glaube an Christus als den siegreichen Herrn über die Geschichte, so wie es auch die Betonung der Notwendigkeit war, Christus in aller Demut auf die absolute Zukunft Gottes hin nachzufolgen. Wenn man im Lateinamerika von heute von einer Situation der Knechtschaft redet, um sich von dort aus in einem Prozeß der Befreiung zu engagieren, und wenn man sich dabei auf Gott bezieht, ist dies im Ansatz eine weitere Form einer Theologie der Geschichte. Zwar liegt diese noch nicht in expliziter, ausgearbeiteter Form vor, aber dennoch sind ihre wichtigsten Elemente schon gegeben etwa im Insistieren darauf, daß Gott ein Gott des Lebens ist — der will, daß die Schöpfung wird, was sie sein muß —, daß er ein Gott der Befreiung ist — der will, daß die Sünde zusammen mit all ihren Folgen beseitigt wird —, daß er sowohl ein gekreuzigter Gott ist — ein Gott, der nicht gezögert hat, sich mit den Unterdrückten dieser Welt radikal und absolut solidarisch zu zeigen — als auch jener Gott, der Jesus Christus auferweckt hat — und dadurch den Armen Grund für die Unerschütterlichkeit ihrer Hoffnung ist. Zumindest vermag dieses Denken von Gott aus die Wahrheit der Geschichte zu erkennen und dabei diese Geschichte so zu lenken, daß sie grundsätzlich auf das Leben ausgerichtet ist und daß, wer sich aufgrund seiner Entdeckung ihrer Wahrheit in ihr engagiert, um sie zu befreien, damit auch den Sinn des eigenen Lebens und Handelns findet.

Auch hier darf in einer solchen Theologie der Geschichte ein anthropologisches Gegenstück zu jener Lehre über Gott nicht fehlen. Diese Theologie muß ja den Menschen helfen zu entdekken, was er mit dieser Geschichte tun muß und wie er sich ihr gegenüber verhalten soll. Das praktische Engagement eines Menschen in einer konkreten, geschichtlichen Praxis erscheint in diesem Kontext nicht nur als eine ethisch begründete, sondern auch als eine theologale Forderung: als die Verpflichtung eines Menschen, die Geschichte so zu gestalten, wie Gott dies will.

Drittens muß die Theologie als theologale Theologie sowohl was ihre gesamte Tätigkeit als auch was die von ihr erarbeiteten Inhalte angeht, eine trinitarische Theologie sein. Auch wenn Gott als der absolut andere unendlich anders ist, erschöpfen sich hierin weder das Wesen Gottes noch die Beziehung des Menschen zu ihm. Denn dadurch, daß Gott der dreieinige Gott ist, wird es dem Menschen ermöglicht und zugleich auch von ihm gefordert, daß er Gott begegnet und in Gottes Wirklichkeit eintritt. Daher sollte die Theologie Gott auch als jemanden darstellen, zu dem man auf verschiedenen, sich notwendigerweise ergänzenden Wegen Zugang findet: in der Praxis der Nachfolge Jesu, in einem Leben nach dem Geist, in einer totalen, dankbaren Offenheit Gott gegenüber als dem absoluten Ursprung aller Dinge, in einem bleibenden Unterwegssein zu Gott als unserer absoluten Zukunft. Die Theologie darf die Frage nach dem Geheimnis, das Gott uns ist, nicht ausschließlich auf der intellektualistischen Ebene der Wahrheit Gottes und der Vernunft des Menschen oder auch auf der existentiellen Ebene des Sinnes, der Bedeutung, die Gott für die Menschen bekommt, und den damit verbundenen Entscheidungen der Menschen behandeln: Sie muß sich mit dem Problem Gott im breitest möglichen Sinn auf der Ebene des Wissens, der Hoffnung und der Praxis auseinandersetzen, denn nur so kann man wie Jesus mit dem Geiste Jesu in das Geheimnis Gottes eindringen — so wie umgekehrt ein Sichverschließen vor diesem Geheimnis sich ebenfalls auf einer solch breiten Ebene vollzieht und auswirkt.

Auf der Ebene der Begriffe wird eine solche Synthese dadurch vorbereitet, daß gezeigt wird, wie die einzelnen Begriffe sich im Rahmen der Offenbarung Gottes aufeinander beziehen. Soll aber diese Synthese den Menschen letztendlich tatsächlich etwas sagen können, wird dies nur dann gelingen, wenn schon die theologische Arbeit selbst von einer Synthese der Dimensionen des Intellektuellen, der Hoffnung und der Praxis geprägt war. So kann die Theologie durchaus zu jener Einheit des Wissens, des Hoffens und des Handelns beitragen, in der diese drei unverzichtbaren Dimensionen des menschlichen Lebens sich gegenseitig bedingen und fördern und durch die die Theologie selbst der Dreieinigkeit Gottes entspricht und ihm als dem dreieinigen Gott zu antworten sucht.

Als theologale Theologie ist die gesamte Theologie dann eine geistliche Theologie, wenn sie von der menschlichen Erfahrung von Gott in der Geschichte und dem Wirken Gottes in dieser Geschichte ausgeht, um von dieser Erfahrung zu reden, sie gleichzeitig zu vertiefen und somit den Menschen zu zeigen, wie sie die Geschichte selbst gestalten müssen, um ihrer Erfahrung von

Gott und dem Wirken Gottes in der Geschichte zu entsprechen. Die Theologie muß so zeigen, wie wir als Menschen und Christen Gott, der auch heute in unserer Geschichte gegenwärtig ist und unter uns wandelt, entsprechen und ihm antworten müssen. Sollte aber die Theologie nicht dazu beitragen, daß die Glaubenden sich auf der Höhe dieses Wandelns Gottes durch unsere Geschichte bewegen, mag sie vielleicht Wunderbares und Gutes sagen und tun, sie verpaßt aber ihre wichtigste und dringendste Aufgabe in unserer Zeit.

2.2 Eine Theologie des Volkes

Der Ort, an dem die Theologie ihren Aufgaben nachgehen muß, ist inmitten des Gottesvolkes und für dieses Gottesvolk. Auch hier ist es wichtig, an das alles zu erinnern und es zu wiederholen, wie bekannt und selbstverständlich es auch erscheinen mag. Es geht darum, wie die Theologie sich dem Volk Gottes gegenüber verhält. Es reicht nicht, von diesem Gottesvolk als einem der Inhalte der Theologie zu reden oder allgemein daran zu erinnern, daß das Gottesvolk Subjekt des Glaubens ist und sich, was die Wahrheit des Glaubens angeht, nicht irren kann (Lumen Gentium, 2. Kap.). Es geht darum, daß die Theologie aus der Glaubenswirklichkeit sowie aus der gesamten Wirklichkeit des Gottesvolkes hervorgeht und daß sie in diese Wirklichkeit einführt und dabei dem Gottesvolk Einsichten vermittelt, es ermutigt und stärkt. Dies heißt nicht, daß wir verkennen sollten, daß die theologische Arbeit als solche von einem gewissen professionellen Elitarismus geprägt ist. Wohl aber soll sie zugleich auch von einem Geist des Volkes durchdrungen sein, und niemals darf der Eindruck entstehen, daß der Theologe jemand außerhalb des Volkes ist oder gar über diesem Volk steht, daß er so eine Art Superchrist wäre, auf den das Volk zu schauen hätte, statt daß dies umgekehrt ist. Sicherlich hat die Theologie ganz eigene, spezialisierte Aufgaben wie die eines gezielten systematisierenden Nachdenkens über den Glauben des Gottesvolkes im Zusammenhang dieses Glaubens mit der Offenbarung, der Tradition und dem kirchlichen Lehramt einerseits und den historischen Gegebenheiten und den existierenden Ideologien andererseits. So muß sie auch vor einem ideologischen Mißbrauch und einer Ideologisierung des Glaubens warnen sowie die

Probleme, vor denen dieser Glaube künftig stehen wird, vorhersehen und ihn soweit möglich auf diese Probleme vorbereiten, damit er zu einer angemessenen Antwort findet. Dies alles verhindert aber nicht, daß der wesentliche Ausgangs- und Bezugspunkt für die Theologie das Gottesvolk und sein Glaube sind und bleiben müssen.

Das heißt auch, daß der Glaube des Gottesvolkes von der Theologie so, wie er tatsächlich existiert und gegeben ist, ernst genommen werden muß als eine unverzichtbare Quelle ihrer theologischen Erkenntnis. Insoweit dieser konkrete Glaube Antwort auf die Manifestation Gottes heute in unserer Geschichte ist, hilft er uns zu verstehen, was der Glaube und wer Gott ist. Es geht darum, daß der Glaube und die Offenbarung sich gegenseitig immer mehr in einer andauernden Wechselbeziehung verdeutlichen und erläutern. Darum sind für die Theologie die konkreten Zeugen des Glaubens so wichtig, nicht nur weil wir so mit einer Wirklichkeit in Kontakt kommen, über die sich theoretische Überlegungen anstellen lassen, sondern weil wir in ihnen und in ihrem Glauben der Wirklichkeit Gottes selbst begegnen. Es kann sich bei diesen Glaubenszeugen sowohl um Einzelgestalten als auch um das gesamte Gottesvolk bzw. um solche Menschen handeln, die inmitten dieses Gottesvolkes dessen Glauben am besten zum Ausdruck bringen. So darf man sich nicht darauf beschränken, nur vom Glaubenszeugnis der Schrift und der Tradition der Kirche zu sprechen, sondern man muß auch — wie G. Gutiérrez dies tut — von den Glaubenszeugen heute reden, von dem, was die Heiligen und Märtyrer unserer Zeit gesagt und getan haben und sagen und tun, von dem, was die lebendigen Glaubensgemeinschaften unter uns und die Priester, Ordensleute und Bischöfe, die mit ihnen zu tun haben, sagen und sind.

Diese Zeugen zeigen und sagen uns, mit welchen Problemen die Theologie sich heute wirklich auseinandersetzen sollte. Sie vereinen in ihrer Person auf lebendige Weise, was es seit den Ursprüngen des Glaubens zu bewahren gilt, und demonstrieren die Ansätze jener neuen Synthese, die die Theologie noch erarbeiten muß.

In Lateinamerika und in vielen anderen Teilen der Welt ist das Volk Gottes ein Volk der Armen. Und dies heißt, daß auch die Theologie dort eine Theologie des Volkes sein muß, und dies nicht nur rein formell, indem sie vom Gottesvolk ausgeht und sich an dieses Gottesvolk richtet, sondern auch konkret, indem sie in dem Bewußtsein arbeitet, daß sie es vor allem mit dem privilegierten Adressaten und dem bleibenden Bezugspunkt der Offenbarung Gottes, nämlich mit dem *armen* Volk, zu tun haben muß. Ist dem so, dann kann sie sich wirklich sowohl im historischen als theologischen Sinn eine Theologie des Volkes nennen. Dies bedeutet, daß die Theologie, was den Ort, die von ihr gewählten Arbeitsbedingungen und das Ziel ihrer Arbeit angeht, nicht zögern darf, eine partielle, ja „parteiliche" Theologie zu sein, wobei sie paradoxerweise auch nur so ihre Aufgabe erfüllen kann, auch eine wirkliche universale Theologie zu sein. Zugleich bewahrheitet sich dann, was Erzbischof Romero in bezug auf die Sendung der Kirche zur Evangelisierung der Welt gesagt hat, daß die Theologie ihre Inhalte neu konkretisiert und dabei auch solche Inhalte neu entdeckt, die zwar immer Bestandteil der Offenbarung waren, aber oft vergessen oder vernachlässigt worden sind. Man kann die Bedeutung des Gottesvolkes bei der Neuentdeckung solcher wichtiger Inhalte der Theologie wie das Thema der Sünde, die den Tod bringt, wie die Thematik des Götzendienstes in unserer Zeit, wie die Thematik der Befreiung und die Frohbotschaft des Evangeliums, wie die Seligpreisungen und die Wehrufe, wie die bleibende Bedeutung der Propheten Israels und die Anklage des Unrechts, wie die Beziehung zwischen der Praxis der Gerechtigkeit und der Erkenntnis Gottes und die entscheidende Bedeutung der von Mt 25 genannten Kriterien in bezug auf das Letzte Gericht usw. nicht hoch genug veranschlagen. Auch sind andere Inhalte, die zwar schon anderswo neu entdeckt worden sind, durch ihren Bezug zum armen Volk neu konkretisiert und mit neuen Elementen bereichert worden, wie etwa die Notwendigkeit, die Zeichen der Zeit zu erkennen; wie das Verständnis der Kirche als einer Kirche der Armen – das zwar schon beim Zweiten Vatikanum angesprochen wurde, allerdings erst später wirklich entwickelt wurde; wie die Nachfolge des armen Jesus und die Nähe zu Jesus als zu dem größeren Bruder; wie die Thematik des Dieners Jahwes, sowohl wenn man diesen Diener als eine Einzelgestalt interpretiert als auch wenn man dabei an das ganze Gottesvolk denkt; wie die Auferstehung Christi als Grundlage einer unzerstörbaren Hoffnung der Armen; wie der Gott des Lebens als Verteidiger und Anwalt der Armen und wie der Geist Gottes als ein lebenspendender Geist, der denen, die nichts waren, ihre Menschenwürde wiedergibt und ganze Völker zu bewußten Völkern macht; wie das Gottesreich als eine transzendente Utopie und gleichzeitig auch als eine historisch aufzubauende und zu gestaltende Wirklichkeit, was z.B. auch zur Folge hat, daß im Hinblick auf die Verwirklichung des Gottesreiches nicht jede historische Wirklichkeit vom sogenannten eschatologischen Vorbehalt gleichermaßen relativiert wird usw. usw.

Dieses arme Gottesvolk in Lateinamerika und in der gesamten Dritten Welt hat sich in dem, was es ist und erleidet, in dem, was es tut und glaubt, sozusagen in einen Brief Gottes an die Menschen, an die Kirche und an die Theologie verwandelt. Sicherlich ist nicht alles, was sich inmitten des Gottesvolkes feststellen läßt, auch automatisch eine Manifestation Gottes bzw. Ausdruck einer richtigen Glaubensantwort. Das Volk selbst weiß darum. Daher beschäftigt es sich recht oft mit der Frage nach der Richtigkeit des eigenen Tuns, und es verliert dabei die dauernde Notwendigkeit der Bekehrung nicht aus dem Auge. Sicher muß die Theologie neben dem Volk auch dauernd die Ursprünge der Offenbarung und des Glaubens, wie uns diese in der Schrift bezeugt sind, vor Augen halten, so wie sie auch darauf achten muß, was die Tradition und das Lehramt zu sagen haben in bezug auf das Neue, das das Volk entdeckt, durchlebt und zum Ausdruck bringt. Daneben darf die Theologie auch den innertheologischen Dialog und den Dialog mit den Wissenschaften, den verschiedenen Strömungen der Philosophie und den Ideologien nicht vernachlässigen. Wenn sie sich aber nicht neben all dem und sogar an erster Stelle dort orientiert, wo das arme Volk seinen Glauben lebt und verwirklicht, verstümmelt sie sich selbst, und sie wird wieder einmal zu einer abstrakten und elitären Tätigkeit — hier eindeutig im pejorativen Sinn dieses Wortes —, die sich weigert, eine doch auch für sie unersetzliche Quelle der theologischen Erkenntnis in Anspruch zu nehmen. Auch die Theologie sollte das „evangelische Potential der Armen“ (Puebla 1147) ernst nehmen. Auch sie muß — nach dem Titel eines Buches von G. Gutiérrez — aus dem Brunnen dieses Volkes der Armen trinken, und jenes klare Wasser, das sie dort zu sich nimmt, wird sie läutern und klarer sehen lassen — eine Erfahrung, die sich auf rein theologischer Ebene mit den Mitteln der Theologie allein nicht bewerkstelligen läßt.

Eine solche Theologie des Volkes ist eine geistige und geistliche Theologie, weil sie vom Geiste jenes Gottesvolkes, mit dem sie sich solidarisch zeigt und aus dessen Wirklichkeit sie ihre Wirklichkeit schöpft, durchdrungen ist. Dagegen wird eine Theologie, die nichts mit dem Gottesvolk zu tun hat oder gar gegen dieses Gottesvolk vorgeht und die nur von sich selbst zehrt, auch dann, wenn sie Wahres sagt, sehr unwirklich erscheinen. Sie wird den Eindruck erwecken, daß sie diese ihre Wirklichkeitsferne und Unwirklichkeit nicht überwinden kann. Solches kann ja nur dann geschehen, wenn die Theologie wirklich solidarisch wird mit dem Gottesvolk, und dies nicht nur dadurch, daß sie bereit ist, sich in den Dienst dieses Volkes zu stellen, sondern auch dadurch, daß sie sich in ihrer theologischen Tätigkeit selbst von diesem Volk inspirieren läßt. Denn dann wird der Geist des Gottesvolkes, in dem der Geist von Gott selbst lebt, auch der ihrige sein. Fassen wir zusammen: Wenn wir sagen, daß eine Theologie, um eine geistige/geistliche Theologie sein zu können, auch eine Theologie des Volkes sein muß, dann heißt dies, daß sie auf der Höhe dieses Gottesvolkes und des in ihm lebenden Geistes stehen muß.

2.3 Eine kreatürliche Theologie

Eine geistliche Theologie muß in unserer Zeit — ja ganz besonders in unserer Zeit — eine wirklich kreatürliche Theologie sein, d.h. eine Theologie, die sich der Welt und ihren Problemen sowie auch den Menschen im allgemeinen und dem Menschsein der Gläubigen im besonderen öffnet. Weder subtil noch in unverblümter Form darf sie die Gläubigen der Welt zu entziehen suchen. Zudem muß sie zum Gespräch auch mit den Nichtgläubigen oder wenigstens denen unter ihnen bereit bleiben, die ernsthaft daran interessiert sind, die Welt in eine menschlichere Welt umzugestalten, und die dabei ihr eigenes Menschsein auf sinnvolle Weise aufgreifen und verwirklichen wollen.

Das heißt, daß die Theologie nicht den Eindruck erwecken darf, als ob die Frage nach der Bedeutung und dem Sinn des Menschseins schon prinzipiell gelöst wäre und als ob ihr eigener Zuständigkeitsbereich in diesem Kontext eher der einer übergeordneten, zu der grundsätzlichen menschlichen Wirklichkeit des Menschen hinzukommenden Dimension, nämlich der Bereich des

Christlichen sei. Sicherlich muß die Theologie wiederholen und darauf insistieren, daß uns in Christus das wahre Menschsein des Menschen erst voll deutlich geworden ist und daß auf diese grundlegende, zugleich beglückende und anstoßerregende Einsicht und Aussage nicht verzichtet werden kann. Zugleich aber sollte sie auf wirksame Weise unterstreichen, daß der christliche Glaube den Glaubenden ihr Menschsein nicht nimmt, sondern sie im Gegenteil auf dieses eigene Menschsein zurückverweist und sie, auch als christlicher Glaube, eigens zur Solidarität mit den Menschen und ihren konkreten Problemen und Sorgen verpflichtet.

Dies bedeutet einerseits, daß die Theologie unter den heutigen Menschen und ihnen gegenüber ihrer Arbeit in Demut und ohne Triumphalismus nachgehen muß. In Demut, denn was das konkrete Leben angeht, weiß die Theologie trotz ihres so entwickelten Lehrgebäudes kaum mehr als was die Menschen auch ohne sie wissen. Sie weiß von der Liebe Gottes und glaubt an sie, und sie glaubt und weiß auch, daß in Jesus uns der Weg, die Wahrheit und das Leben offenbar geworden sind. Dies gibt ihr eine grundsätzliche Orientierung, wie sie sich der Geschichte gegenüber verhalten soll, in welche Richtung diese Geschichte sich entwickeln muß und wie sie dazu selbst beitragen kann. Es bleibt aber der Theologie und den Theologen nicht erspart, sich dieselben konkreten Fragen zu stellen, die sich auch die anderen Menschen stellen, um dabei auch wie sie nach konkreten Lösungen zu suchen. Und niemandem, der ehrlich sein will, auch den Theologen nicht, bleibt die Frage nach dem Sinn der Geschichte erspart in einer Welt, in der die Zahl der Armen immer mehr zunimmt und auch ihre Armut immer größer wird. Mit ihrem gesamten wissenschaftlichen Apparat muß auch die Theologie durch jene Einsamkeit, von der G. Gutiérrez redet, in der ihr kaum Raum für irgendwelchen Triumphalismus bleibt, denn sie ist nicht die einzige Quelle der Erkenntnis Gottes in der Kirche, so wie übrigens auch die Kirche, in der diese Theologie erarbeitet wird, nicht der einzige Ort ist, an dem Gott sich manifestiert.

Oder wie es Erzbischof Romero ganz deutlich zum Ausdruck gebracht hat: „Die Kirche glaubt nämlich, *daß das Wirken des Heiligen Geistes,* der Christus in uns Menschen zum Leben erweckt, *stärker ist als sie selbst.* Denn die Kraft der Erlösung reicht über die Grenzen der Kirche hinaus. Deshalb werden die Befreiungsbemühungen der einzelnen wie die der Gruppen, auch wenn sie sich nicht zum christlichen Glauben bekennen, durch den Geist Jesu inspiriert."[22] Die Theologie muß die Gegebenheiten und Geschehnisse der Geschichte, die Ideologien, die sozialen Bewegungen analysieren, um sie, wie Bischof Romero hinzufügt, zu läutern, „zu vervollkommnen, zu ermutigen und zusammen mit den Bemühungen der Christen in die umfassende Erlösung durch Christus einzubeziehen"[23]. Dabei darf sie sich aber nicht zu einem distanzierten, unfehlbaren Schiedsrichter aufspielen, der, wie es so oft geschieht, links und rechts urteilt und verurteilt, ohne dabei je sich selbst in Frage zu stellen und ohne sich dessen bewußt zu sein, daß sie sich nicht selten selbst dessen schuldig macht, was sie in der Welt verurteilt. Es gibt eine Sünde und eine Begierde, die für die Theologie typisch sind: die Verlockung, sich zu verabsolutieren. Daher muß auch die Theologie durch eine Bekehrung hindurch, und sie muß sich die Frage stellen lassen, für wen sie in Wirklichkeit arbeitet: ob sie nur für sich selbst arbeitet oder für die Menschen.

Eine solche Demut würde es der Theologie erlauben, wirklich eine kreatürliche Theologie zu sein, die den konkreten Menschen nahe ist und mit ihnen solidarisch zu sein weiß, die auch die Nähe des Gespräches nicht scheut, statt aus einer anmaßenden Ferne zu reden — mit jener Anmaßung, derentwegen sich viele Menschen, vor allem in der Ersten Welt, von dem Glauben und der Theologie distanziert haben. Für eine kreatürliche Theologie bedeutet ihre Solidarität mit den Menschen von heute, daß sie an erster Stelle der Wirklichkeit gegenüber, so wie sie ist, ehrlich zu sein versucht. Das, was sie zu tun hat, wird dieser Theologie von dieser Wirklichkeit vorgegeben, und nicht umgekehrt, und sie muß sich von dieser Wirklichkeit zwingen lassen, ihre Inhalte zu revidieren, auch wenn dies sie von ihren alten Inhalten und ihrer gewohnten Darstellung dieser Inhalte entfernen sollte. Diese Ehrlichkeit dem Wirklichen gegenüber ist absolut notwendig, nicht nur damit die Theologie den Menschen von heute gegenüber wirklich solidarisch zu sein vermag, sondern auch, damit sie ihrem tiefsten Grund gegenüber treu ist, denn — wie uns schon Paulus gesagt hat — wenn die Theologie der Wahrheit der Dinge Gewalt antut, können diese nicht mehr auf Gott verweisen, und dann verdüstert sich das

Herz des Menschen, und es kann auch nicht mehr Licht der Theologie sein.

Mit dieser Ehrlichkeit verbindet sich die Treue zur Wirklichkeit und ihren Forderungen. Die Theologie ist aufgerufen, den Menschen in ihrer Begegnung mit der Wirklichkeit zu begleiten, statt umgekehrt die Wirklichkeit anachronistisch als einen ihr untergeordneten Bereich zu betrachten. Sicherlich müssen die Theologen wie die anderen Menschen auch danach fragen, wo die Geschichte über sich hinaus verweist und wie sie dies tut, oder, um es theologisch zu sagen, wo die Geschichte aufhört, vor allem eine Geschichte der Sünde zu sein, um anzufangen, mehr eine Geschichte der Gnade zu werden. Sie dürfen aber auf keinen Fall den Eindruck erwecken, als gingen sie davon aus, daß die Wahrheit der Theologie von der Geschichte unberührt bliebe, was sich in dieser Geschichte auch immer ereignen möge. Sicherlich stimmt es, daß die Wahrheit, von der die Theologie redet, sich zu einem großen Teil der Geschichte entzieht. Diese Geschichte aber zu vernachlässigen hieße: jener Grundüberzeugung der Theologie, daß Gott in unserer Geschichte wirkt — also daß es zu merken ist, daß er in unserer Geschichte wandelt —, untreu zu werden.

Ist die Arbeit einer Theologie wirklich von einer Solidarität den Menschen von heute gegenüber, so wie wir dies hier beschrieben haben, geprägt, dann ist das mindeste, was sich von ihr sagen läßt, daß sie die heutigen Menschen ansprechen können wird und daß diese auf sie hören werden. Wenn die Theologie den Menschen so auf glaubwürdige Weise zu sagen vermag, daß das wahre Menschsein des Menschen darin besteht, daß dieser Mensch im Bewußtsein lebt, ein Geschöpf Gottes zu sein, dann kann sie den Menschen auch den Weg Jesu als die höchste Verwirklichung ihres Menschseins zeigen: als einen Weg, der die Menschen auf keinerlei Weise von der Geschichte entfremdet, sondern der ihnen im Gegenteil zeigt, wie sie — gerade im Glauben — diese Geschichte besser und voller auf sich nehmen und in dieser Geschichte Mensch sein können. Auf diese Weise erfüllt eine solche kreatürliche Theologie die Aufgabe, die dem entspricht, was man traditionell Fundamentaltheologie genannt hat, und die von der Theologie zu den verschiedenen Zeiten und an den verschiedenen Orten den konkreten Herausforderungen des Glaubens entsprechend auf unterschiedliche Weise erfüllt worden ist.

Heute tut dies die Theologie dadurch, daß sie zur Einladung und Verheißung wird. Sowohl als Einladung wie als Verheißung muß dieser Theologie eine gewisse Rationalität a priori eigen sein, aber ihre eigentliche Rationalität kommt erst a simultaneo zum Tragen, nämlich dann, wenn konkrete Menschen sich auf die in ihr enthaltene Einladung und Verheißung einlassen. Wenn die Theologie ihre Arbeit mit der beschriebenen Demut und im Geiste der Solidarität, von der wir redeten, verrichtet, kommt ihr schon so eine gewisse Glaubwürdigkeit zu. Wenn sie zudem dazu beiträgt, daß die Hoffnung Wirklichkeit wird, wenn sie auf Zeugen dieser Hoffnung hinweisen kann und selbst solche Zeugen hervorbringt, wenn sie letztendlich selber zum Zeugnis wird, dann wird sie zu einer wirklichen Einladung an die Menschen, damit diese den Weg Jesu gehen und so voll und wirklich Mensch werden.

Um eine in jeder Hinsicht geistliche Theologie angemessen analysieren zu können, müßte man vorher vieles andere, was vielleicht auch wichtiger ist, analysieren. Aber wir meinen sagen zu können, daß eine Theologie, die in ihrer theologischen Arbeit radikal von Gott und den Armen des Gottesvolkes ausgeht und die ihre Arbeit nicht fern von den Menschen, sondern in ihrer Mitte verrichtet, eine im Geiste erarbeitete, vom Geiste geprägte und Geist vermittelnde Theologie ist. Auch die Reaktionen auf die Theologie der Befreiung weisen darauf hin. Das große Interesse für diese Theologie erklärt sich nicht an erster Stelle dadurch, daß sie neue Methoden verfolgt oder neue Inhalte bringt, sondern, wie dies Bischof Méndez de Almeida treffend sagt, daß sie den Finger auf die Wunden unserer Wirklichkeit legt, daß sie den Glauben und das konkrete Engagement von Tausenden von Christen fördert und stärkt und daß sie viele Menschen geistig und geistlich anzusprechen weiß. Viele sind dieser Theologie dankbar, weil sie es ihnen ermöglicht hat, ihr Christsein neu zu entdecken, zugleich besser und voller Mensch zu werden und so das zerstörte und kaputte Mosaik ihres Glaubens und ihres Lebens gelungener als je zuvor wieder herzustellen.

Eine geistliche Theologie setzt das Wirken des Geistes in den Herzen der Menschen und sein Wandeln durch unsere Geschichte voraus und bringt dies auch zum Ausdruck. Ein solches Wirken in den einzelnen Menschen und in unserer Geschichte ist, so meinen viele, gerade heute in Lateinamerika sehr deutlich erkennbar. Dies anzuerkennen ist schon ein gewaltiger Akt des Geistes, von dem auch Gustavo Gutiérrez in seinem Buch „Aus dem eigenen Brunnen trinken" redet, wenn er sagt, daß gerade unsere Zeit ein „tiempo propicio", eine günstige Zeit ist, deren Chancen ergriffen werden müssen (S. 36), um weiter in diesem Buch zu der Schlußfolgerung zu gelangen:

„Inmitten vieler, verschiedener Formen des Leidens ist bei uns in Lateinamerika etwas Neues im Entstehen. Dies ist der Grund, weshalb ich von einem *kairos,* von einer günstigen Zeit geredet habe. Denn dies ist der Augenblick, in dem der Herr an die Tür der kirchlichen Gemeinschaft auf unserem Kontinent klopft und sie einlädt, ihm zu öffnen, damit er sich mit ihr zu Tische setzen kann (vgl. Offb 3,20)" (S. 203).

IV

Spiritualität der Verfolgung und des Martyriums[24]

Verfolgte und Ermordete für das Reich Gottes in Zentralamerika

Name	Nationalität	Zugehörigkeit	Ort	Datum

(v.: vermißt — Pr.: Ordenspriester — Br.: Ordensbruder — Schw.: Ordensschwester — OMin.: Minorit — MM: Maryknoll — SJ: Jesuit — CCM bzw. CICM: Scheutvelder Missionar — MSC: Herz-Jesu-Missionar („Hiltruper Missionar") — OFM: Franziskaner — OP: Dominikaner — MS: La Salle — Bet.: Bethlehemiterin)

Héctor Gallego (v.)	Kolumbianer	Weltpriester	Paraná	09.06.1971
Iván Berthancourt	Kolumbien	Weltpriester	Honduras	25.06.1975
Jerome Cypher	USA	Pr. (OMin.)	Honduras	25.06.1975
Guillermo Woods	USA	Pr. (MM)	Guatemala	20.11.1976
Rutilio Grande	El Salvador	Pr. (SJ)	Salvador	12.03.1977
Alfonso Navarro	El Salvador	Weltpriester	El Salvador	11.05.1977
Hermógenes López	Guatemala	Weltpriester	Guatemala	30.06.1978
Francisco L. Espinoza	Nicaragua	Weltpriester	Nicaragua	20.09.1978
Ernesto Barrera	El Salvador	Weltpriester	El Salvador	28.11.1978
Octavio Ortiz	El Salvador	Weltpriester	El Salvador	20.01.1979
Rafael Palacios	El Salvador	Weltpriester	El Salvador	20.06.1979
Alirio N. Maciras	El Salvador	Weltpriester	El Salvador	04.08.1979
Oscar Arnulfo Romero	El Salvador	Erzbischof	El Salvador	24.03.1980
Conrado de la Cruz	Philippinen	Pr. (CCM)	Guatemala	01.05.1989
Walter Woerdeckers	Belgien	Pr. (CCM)	Guatemala	12.05.1980
José Maria Grau Cirera	Spanien	Pr. (MSC)	Guatemala	04.06.1980
Cosme Spezzotto	Italien	Pr. (OFM)	El Salvador	14.06.1980
Faustino Villanueva	Spanien	Pr. (MSC)	Guatemala	10.07.1980
José Othmaro Cáceres	El Salvador	Diak/Semin.	El Salvador	25.07.1980
Manuel A. Reyes	El Salvador	Weltpriester	El Salvador	07.10.1980
Ernesto Abrego (v.)	El Salvador	Weltpriester	El Salvador	23.11.1980
Marcial Cerrano	El Salvador	Weltpriester	El Salvador	28.11.1980
Ita Ford	USA	Schw. (MM)	El Salvador	02.12.1980
Maura Clark	USA	Schw. (MM)	El Salvador	02.12.1988
Dorothy Kazel	USA	Schw. (MM)	El Salvador	02.12.1980
Jean Donovan	USA	Schw. (MM)	El Salvador	02.12.1980
Silvia Arriola	El Salvador	Schw. (MM)	El Salvador	17.01.1981
Juan Alonso Fernández	Spanien	Pr. (MSC)	Guatemala	15.02.1980
Carlos Gálves Galindo	Guatemala	Weltpriester	Guatemala	14.05.1981
Marco Tulio Maruzzo	Italien	Pr. (OFM)	Guatemala	02.07.1981
Stanley Rother	USA	Weltpriester	Guatemala	28.07.1981
Carlos Pérez Alonso (v.)	Spanien	Pr. (SJ)	Guatemala	02.08.1981
John David Troyer	USA	Weltpriester	Guatemala	17.09.1981
Victoria de la Roca	Guatemala	Schw. (Bet.)	Guatemala	06.01.1982
Carlos R. Morales López	Guatemala	Pr. (OP)	Guatemala	02.01.1982
James Miller	USA	Br. (MS)	Guatemala	14.02.1988

Außer den hier aufgeführten viele andere Priester, Schwestern, Ordensbrüder, Laienmitarbeiter, Delegierte der Gemeinden, Verkündiger des Wortes, Katecheten, Männer und Frauen, die in der kirchlichen Caritas und in Menschenrechtsgruppen arbeiten, viele protestantische Brüder und Schwestern, Pfarrer, Prediger und Diakone, unzählige campesinos, Indios, Arbeiter, Studenten, Lehrer, Journalisten, Anwälte, Krankenschwestern, Ärzte, Intellektuelle:

alle wurden sie getötet und verfolgt um des Gottesreiches willen

1. Die Voraussetzung: Eine Spiritualität

Unter einer Spiritualität der Verfolgung und des Martyriums verstehen wir hier den Geist, mit dem man beiden Wirklichkeiten und den mit ihnen verbundenen Leiden entgegentreten muß, damit man durchzuhalten vermag und dieses Durchhalten Früchte für das christliche Leben trägt. Bevor wir aber näher auf dieses Thema eingehen, möchten wir hier einige kurze Bemerkungen vorausschicken.

1. Es geht uns hier vor allem um den Geist der einzelnen Subjekte, handele es sich dabei um Einzelpersonen oder um Gruppen, d.h. um die Einstellungen und Verhaltensweisen, die es ihnen erlauben, klarsichtig und stark der Verfolgung und dem Martyrium gegenüberzutreten und sie so in eine christlich fruchtbare Wirklichkeit umzuwandeln. Uns interessiert also weniger die objektive Wirklichkeit der Verfolgung und des Martyriums, die wir zwar hier und dort erwähnen werden, ohne sie allerdings zu analysieren, als vielmehr die Frage, wie ihr subjektiv gegenübergetreten wird[25].

2. Wenn wir vom Geist reden, meinen wir hiermit den christlichen Geist, wie er den Christen auch schon vor der Verfolgung und dem Martyrium in seinen großen Linien vertraut ist. Allerdings erreicht er gerade als christlicher Geist erst in jenen beiden Wirklichkeiten seine Fülle, denn der Geist wird besser erkannt und entfaltet auch mehr seine Wirkung im Menschen, indem dieser weiß, daß er ihn braucht, und sich dann auch tatsächlich von ihm führen läßt: indem er sich im Menschen verwirklichen kann.

3. Auch wenn der Geist als Geist einzelner Subjekte eine subjektive Wirklichkeit ist, steht er doch zu der objektiven Wirklichkeit der Verfolgung und des Martyriums in Beziehung.

Daher ist auch die Spiritualität, sowohl was ihre Inhalte als was ihre Intensität angeht, keine ganz autonome, nur im Bereich des menschlichen Erkennens und Wollens angesiedelte Wirklichkeit. Sie entwickelt sich daher in enger Beziehung zu ihrem objektiven Gegenstand, d.h. zu der objektiven Wirklichkeit, von der die Subjekte dieser Spiritualität herausgefordert werden.

4. Wir betrachten hier Verfolgung und Martyrium als eine Einheit. Für uns ist das Martyrium daher keine punktuelle Wirklichkeit, d.h. etwas, was sich ab und zu deutlich wahrnehmbar ereignet und dabei auf einen bestimmten Ort und eine bestimmte Zeit eingegrenzt ist, sondern sie ist die logische Folge, der Endpunkt der Verfolgung. Die Verfolgung ist daher Vorbereitung und Anfang des Martyriums. Wir werden deshalb im folgenden allgemein von einer Spiritualität der Verfolgung reden.

5. Wenn wir hier von Verfolgung reden, haben wir unmittelbar vor Augen, was sich in Zentralamerika in den letzten Jahren ereignet hat. Sie war und ist aber auch in manchen anderen Teilen Lateinamerikas und der Dritten Welt traurige Wirklichkeit. Durch diese Konzentration auf die konkrete Verfolgung in Zentralamerika kommt hier sozusagen nur ein Typus der Verfolgung zur Sprache, der aber nach unserer Meinung wichtig und für das Wesen der Verfolgung im allgemeinen aufschlußreich ist und der zudem der Verfolgung, unter der Jesus zu leiden hatte, am nächsten kommt.

Nach diesen einleitenden Bemerkungen wollen wir hier an erster Stelle betonen, daß eine Spiritualität der Verfolgung einfach eine Notwendigkeit ist, nicht nur weil das Neue Testament uns dies so sagt, sondern auch weil die Verfolgung nicht aufhört, eine bedrohende, massive Wirklichkeit zu sein, und weil ihre historischen Ursachen noch immer andauern.

1.1 Die Übersicht, die wir diesem Kapitel vorausgeschickt haben[26], braucht kaum Kommentar. Wenn wir die lange Liste der Priester, Ordensleute, Katecheten, der mit der Wortverkündigung Beauftragten in den Basisgemeinden, der einfachen Gläubigen hinzufügen, die bedroht, diffamiert, vertrieben, eingesperrt und gefoltert wurden, wenn wir zudem an die durchsuchten, zerschossenen, geplünderten, angezündeten, gesprengten Kirchen, Schulen, Zeitungsgebäude, Bibliotheken, Pfarrhäuser, Privathäuser denken, dann wird deutlich, wie sehr Verfolgung und Martyrium in unseren Ländern eine grausame und massive Wirklichkeit ist, die sowohl selektiv zuschlägt als sich auch manchmal in einen Normalzustand verwandelt.

Das alles läßt sich durch die Bosheit oder Perversion der Verfolger allein nicht ausreichend erklären, sondern hat strukturelle Ursachen, aufgrund deren es die Verfolgung einfach geben muß. Eine Kirche, die den Impulsen, die ihr durch das Zweite Vatikanum und vor allem durch Medellín gegeben worden waren, treu zu bleiben suchte, mußte bald als eine Bedrohung der Interessen der Mächtigen empfunden werden. Denn sie klagte a) die strukturelle Ungerechtigkeit und die institutionalisierte Gewalt an und hat die wahren Prinzipien, die das wirtschaftliche, politische und gesellschaftliche Leben bestimmen, entlarvt und so der herrschenden Wirklichkeit ihre vermeintliche Legitimation durch die Religion genommen. Sie hat b) die Hoffnungen der Armen in ihrem Kampf um Befreiung als legitim verteidigt, sie hat diese Armen in Schutz genommen und sie dazu ermutigt, sich zu organisieren, um so besser ihre Befreiung durchzusetzen. Die Mächtigen haben darauf reagiert, indem sie auf verschiedene Weise die Kirchen auszuschalten bzw. sie von ihrem angeblichen Irrtum zu überzeugen suchten. Sie sollte sich auf ihre geistliche Sendung konzentrieren und angesichts des gottlosen Kommunismus die westliche Welt und ihre religiösen Werte verteidigen. Auch hat man als Gegengewicht zu jener engagierten Kirche alle möglichen traditionellen, sich auf die Innerlichkeit und das Private konzentrierenden und so letztendlich entfremdenden religiösen Bewegungen zu fördern gesucht. Als das alles aber nichts nützte, hat man sich darangemacht, jene Kirche einfach zu eliminieren. Daher richtet sich die Verfolgung nicht gleichermaßen gegen alle Christen, sondern nur gegen die, die den Status quo bedrohen. Und so besteht sie im allgemeinen nicht darin, daß gesetzliche Maßnahmen gegen die Kirche als Institution getroffen werden, denn im Grunde will man alles tun, um ihre Freundschaft zu erhalten, sondern sie richtet sich eher gegen einzelne, als subversiv bezeichnete Mitglieder, was zudem erlaubt zu leugnen, daß es Verfolgung gibt.

Allerdings hat die Kirche selbst diese Angriffe und Morde als Verfolgung und Martyrium und so auch als Folge ihrer Treue der

Wahrheit gegenüber verstanden. Sie weiß wieder deutlicher um die Notwendigkeit der Verfolgung, will sie nicht aufhören, die wahre Kirche Jesu Christi zu sein, und sie wird wenigstens auf der Ebene ihrer Aussagen nie aufhören wollen, dies zu sein. In diesem Sinne haben sich in San Salvador Erzbischof Romero und Bischof Rivera geäußert, und so reden vor allem auch viele verfolgte Christen selbst. Auch Puebla spricht von „Verfolgung und Tod" (Nr. 92, 668, 1138) als von etwas Gutem, das auf der wahren Sendung der Kirche selbst beruht, und gibt auch die Gründe an: „... der Schutz der menschlichen Würde" (668) bzw. „die prophetische Anklage der Kirche und ihre konkreten Verpflichtungen gegenüber den Armen" (1138). Die Kirche wird letztendlich vor allem wegen ihrer Solidarität mit den Armen verfolgt, die selbst die ersten und am härtesten betroffenen Opfer jener Verfolgung sind. Die Solidarität führt dazu, daß die Kirche dann auch das Leiden teilen muß. So sagte Erzbischof Romero am 2. Februar 1980 in Löwen:

„Die eigentliche Verfolgung richtet ... sich gegen die Armen, die heute Christus in der Geschichte verkörpern. Sie sind, wie Jesus, der gekreuzigte, verfolgte Gottesknecht. Sie vollenden an ihrem Leib, was an den Leiden Christi noch fehlt (Kol 1,24). Darum erlitt die Kirche, als sie sich organisierte und zusammenschloß, um die Hoffnungen und Ängste der Armen zu teilen, das gleiche Schicksal wie Jesus und die Armen: Verfolgung."[27]

1.2 Neben dieser historischen Notwendigkeit der Verfolgung, will die Kirche ihrer Sendung treu bleiben, gibt es für sie auch eine theologische Notwendigkeit a priori, wie schon aus dem Neuen Testament deutlich hervorgeht. So schreibt Paulus in der ältesten Schrift dieses Neuen Testaments den bedrängten Christen:

„Denn, ihr Brüder, ihr seid den Gemeinden Gottes in Judäa gleich geworden, die sich zu Christus Jesus bekennen. Ihr habt von euren Mitbürgern das gleiche erlitten wie jene von den Juden. Diese haben sogar Jesus, den Herrn, und die Propheten getötet; auch uns haben sie verfolgt ... Ihr wißt selbst, für sie (= die Bedrängnisse der Verfolgung) sind wir bestimmt. Denn als wir noch bei euch waren, haben wir euch vorausgesagt, daß wir in Bedrängnis geraten werden; und so ist es, wie er wißt, auch eingetroffen" (1Thess 2,14f; 3,3f).

So war der ersten Christenheit sehr schnell auch theoretisch die

Notwendigkeit der Verfolgung bewußt und dies aufgrund des Schicksals, das Jesus hatte erleiden müssen. Die Christen sollten verfolgt werden, denn „ein Jünger steht nicht über seinem Meister und ein Sklave nicht über seinem Herrn" (Mt 10,24), und „wenn sie mich verfolgt haben, werden sie auch euch verfolgen" (Joh 15,20). Damit wird dann auch deutlich gesagt, daß die Treue zu Jesus Verfolgung bedeutet. D.h., daß die von Jesus hervorgerufenen Konflikte nicht auf sein historisches Leben beschränkt bleiben, sondern er sie auch in der Gegenwart hervorruft. Auch nach seiner Auferstehung bleibt Jesus den Mächtigen ein Ärgernis. Denn gerade in seiner Auferstehung bekommen das Ärgernis, das er war, und die Provokation, die er bedeutete, eine universale, die gesamte Geschichte der Menschheit und die der Kirche im Rahmen dieser Geschichte der Menschheit bestimmende Geltung. Und so ist er zu einem universalen „Zeichen des Widerspruchs" (Lk 2,34) geworden. Die Christen brauchen sich daher über die Verfolgungen nicht zu wundern, allerdings verfügen sie so auch über den theologischen Schlüssel, der es ihnen erlaubt, die Verfolgungen als Verfolgungen „um Christi willen" zu verstehen.

Diese Universalisierung des von Christus provozierten Konflikts sowie der darauffolgenden Verfolgung darf uns nicht dazu verleiten, die konkreten Ursachen der damaligen Verfolgung Jesu sowie die der heutigen Verfolgungen zu verkennen oder diese heutigen Verfolgungen aufgrund der universalen Bedeutung des Schicksals Jesu in ihrer Ernsthaftigkeit und Bedeutung geringzuschätzen, so wie wir umgekehrt in der Verfolgung Jesu nach wie vor den Prototypus jeder christlichen Verfolgung sehen sollen — und dies gilt auch, was die konkreten Umstände dieser Verfolgung angeht. Jesus wurde verfolgt, weil er den Armen eine frohe Nachricht verkündigte und weil er sich auch in seinem Tun voll in den Dienst der Verwirklichung des von ihm Angekündigten stellte.

Infolgedessen kam es zu Auseinandersetzungen und Verleumdungen, bei denen Jesus das Denken und Tun der Mächtigen entlarvte und anklagte und sich so schließlich seine eigene Verurteilung zuzog. Dies ist dann auch der Grund, weshalb vor den späteren, großen theologischen Entwürfen, die stärker die universale Geltung des Todes Jesu hervorheben, die erste Interpretation dieses Todes vom Schicksal der Propheten ausging (1Thess 2,14) und weshalb auch angesichts der ersten Christenverfolgung auf dieses Prophetenschicksal zurückverwiesen wurde (Mt 5,12). Die Verfolgung wurde also auf die Praxis Jesu in bezug auf die Errichtung des Gottesreiches zurückgeführt, und man hielt sie angesichts des Widerstandes und der Gewalt der Anti-Reiche dieser Welt gegen das Gottesreich für unumgänglich.

1.3 Aus dem bisher Gesagten geht hervor, daß die Verfolgung auch in unserer Zeit eine ernst zu nehmende, massive Wirklichkeit ist und daß sie aus heute noch immer geltenden historischen Gründen unumgänglich ist, wenn die Kirche und die Christen ihrer Berufung zur Nachfolge Jesu und zur Solidarität mit den Armen treu entsprechen wollen. Hieraus lassen sich, schon bevor wir auf den Geist eingehen, mit dem der Verfolgung entgegengetreten werden muß, einige wichtige Elemente einer Spiritualität der Verfolgung ableiten:

a) Angesichts der Tatsache, daß die Verfolgung infolge ihrer gleichbleibenden historischen Wurzeln immer neu ausbricht, angesichts der Unabwendbarkeit der Verfolgung also, ist es nicht in das Belieben der Christen gestellt, ob sie sich eine Spiritualität der Verfolgung erarbeiten wollen oder nicht: Eine solche Spiritualität ist einfach eine Notwendigkeit, wie es sich a posteriori in der Wirklichkeit immer neu bestätigt und wie dies schon vom Neuen Testament als eine Notwendigkeit a priori hervorgehoben wurde. Es gibt sie nicht, weil einige fromme Seelen danach trachten mögen, es gibt sie sehr real. Eine Spiritualität der Verfolgung hat demnach kaum mit einem Verlangen nach etwas zu tun, was in sich nicht sehr wahrscheinlich ist, sondern damit, wie Christen auf eine objektiv gegebene Wirklichkeit, ob sie diese nun herbeigesehnt haben oder nicht, reagieren.

Diese Spiritualität versteht die Verfolgung als eine ernst zu nehmende, zentrale und globale Wirklichkeit, bei der wir es also nicht nur mit einem Bereich der Wirklichkeit allein zu tun haben. Dementsprechend hat auch die Spiritualität, mit der wir der Verfolgung entgegentreten, mehr als nur „regionale" Bedeutung. Sie ist etwas Zentrales, weil sie mit dem Kern der Geschichte und des christlichen Glaubens zu tun hat. Sie ist etwas Umfassendes und Globales, weil sie auch die Spiritualität mitbestimmt, die sich auf andere Bereiche des menschlichen Lebens bezieht. Sie ist schließlich etwas Ernstzunehmendes und Wichtiges, weil sie mit dem Kern der christlichen Heiligkeit zu tun hat, nicht etwa, weil ein Mensch, der sich von ihr leiten läßt, die Verfolgung suchen würde, um so auf dem Weg zur christlichen Heiligkeit und Vollkommenheit voranzukommen, sondern weil diese Verfolgung die Folge der Solidarität mit den Armen und des Engagements zur Verteidigung ihrer Rechte ist.

Mit all diesen Überlegungen wollen wir im Grunde nur eins betonen: Die Wirklichkeit selbst macht, so wie sie ist, eine Spiritualität der Verfolgung unabdingbar, und ein grundlegendes Element dieser Spiritualität ist die Bereitschaft zur Verfolgung. Es gehört also wesentlich zum christlichen Leben, daß auf die eine oder andere Weise ernsthaft mit der Möglichkeit der Verfolgung gerechnet wird, und man bereit ist, sich ihrer Wirklichkeit zu stellen. Denn wenn es überhaupt, auf keinerlei Weise so etwas wie Verfolgung gäbe, müßten die Christen und die Kirchen sich doch sehr ernsthaft fragen, woher das kommt.

b) Die Verfolgung pflegt nicht plötzlich, unerwartet auszubrechen. Es gibt bestimmte, konkrete Schritte, die sie einleiten. So ist ein wichtiger Schritt auf der Seite derer, gegen die sie sich dann wendet, die Inkarnation in der Welt der Armen durch ein konkretes Engagement zu deren Verteidigung. Eine notwendige Voraussetzung für die Bereitschaft, die Verfolgung auf sich zu nehmen, ist daher die Bereitschaft zu konkreten Schritten der Solidarität im klaren Wissen um die Folgen, die diese nach sich ziehen können.

Auch wenn diese Schritte der Solidarität im einzelnen auf sehr verschiedene Weise begründet werden können, enthalten sie in sich eine solche, nicht weiter analysierbare Absolutheit, daß sich über die Grundmotivation, die ihnen zugrunde liegt, nicht argumentieren läßt. Denn diese Grundmotivation ist letztendlich nichts anderes als der Wille zu einer grundsätzlichen Ehrlichkeit der Wirklichkeit dieser Welt gegenüber. Diese verbindet sich mit dem Wissen, daß die Welt der Armen am tiefsten die Wahrheit dieser Welt ausdrückt, daß man dort am besten die Wahrheit über das eigene Menschsein und die Menschheit überhaupt entdeckt und daß man durch die Verteidigung der Armen auch am treuesten und am wahrsten der Herausforderung, die die Wirklichkeit bedeutet, entspricht.

Die Spiritualität der Verfolgung setzt daher den Willen und die

Treue zu dieser Ehrlichkeit der Wirklichkeit gegenüber voraus, und dies sowohl trotz aller konkreten Folgen, die diese Ehrlichkeit nach sich zieht, also trotz der Verfolgung, als auch trotz aller theoretischen Vorbehalte und Bedenken, die man formulieren könnte. So könnte man meinen, das bestehende Unrecht, das Elend und gar der Tod der Menschheit seien gar nicht so furchtbar oder sie seien vielleicht zwar furchtbar, aber es sei dennoch nicht die erste und dringendste Aufgabe eines Menschen oder eines Christen, sich um ihre Beseitigung zu kümmern. Nun mag diese grundsätzliche Ehrlichkeit durchaus mit anderen Verhaltensweisen und Motivierungen auf psychologischer und anderer Ebene zusammengehen (Enttäuschung über die bürgerliche Konsumgesellschaft; naives Unterschätzen der Schwierigkeiten, auf die ein konkretes Engagement stößt; ein gewisser Ehrgeiz oder das Verlangen, etwas angesichts des eigenen, vom Leiden der Armen hervorgerufenen Schmerzes zu tun; Mitleid usw.), wesentlich aber ist, daß es sie überhaupt gibt. Theologisch formuliert handelt es sich darum, daß wir jenes erste Gericht Gottes, das diese Welt der Sünde und des Todes verurteilt, und sein schon damals existierender Wille, sie von Elend, Unrecht und Tod zu befreien, akzeptieren und uns zu eigen machen.

Die Spiritualität der Verfolgung setzt also eine aktive Bereitschaft zu Verfolgung voraus auf der Grundlage einer grundsätzlichen Ehrlichkeit der Wirklichkeit gegenüber. Diese Ehrlichkeit ist ihrerseits die Verhaltensweise, die es uns erlaubt, daß wir uns der Wirklichkeit Gottes und Jesu öffnen und dem, was sich daraus für uns als Aufgabe und Forderung ergibt, entsprechen.

2. Eine theologale Spiritualität

Jede Art von Spiritualität muß letztendlich theologal, d.h. auf Gott, ausgerichtet sein. Denn jede Wirklichkeit, mit der der Mensch sich auf geistige und geistliche Weise auseinandersetzen kann und muß, kann und muß auch auf Gott bezogen werden. Die Spiritualität der Verfolgung ist aber darüber hinaus auch in einem ganz besonderen Sinn theologal. Aufgrund der Wirklichkeit, die ihr Gegenstand ist, hat der Mensch notwendigerweise auf ganz besondere Weise mit Gott zu tun: Dieser zeigt sich ja erstens in der

Verfolgung als der letzte Grund der menschlichen Existenz sowie der Wirklichkeit überhaupt, und zweitens wird der Mensch auch in dem, was die Verfolgung an Paradoxem und an Ärgernis in sich birgt, auf Gott zurückgeworfen, wobei er allerdings, wenn Paradox und Ärgernis überwunden sind, auch auf das Positive in Gott, nämlich auf seine Güte und seine Liebe, stößt. Damit wollen wir sagen, daß für eine Spiritualität der Befreiung die Verwirklichung der drei göttlichen Tugenden, Glaube, Hoffnung, Liebe, äußerst wichtig ist. Ohne sie kann man in der Verfolgung nicht durchhalten, so wie sie auch umgekehrt dadurch im Menschen wachsen, daß dieser der Verfolgung auf geistliche Weise entgegentritt.

2.1 Aufgrund ihres Wesens konfrontiert die Verfolgung den Menschen mit dem eigenen Leben und Tod und mit dem Leben und Tod anderer als einer wirklich letzten, entscheidenden Wirklichkeit. Darüber hinaus wird dieser Mensch in der konkreten Wirklichkeit des Martyriums und der Verfolgung mit dem Paradox konfrontiert, daß er einen Teil seines Lebens, ja dieses Leben selbst hingeben muß, um Leben spenden zu können. Hinzu kommt das Ärgernis, daß es oft nicht reicht, das eigene Leben hinzugeben, damit andere leben, und daß es so einem Gerechten grundsätzlich sehr schlecht ergehen kann. Es drängt sich die oft zitierte Frage nach dem Letzten, nach Gott, nach dem Sinn des Lebens und der Geschichte auf, ohne daß diese irgendwie durch die Frage nach der Existenz Gottes oder nach der letzten Verwurzelung der Existenz des Menschen als einer geschaffenen Existenz hervorgerufen zu werden braucht oder auf sie reduziert werden kann. Zudem stellt sich wie von selbst die Frage, wie unsere Beziehung zum letzten Grund der Wirklichkeit, zu Gott, sein soll. Aus der Radikalität dieser Fragen folgt, daß auch die Antworten eine besondere Radikalität aufweisen werden.

Wo wir hier auf dem Paradox und dem Ärgernis insistieren, das in der Absolutheit des christlichen Gottesbildes enthalten ist, sollten wir hier an jene Aussagen des Neuen Testaments erinnern, die uns durch die Verfolgung und das Martyrium wieder schärfer ins Bewußtsein gerufen werden. So werden im Neuen Testament die Armen, die Weinenden, die Verfolgten glücklich gepriesen. Es wird uns gesagt, daß in der Schwäche die Stärke liegt, daß der Mensch gegen jede Hoffnung hoffen darf, daß, wer das Leben gewinnen will, bereit sein muß, es zu verlieren. Von Christus heißt es, daß er infolge seines Leidens zum Herrn über alle eingesetzt worden ist, daß er dadurch, daß er die Rolle des Dieners übernahm, die Welt gerettet hat, daß er am Kreuz das Schweigen Gottes gehört hat. In bezug auf Gott ist davon die Rede, daß er am Kreuz seinen Sohn für alle hingegeben hat und daß er erst zum Schluß — also noch nicht jetzt — alles in allem sein wird.

So könnte man noch viele andere Sätze des Neuen Testaments zitieren, die dort zwar nicht die einzigen, die aber sicherlich sehr wichtig sind und ohne die der christliche Glaube zum Teil seine spezifische Originalität verlieren würde. Auf alle Fälle bekommen sie in der Verfolgung und im Martyrium eine neue Bedeutung, und sie fordern dazu auf, Stellung zu nehmen. Sicherlich sind sie für einen glaubenden Christen auch schon wahr, wenn er noch nicht verfolgt worden ist. Andererseits ist es verständlich, daß ein solcher Christ sie inmitten der Verfolgung mit jenen anderen Aussagen ergänzt, in denen von Gottes Macht die Rede ist, wie Gott zum Beispiel in der Auferstehung Jesu den Sieg über das Böse errungen hat. Daraus läßt sich dann ein gewisser Trost und eine gewisse Zuversicht schöpfen, weil Unrecht und Tod nicht mehr als sinnlos erscheinen, sondern alles letztendlich auf die Gerechtigkeit und das Leben ausgerichtet ist.

Dennoch nimmt dies alles jenen Sätzen, in denen vom Hingeben des Lebens und vom Leiden die Rede ist, nicht ihre Schärfe. Und dies weder historisch, denn die Erfahrung lehrt, daß nicht immer neues Leben auf den Tod folgt, noch theologisch, denn zwar kann der Glaube auch schon vor der Verfolgung ein wahrer, umfassender Glaube sein und eine Antwort auf jene letzten Fragen enthalten, er wird dann aber trotzdem noch zu allgemein und zu unbestimmt, zu wenig gereift und gefestigt sein angesichts des konkreten Glaubens, den die Verfolgung erfordert. Auf alle Fälle hat er dann die Feuerprobe der Verfolgung noch nicht bestanden. Gerade die Verfolgung und das Martyrium sind der Ort, wo der Glaube (bzw. der Unglaube!) sich konkretisiert und also real wird und wo eine wirklich positive (bzw. negative) Antwort nach dem Sinn der Geschichte und des eigenen Lebens und nach Gott gefunden werden kann. Hier hat der Glaube die Chance, sich in einen Sieg zu verwandeln, aber das kann er erst dann, wenn er durch die Verfolgung hindurchgegangen ist. Wie dem auch immer sei, die Verfolgung fordert eine Antwort von uns, ob diese nun positiv oder negativ ausfällt. Und diese Antwort ist eine totale, die gesamte Existenz umfassende Antwort, denn die Hingabe, die von der Verfolgung und vom Martyrium aufgrund des eigenen Wesens gefordert wird, ist — wenn die Antwort positiv ist — nicht nur ein sacrificium intellectus, sondern auch das sacrificium vitae.

2.2 Auf das Letztendliche und Endgültige, mit dem wir in der Verfolgung konfrontiert werden, sind, wie schon angedeutet, verschiedene Antworten möglich. So könnte es auch die Antwort der Resignation, der Verzweiflung, des Zynismus geben oder umgekehrt die eines angeblich wissenschaftlichen Optimismus, der meint, auf die unfehlbare Dialektik gestoßen zu sein, die aus dem Tod Leben entstehen läßt. Oder denken wir auch an das carpe diem: „Trinken wir und essen wir, denn morgen sind wir tot" bzw. an andere Formen des Epikureertums.

Hier interessiert uns aber die Antwort des Glaubens. Über sie ist an erster Stelle zu sagen, daß ihre Rationalität, d.h. ihre tiefe Wahrheit und Richtigkeit, sich erst in diesem Antworten selbst herausstellt und also nicht vorher deutlich sein kann. *Zuerst* muß man die Verfolgung und das Martyrium als etwas Gutes bejahen und akzeptieren, um dann in einem zweiten Schritt ihre Rationalität zu erkennen. Daher kann jene Bejahung sich, wenn sie theologisch reflektiert wird, nur in der Form einer negativen Theologie ausdrücken, d.h. in einem ehrlichen „Es kann nicht anders sein". So argumentierte im Grunde auch Petrus, als er sich den verfolgten Christen zuwandte — wobei in diesem Text in seiner Gesamtheit allerdings auch ein Element positiver Theologie zu finden ist:

„Und wer wird euch Böses zufügen, wenn ihr euch voll Eifer um das Gute bemüht? Aber auch wenn ihr um der Gerechtigkeit willen leiden müßt, seid ihr seligzupreisen. Fürchtet euch nicht vor ihnen, und laßt euch nicht erschrecken ... Seid stets bereit, jedem Rede und Antwort zu stehen, der nach der Hoffnung fragt, die euch erfüllt ... Es ist besser, für gute Taten zu leiden, wenn es Gottes Wille ist, als für böse ..." (1Petr 3,13-17).

Auf diese Weise wird letztendlich trotz allem gesagt, daß es besser ist, das Leben hinzugeben, als es erhalten zu wollen — nur so bleibt man objektiv der Wirklichkeit und subjektiv dem eigenen

Gewissen treu —, und daß es besser ist, die Verfolgung zu akzeptieren, als vor ihr zu fliehen. Eine weitere Rechtfertigung läßt sich von vornherein für jenes „Es kann nicht anders sein“ bzw. für das Festhalten an der Gerechtigkeit und an der Hoffnung trotz allen Leidens nicht geben.

Diese Tatsache, daß es hier keine weitere Rechtfertigung gibt, beruht nicht etwa darauf, daß der Mensch eine solche nicht zu finden vermag, sondern darauf, daß er in der Verfolgung und im Martyrium bereits bis zum Grund der Wirklichkeit vorgedrungen und dort auch schon auf die Wirklichkeit Gottes gestoßen ist. Wenn man sagt „Es kann nicht anders sein“, will man damit sagen, daß die Liebe, die Hoffnung und der Glaube letzte Wirklichkeiten sind, über die hinaus sich keine weiteren finden lassen. Im Geist und mit Geist Verfolgung und Martyrium durchzustehen heißt: der Liebe absoluten Vorrang einzuräumen. Zwar wird diese Liebe durch die Verfolgung auf die Probe gestellt, gleichzeitig aber zeigt sich in der Verfolgung, daß sie etwas Absolutes ist. Gerade die Liebe weckt über jedes Verlangen und jede Sehnsucht, über jedes Gelingen und Mißlingen hinaus die Hoffnung, daß die Zukunft trotz allem und gegen alles das Glück in sich birgt. Zusammen befähigen die Liebe und die Hoffnung den Menschen, seinen Weg durch die Geschichte zu gehen. In seinem Gehen und Unterwegssein macht er dann die Erfahrung, daß der Weg sich weiter vor ihm öffnet, auch wenn er nicht weiß, wohin er führt, d.h., auch wenn das Ziel dieses Weges sich ihm entzieht.

Liebe, Hoffnung und Glaube sind für den Menschen die letzte Wirklichkeit auch in der eigenen Existenz, und daher sind sie gefragt, wenn die Verfolgung und das Martyrium den Menschen auf das Letzte zurückwerfen. Allerdings sind sie zudem die einzig richtige Konkretisierung und Gestalt der Beziehung des Menschen zu Gott. Sie haben also eine theologale Dimension: In der Liebe antwortet der Mensch auf die grundlegende, absolute Wirklichkeit der Liebe eines Gottes, der uns das Heil anbietet; in der Hoffnung bejaht und akzeptiert er die Zukunft Gottes, und in seinem Glauben respektiert er das Gottsein Gottes.

In diesem Sinne ist die Spiritualität der Befreiung für uns theologal. Gerade weil Verfolgung und Martyrium Wirklichkeiten sind, in denen der Mensch dem letzten Grund der Wirklichkeit in der Gestalt des Ärgernisses und des Paradoxon begegnet, vermag er sich ihnen nur dann richtig als Mensch und als Christ zu stellen, wenn ihm dabei eine theologale Spiritualität Halt gibt. Ihrerseits tragen Verfolgung und Martyrium dann wieder umgekehrt zur Ermöglichung und zur Vertiefung der theologalen Beziehung des Menschen zu Gott bei.

3. Eine fruchtbare Spiritualität

Indem wir von der Ehrlichkeit der Wirklichkeit gegenüber, von der Liebe, der Hoffnung und dem Glauben geredet haben, haben wir dabei auch schon von der Gegenwart des Geistes, ja von seiner unverzichtbaren und unabdingbaren Gegenwart geredet. Wir wollen hier auf einige konkrete Formen, in denen dieser Geist sich zeigt, eingehen, die auf dialektische Weise sowohl Voraussetzung für das Durchhalten in der Verfolgung sind als umgekehrt von ihr ermöglicht werden. Wir wollen hier nicht deduktiv argumentieren, sondern einfach erzählen, wie es in den letzten Jahren in El Salvador war, als dort versucht wurde, der Verfolgung im Geiste/mit Geist gegenüberzutreten. Um den großen Rahmen zu skizzieren, wollen wir mit einigen Zitaten von Erzbischof Romero anfangen – wobei man noch viele andere von ihm und von anderen Christen anführen könnte. So wird es mit Hilfe dieser Zitate und dem vorher Gesagten möglich sein, sich ein allgemeines Bild von der Verfolgung zu machen[28].

a) Ein Geist der Stärke

„Mit diesem Volk ist es nicht schwer, ein guter Hirte zu sein. Es drängt förmlich die, die berufen sind, seine Rechte zu verteidigen und seine Stimme zu sein, sich auch tatsächlich in seinen Dienst zu stellen" (18.11.1979).

„Aber ich will Ihnen versichern, und ich bitte Sie um Gebete, daß ich diesem Versprechen treu bleibe: Ich werde mein Volk nicht verlassen, sondern mit ihm alle Risiken durchlaufen, die mein Amt erfordert ..." (11.11.1979).

„Persönlich habe ich mich über einen schönen Brief der Verkäuferinnen des Cine México sehr gefreut. So wie sie konnten, haben sie auch Geld geschickt, und sie haben geschrieben: ‚Wir schicken unsere Glückwünsche. Daß Gott Sie immer erleuchte, damit Sie voller Liebe weiterarbeiten können in diesem Kampf für das Volk von El Salvador."

Die Verfolgung erfordert Stärke, nicht nur damit es möglich bleibt, die schwere Aufgabe, die das Evangelium nahelegt, zu erfüllen, sondern auch um dies inmitten einer sich immer mehr zuspitzenden Situation der Konfrontation und der Drohung zu tun, in der von einem Christen unter Umständen das Opfer des eigenen Lebens gefordert wird. Die Quelle dieser Stärke ist das oben schon erwähnte theologale Verhalten und natürlich auch das Beispiel Jesu und das so vieler anderer Märtyrer. Wir wollen hier aber auf die jeweils konkrete Quelle dieser Stärke eingehen, die damit zu tun hat, daß das Engagement mit den Armen und für sie die Ursache für die Verfolgung ist. In diesem Kontext ist die Nähe zu den Armen Quelle der Stärke.

In der Annäherung an die Armen und der Teilnahme an ihrem Schicksal erfährt der Christ einen großen Trost, den man auf theologischer Ebene als eine Begegnung mit Gott und auf der konkreten Ebene des Lebens einfach als eine Begegnung des Menschen mit sich selbst umschreiben könnte. Die Teilnahme am Schicksal der Armen läßt den Christen seine eigene Menschenwürde wiederfinden, die im sogenannten modernen Menschen mit seiner Leistungs- oder Konsumfixierung oft verschüttet oder ganz verlorengegangen ist. Paradoxerweise entdeckt der Christ erst durch die Verfolgung, was es heißt, Mensch zu sein. Oft hat er erst durch sie am Menschsein wirklich teil, so daß er es ihr verdankt, wenn er sich Bürger einer Welt von Menschen fühlen kann. Diese beglückende und so paradoxe Entdeckung ist äußerst wichtig. Durch sie bekommt das christliche Leben einen zentralen Sinn, und es wird nun dem betreffenden Christen möglich, an der Treue festzuhalten, in der er zu wissen angefangen hatte, wer er war.

Zudem werden die Armen, indem man sich ihnen nähert, zu einem Sakrament der Nähe Gottes, was wiederum zu einer Intensivierung der christlichen und kirchlichen Verantwortung ihnen gegenüber führt. Vielleicht ohne daß dies anfangs deutlich bewußt ist und ohne daß sie dies ausreichend verbalisieren können, spüren die Christen, die sich den Armen anzunähern suchen, sehr stark die Verantwortung, unter ihnen zu bleiben und sie nicht aufzugeben, welcher Preis dafür auch immer zu zahlen ist.

Zögen sie sich zurück, würden sie den entsetzlichen Satz der Bibel zu hören bekommen: „Euretwegen wird der Name Gottes verflucht." Wenn sie aber ausharren, spüren sie auch positiv, daß ihre Gegenwart unter den Armen inmitten so vieler Möglichkeiten der Verführung, die das Heil versprechen, der Kirche und, was noch wichtiger ist, dem Glauben selbst Glaubwürdigkeit verleiht. Diese Christen ahnen intuitiv, daß mit ihrer Nähe bzw. ihrer Ferne zu den Armen die Zukunft des Glaubens selbst auf dem Spiel steht.

Die Stärke in der Verfolgung ließe sich auch umschreiben als ein „die Armen in ihrem Leiden nicht aufgeben", wobei diese Armen durch das, was sie sind und fordern, die Kraft geben, in der Verfolgung durchzuhalten.

b) Ein Geist der Bereitschaft zur Armut

„Meine Aufgabe ist es, Beleidigungen, Leichen und was die Verfolgung sonst hinter sich läßt, einzusammeln" (19.6.1977).

„Wenn eines Tages die Kräfte des Bösen uns ohne dieses Wunder (gemeint war ein Radiosender) lassen, über das sie im Überfluß verfügen können, und die Kirche bis zum letzten gekämpft haben wird, es zu behalten, dann wisset, daß sie uns nichts Böses getan haben werden" (27.1.1980).

Die Verfolgung ist Raub auf der einen, Entäußerung und Verzicht auf der anderen Seite, und das Martyrium ist dies in höchstem Maße. Aber über das Schicksal und die Situation der Henker und Opfer hinaus bedeutet eine lang andauernde, in großem Stil durchgeführte Verfolgung eine allgemeine Verarmung für die gesamte christliche Gemeinschaft, denn sie nimmt dieser viele qualifizierte geistliche Führer und andere engagierte Mitglieder und beraubt sie mancher Mittel der Pastoral wie etwa des Zugangs zu den Medien. Und je länger die Verfolgung andauert, desto mehr verliert sie den ungewöhnlichen, spektakulären Charakter, den sie vielleicht in einem ersten Augenblick hatte, desto mehr verliert das Kreuz seinen Glanz und desto anonymer wird das Schicksal der Verfolgten. Hand in Hand mit jener objektiven, materiellen Entäußerung findet auch eine Verarmung auf der Ebene des Subjektiven statt, wie sich feststellen läßt, wenn man die Stimmung der Zeit Romeros mit der relativen Resignation nachher vergleicht.

Um jene Verarmung, die noch schmerzhafter ist als das Leiden der Verfolgung selbst, verarbeiten zu können, ist Geist vonnöten, besonders dann, wenn die Verfolgung dazu zu führen scheint, daß die eigene Stimme nirgendwo mehr gehört wird und alles Mühen und Arbeit umsonst sind. Dieser Geist ist notwendig, um das Grundgesetz des Christentums leben zu können, das Paulus so formuliert hat: „Christus, der reich war, wurde arm" (2 Kor 8,9). Auch dann, wenn man nicht mehr wählen kann, auf welche Art und Weise man arm werden will, macht der Geist es möglich, jene Verarmung, die letztendlich dazu zu führen scheint, das nichts mehr bleibt, doch zu akzeptieren. „Wisset, daß sie uns nichts Böses getan haben werden", hieß dies bei Bischof Romero.

Dieser Geist der Bereitschaft zur Armut hindert uns in keiner Weise daran, gegen das zu kämpfen, was uns als Mensch und als Christ arm machen würde, noch dafür zu kämpfen, daß wir in der Verfolgung als Menschen und als Christen reicher werden. Er verbietet uns auch nicht, vorsichtig zu sein (Mt 10,16) und klug gegen die Söhne der Finsternis zu kämpfen (Lk 16,8). Wohl aber verbietet er, das Armwerden an sich als etwas Böses zu betrachten. So darf die Kirche sich nicht der Verfolgung entziehen, etwa weil sie Angst hätte, daß ihr so ihre materiellen Mittel genommen werden und sie infolgedessen weniger Einfluß hätte und weniger effizient arbeiten würde. Es geht also darum, daß die Christen und die Kirche lernen, daß es sich nicht vermeiden läßt, im Hinblick auf das Reich und seine Gerechtigkeit einiges verlieren zu müssen. Um das Leben gewinnen zu können, wird manches aufgegeben werden müssen. Die Kirchen und die einzelnen Christen müssen sich deshalb dauernd gegen die Versuchung wehren, das Leben unmittelbar ergreifen und besitzen zu wollen.

c) Ein Geist der Kreativität

„Wenn sie uns vielleicht eines Tages das Radio genommen haben, unsere Zeitungen nicht mehr erscheinen und sie uns nicht mehr reden lassen, wenn sie alle Priester und auch den Bischof getötet haben werden und ihr ein Volk ohne Priester sein werdet, dann wird jeder unter euch ein Botschafter und ein Prophet sein müssen" (8.7.1979).

Die Kreativität ist notwendig, um in der Verfolgung überleben zu können, um Wege zu finden, damit die Kirche und der Glaube ihre Sendung unter schwierigen Umständen, oft im Untergrund oder halb im Untergrund, fortführen können. In diesem Sinn geht ganz sicher das Leiden dem Denken voraus (Feuerbach).

Die Kreativität ist aber nicht nur nötig, um in der Verfolgung überleben zu können, aber auch damit in der Verfolgung die „Überlebenden" ihr christliches Leben so gut wie möglich zu leben vermögen. Gerade dies wurde von jenem oben zitierten, vielleicht etwas rhetorischen, aber tiefen Satz von Bischof Romero gesagt: die Forderung, das Ärmerwerden in Reichtum umzuwandeln. An anderer Stelle sagte Romero: Wenn sie uns das Radio nehmen, „werden wir ‚lebendigere Mikrophone' des Herrn werden, die überall sein Wort verkünden" (27.1.1980).

Die Verfolgung hat dann auch tatsächlich eine große Kreativität hervorgerufen. Sie hat das Bewußtsein gestärkt und dies sowohl im profanen als im religiösen Sinn. Denn indem die Christen teilhaben an dem, was Christus gelitten hat und die Armen erleiden, verstehen sie besser die Wahrheit des Evangeliums und der Geschichte. So läßt sich die große geistliche und theologische Kreativität der Kirche, wie diese in vielen Homilien, pastoralen Briefen, Reflexionen und Texten von Priestern und Gemeinden, in theologischen Studien usw. zum Ausdruck gekommen ist, erklären. Diese Kreativität zeigt sich vor allem in der Auseinandersetzung mit den uns durch die Umstände aufgedrängten Themen der Verfolgung und des Martyriums als Themen, die zwar prinzipiell für den Glauben sehr wichtig sind, die aber so oft vergessen worden sind. Mit diesen beiden Themen verbinden sich andere neue Themen, wie das der Menschenrechte, die Notwendigkeit der Selbstorganisation der Armen, das Verhalten der Christen angesichts des Unrechts und ihre Beziehung zur Gewalt. Und schließlich darf man auch jene traditionellen Themen nicht vergessen, mit denen man sich aber neu, von einer neuen, dem Evangelium näheren Perspektive heraus auseinandersetzt wie die Themen Gott, Gottesreich, Christus, Sünde, Gnade usw.

Es läßt sich aber nicht nur eine neue theologische, sondern auch eine neue pastorale und liturgische Kreativität feststellen. Durch die Verfolgung hat die konkrete Wirklichkeit und dadurch auch die religiöse Wirklichkeit ein neues Gesicht bekommen, wobei jene neue religiöse Wirklichkeit durch die konkrete symbolisiert, durch sie vermittelt und in ihr gefeiert wird. Nennen wir hier als Beispiel die Eucharistie, die heute wieder besser in ihren verschiedenen Dimensionen (die Gegenwart Christi, die Versammlung der Gemeinde um ihn herum, die Feier der Hoffnung und die Danksagung, die Erinnerung an das Kreuz Christi) gefeiert werden kann. Denn neben dem Kreuz inmitten der Gemeinde und den Reliquien der Märtyrer im Altarstein sind die Märtyrer leibhaftig unter uns, und die, die um den Altar herum versammelt sind, sind dies nicht nur, weil sie zur Kirche kommen müssen, sondern weil sie ihre Hoffnung zum Ausdruck bringen und Dank sagen wollen für die Märtyrer, die uns als Zeugen geschenkt wurden.

Die Verfolgung erfordert also einen Geist der Kreativität, der es möglich macht, als Christ zu überleben. Aber auf einer noch tieferen Ebene bringt sie selbst, wenn sie im Geist und mit Geist gelebt wird, eine große Kreativität hervor. Es stellt sich so empirisch die Wahrheit jenes Satzes des Paulus heraus, daß in der Schwäche die Kraft gefunden wird und daß arm werden reich machen kann.

d) Ein Geist der Solidarität

„Ich will hier meine Solidarität mit den Priestern, Ordensleuten und anderen, die in der Pastoral arbeiten und deren Leben in Gefahr ist, zum Ausdruck bringen. Daß sie den Mut nicht verlieren und daß wir uns gegenseitig unterstützen" (16.9.1979).

„Es wäre traurig, wenn in einem Land, wo auf so schreckliche Weise gemordet wird, unter den Opfern keine Priester sein würden. Sie sind das Zeichen einer Kirche, die sich inmitten der Armen und ihrer Probleme inkarniert hat" (24.6.1979).

„Der Dienst am Evangelium und die Verfolgung der Kirche haben zum kostbaren Ergebnis der Einheit der Kirche geführt. Wir haben unzählige Briefe der Solidarität und der Ermutigung bekommen, weiter das Zeugnis abzulegen ... Wir haben auch viele uns unterstützende und zustimmende Schreiben von unseren getrennten Brüdern von innerhalb und außerhalb des Landes bekommen" (Zweites Hirtenschreiben vom 6.8.1977).

Es liegt auf der Hand, daß eine Verfolgung normalerweise zu einer größeren Einheit unter den Verfolgten führt, die sich dann so auch besser unterstützen können, obwohl sie in einer ersten

Instanz die, die in ihr durchhalten wollen, von denen trennt, die sich ihr entziehen möchten. Hauptsächlich tendiert die Verfolgung aber dahin, die Christen stärker zusammenzuschweißen und solidarischer zu machen.

Zudem ruft die Verfolgung, wenn die Verfolgten sie als Christen zu bestehen suchen, eine andere Solidarität höherer Ordnung hervor, die über die gegenseitige Festigung und Stärkung hinausgeht. Denn durch sie werden sie Gleiche, die dies vorher nicht waren, und durch sie fangen die Verfolgten an, das christliche Leben als ein wesentlich auf den und die anderen ausgerichtetes Leben zu verstehen.

Der Grund für die Verfolgung ist ja die Solidarität der Kirche mit dem armen und leidenden Volk. Durch sie werden jahrhundertealte Schranken aus dem Weg geräumt, und trotz aller weiterhin existierenden gesellschaftlichen, kulturellen, amtsspezifischen Unterschiede wird eine grundlegende Einheit erreicht, die wenigstens in der Hoffnung, die gemeinsame Verfolgung möge aufhören und der Tag der Befreiung kommen, einen Ausdruck findet. Der Tod, der alle gleichmacht, besiegelt diese grundsätzliche Einheit. Und aus der Solidarität der gesamten Kirche mit dem Volk wächst auch die Einheit innerhalb der einzelnen Ortskirchen und zwischen ihnen.

Diese grundlegende Einheit erreicht eine solche Tiefe, daß die, die in ihr untereinander verbunden sind, auch die gegenseitige Verschiedenheit respektieren und schätzenlernen. Nur trennt diese Verschiedenheit nicht mehr, denn sie ist eine Verschiedenheit der gegenseitigen Ergänzung und Bereicherung. So hat die Verfolgung dazu geführt, daß man sich gegenseitig viel stärker sowohl materiell als auch pastoral und theologisch zu helfen sucht. Vor allem hat sie die Christen gelehrt, wie wesentlich es auch für das christliche Leben ist, sich auf andere verlassen zu können. Dies gilt für alle Ebenen des Glaubens, und auch wenn hier unverkennbar ein Moment der persönlichen Verantwortung zu finden ist, gehört hierzu auch wesentlich eine Offenheit dem anderen gegenüber, damit man von seinem Glauben empfangen und ihn in seinem Glauben festigen kann. Die Verfolgung ruft also eine Einheit hervor, die zudem Solidarität und ein gegenseitiges Sichtragen ist. Das gilt sowohl auf der Ebene kleiner christlicher Gruppen als auf der Ebene der Ortskirchen und der der Beziehungen zwischen den einzelnen Ortskirchen sowie zwischen den verschiedenen christlichen Konfessionen.

Der Geist der Solidarität ist so im Grunde die feste Überzeugung, daß man nicht nur zu Gott unterwegs ist, sondern dies zusammen mit einem ganzen Volk ist. Gerade dies wird von der Verfolgung sehr deutlich gemacht. Sie erfordert diesen Geist der Solidarität, damit die Christen in ihr durchhalten, und sie ermöglicht ihn, weil die Christen sich in ihr daran gewöhnen, daß ihr Glaube ein Geben und Nehmen angesichts des Glaubens der anderen ist, und weil dieses Wissen nach der Verfolgung so leicht nicht verlorengeht.

e) Ein Geist der Freude

„Ich freue mich, meine Brüder, weil unsere Kirche gerade auf Grund ihrer Option für die Armen und ihres Versuches, sich unter den Armen zu inkarnieren, verfolgt wird" (15.7.1979).

„Brüder, was für eine wunderbare Erfahrung ist das, Christus nur ein bißchen zu folgen, und dafür eine Kanonade von Beschimpfungen, Verleumdungen und Aggressionen zu ernten, Freunde zu verlieren und verdächtigt zu werden" (8.7.1979).

„Ein Christ muß immer in seinem Herzen die Fülle der Freude suchen und pflegen. Lassen Sie sich darauf ein, meine Brüder. Ich habe dies oft zu tun versucht, in den bittersten Stunden, als Verleumdung und Verfolgung zunahmen. Dann findet man zur innigen Einheit mit Christus, zu einer Süße, die die Freuden dieser Welt nicht geben können, zur Freude, sich Gott nahe zu wissen, auch wenn man nicht versteht, was er von einem will. Das ist die tiefste Freude, die es im Herzen geben kann" (20.5.1979).

Die Verfolgung gehört zu den Seligpreisungen: „Freut euch und jubelt" (Mt 5,12), „Freut euch und jauchzt an jenem Tag" (Lk 6,23), sagt Jesus zu den Verfolgten — Worte, die paradox erscheinen mögen, aber wahr sind. Im Matthäus- und Lukasevangelium wird als Grund für diese Freude der Lohn im Himmel angeführt, aber die Freude selbst gibt es schon hier und jetzt.

Einerseits handelt es sich um die ruhige, gefaßte Freude, sich in der Wahrheit zu wissen, Jesus ähnlich zu werden, einer Kirche anzugehören, schließlich doch verstanden zu haben, worum es sich im christlichen Glauben handelt, sich Mensch und Bürger dieser

Welt zu wissen, ohne darum das Christsein aufgeben zu müssen. Es handelt sich um die gelassene und nüchterne Freude, vielleicht nach einer jahrelangen Suche den Sinn des Lebens gefunden zu haben, sowie um die Freude, Christ sein zu dürfen, denn als Christ hat man der Welt in aller Demut, aber ohne Komplexe etwas zu bieten und kann an ihrem Heil mitarbeiten.

Es handelt sich aber auch um die Freude an sich, um ein Jubeln und Jauchzen, das zwar nicht immer gegeben ist, das aber zu bestimmten Zeiten auch nicht unterdrückt werden kann. Diese Freude ist ebenfalls die Freude in den Messen für die Märtyrer, in denen in der Gegenwart eines Toten die Herrlichkeit Gottes besungen wird. So gibt es die Freude, die Kleinen im Glauben wachsen zu sehen, die Zweifelnden zu ermutigen, die Einheit und die Solidarität konkret erfahren zu dürfen. Erwähnen wir die Freude, wenn wir in Demut und ohne Ruhmsucht zuhören dürfen, wie andere Christen und Menschen guten Willens Gott danken, weil sie durch das Zeugnis unserer Märtyrer den Glauben bzw. den Sinn des Lebens wiedergefunden haben. In Erfahrung dieser Freude, die uns mehr geschenkt wird, als daß wir sie suchen, erfahren wir die Fülle des Evangeliums. Das Evangelium hat sich uns gezeigt als das, was es ist, als Frohbotschaft. Wir haben die kostbare Perle gefunden! Für diese Christen gilt der Vorwurf Nietzsches nicht, daß sie so wenig erlöste Menschen zu sein scheinen. Sie sind nicht traurig, auch wenn sie leiden. Vielmehr überraschen sie die, die von außen kommen und traurige und mutlose Menschen vorzufinden meinten und die statt dessen ausgeglichene, gelassene und frohe Menschen vorfinden. Und wenn es auch keinen anderen Beweis für diese Freude gäbe, reicht an sich schon der Schmerz einiger dieser verfolgten Christen, als sie sich gezwungen sahen, das Land zu verlassen. Dies zeigt, daß dort ihr Herz ist, weil sich dort auch ihr Schatz befindet.

4. Zum Schluß

Wir haben hier in großen Zügen die Spiritualität der Befreiung skizziert, wie sie unter uns in der Wirklichkeit unserer Länder lebendig ist. Ohne Geist vermag man der Verfolgung nicht entgegenzutreten, aber sie fördert auch selbst den christlichen

Geist und was für diesen Geist am wichtigsten ist: daß der betreffende Mensch zur richtigen, von den göttlichen Tugenden geprägten Beziehung zu Gott findet. Sicherlich enthält die Beschreibung, wie wir sie hier vorgetragen haben, auch idealisierende Elemente, denn nicht alle besitzen diesen Geist, und er ist auch nicht in allen gleichermaßen gegeben. Dennoch handelt es sich nicht um eine idealistische Darstellung dieser Spiritualität, denn sie hat tatsächlich die Züge, die wir hier beschrieben haben. Wir haben sie nicht erfunden, und ohne die Verfolgung hätten wir sie so auch nicht beschreiben können.

Das wesentlichste Ergebnis der Verfolgung ist die „Dezentrierung“ der Christen und der Kirchen: Sie sind nicht mehr und sie können nicht mehr auf sich selbst konzentriert sein. Inmitten ihres Interesses stehen nicht mehr die eigenen Ängste und Hoffnungen, sondern die der anderen, der Armen und Unterdrückten. Nicht die eigene Verfolgung schmerzt in El Salvador die Kirche, sondern der immens große, andauernde Schmerz des Volkes. Die Christen und die Kirche sind nicht oder nicht an erster Stelle von der Hoffnung erfüllt, daß der Friede (und die alten Vorteile) für sie zurückkehren, sondern daß das leidende Volk Frieden und Gerechtigkeit erfahre. Der Geist dieser „Dezentrierung“, das Vergessen der eigenen Interessen und Vorteile: das ist der richtige Weg der Nachfolge Jesu, wie er uns vom Evangelium gezeigt wird. Daher sind viele Christen gemäß der Paradoxalität des Evangeliums sich selbst und zugleich Gott begegnet. Trotz aller Tragödien machen sie die Erfahrung: „Etwas wurde uns gegeben.“ Und wer diese Gratuität, dieses unverdient Beschenkt-Sein, erfahren hat, fühlt sich bestärkt, tiefer zu glauben, fester zu hoffen und mehr zu lieben.

V
Die Göttlichkeit des Kampfes um die Menschenrechte[29]

Der Titel dieses Kapitels ist recht gewagt formuliert. Denn es wird nicht nur gesagt, daß es sich beim Kampf um die Menschenrechte um eine ethische Forderung handelt, der kein Mensch sich entziehen kann, oder daß es sich dabei um ein wichtiges Element der Aufgabe der Kirche bzw. der christlichen Praxis handelt: Es wird die göttliche, theologale Dimension dieser Praxis hervorgehoben. Nehmen wir diesen Titel ernst, dann heißt das, daß es eine Beziehung zwischen Gott und dem Kampf für die Menschenrechte gibt und daß sich von Gott aus dieser Kampf besser verstehen und kämpfen läßt, so wie man auch umgekehrt von diesem Kampf aus besser Gott verstehen und zur richtigen Beziehung zu ihm finden kann.

Dem jeweiligen konkreten Standpunkt entsprechend kann die Formulierung des Titels sehr verschieden interpretiert werden. Einige könnten ihn als einen neuen Versuch der Apologetik werten, wo doch so viele fehlgeschlagen sind, also als einen neuen Versuch, die Menschen zu beeinflussen, Gott wieder einen Platz in ihrer Geschichte einzuräumen, wo er doch an so vielen Orten aus ihr vertrieben zu sein scheint. Für andere aber wäre dieser Titel die Bestätigung ihrer sie mit Freude erfüllenden Erfahrung, gerade in ihrer Geschichte Gott und damit auch sich selbst gefunden zu haben. Der Titel würde also auch die Erfahrung zum Ausdruck bringen, daß es in der Geschichte über Gottes Allgegenwart hinaus besondere Orte seines Wirkens gibt, nämlich dort, wo die Menschenrechte auf dem Spiel stehen, und daß ein bestimmtes Verhalten des Menschen in der Geschichte – nämlich die Verteidigung dieser Menschenrechte – die beste Art und Weise ist, auf Gott zu antworten und seinem Willen zu entsprechen. Damit wird nicht geleugnet, daß es noch andere Formen von Gottes Gegenwart und andere Formen, ihr zu entsprechen und auf Gott zu antworten, gibt. Dem möchten wir aber hinzufügen, daß seine Gegenwart im Kampf um die Menschenrechte ein ganz privilegierter Ort ist. Auch wenn der Titel dieses Kapitels dies nicht in aller Deutlichkeit sagt, es geht hier um ein klassisches Dauerthema der theologischen Reflexion, nämlich um die Frage, was es am Göttlichen in der Geschichte gibt und was es heißt, daß der Mensch vergöttlicht worden ist[30].

In diesem Kapitel gehen wir von dem zweiten Standpunkt aus, obwohl wir glauben, daß auch irgendwie der erste auf unsere Darlegungen zutrifft, nicht so sehr, weil wir hier so etwas wie ein neues Konzept der Anthropologie erarbeiten wollen, sondern weil diese Überlegungen auch eine Art *Mystagogie* in das Geheimnis Gottes sind.

Dieses Thema kann man auf zwei verschiedene Weisen angehen. Am leichtesten wäre es, von den allgemein anerkannten Errungenschaften der biblischen Theologie auszugehen, um so zu zeigen, wie Gott in seiner Offenbarung ohne Wenn und Aber den Kampf um die Menschenrechte fordert. Es reichte dann aufzuzählen, wie oft in der Bibel die Rede ist von einem Gott, der die Unterdrückten, Waisen, Witwen und Armen verteidigt, und zu zeigen, wie dieses Thema in allen Schichten des Alten und des Neuen Testaments wiederkehrt und welche Bedeutung ihm als einem wichtigen hermeneutischen Prinzip zukommt, um alles, was dort in der Bibel über Gott gesagt wird, und ihn selbst verstehen zu können und um zu entdecken, daß es zum wesentlichen Kern des Glaubens gehört, das zu tun, was Jahwe von uns in jenem bekannten Wort fordert: „Das Recht und die Gerechtigkeit zu tun, das heißt, mich zu kennen." Die Schlußfolgerung, die hieraus zu ziehen wäre, liegt auf der Hand: Der Kampf um die Menschenrechte ist für jemanden, der an Gott glaubt, eine Forderung, der er sich nicht entziehen kann. Wie wichtig und richtig aber diese Argumentation in sich auch ist, wir wollen sie hier nicht weiter verfolgen, denn es würde sich um ein sehr dogmatisches Argumentieren von oben nach unten handeln, also von dem, was man schon über Gott zu wissen meint, zu dem, was man tun sollte.

Der andere Weg geht umgekehrt. Ausgangspunkt ist, wie der Kampf um die Menschenrechte uns in die Wirklichkeit Gottes, und zwar ganz besonders in die des Gottes der christlichen Offenbarung, einführt, wie dieser Kampf also mehr ist als die Bemühung um ein ethisches Handeln, das Gott von uns fordert:

wie er ein Weg zur Erkenntnis von Gottes Wirklichkeit ist. Wir haben uns für diesen zweiten Ansatz entschieden, denn den Kampf um die Menschenrechte sollte man nicht von einer zuvor feststehenden Lehre über Gott aus zu verstehen suchen, sondern er trägt umgekehrt dazu bei, daß wir eine solche Lehre erarbeiten und verstehen können. Der Kampf um die Menschenrechte ist der Glaube an Gott in actu, und von einer solchen Verwirklichung des Glaubens aus versteht man immer besser, wer jener Gott ist, an den man glaubt. Hinzuzufügen ist, daß jene Verwirklichung des Glaubens — in diesem Fall der Kampf um die Menschenrechte — der Offenbarung Gottes ihre ursprüngliche Eigenart als „Wort" wiedergibt: In der Verwirklichung des Glaubens — bzw. in einem Leben nach dem Glauben — wird deutlich, welche Bedeutung einem Sichberufen auf die Schrift letztlich zukommt. Denn diese offenbart sich dort als viel mehr als nur eine Quelle von Zitaten, mit denen sich irgendeine Lehre — etwa in bezug auf die moralische Verpflichtung zur Verteidigung der Menschenrechte oder irgend etwas anderes — belegen läßt. Die Schrift wird zu einem Wort, das uns anspricht und herausfordert, das uns aber auch neue Einsichten gibt, uns ermutigt und tröstet und uns Glück verheißt.

1. Das Heilige im Kampf um die Menschenrechte

Vielleicht könnten wir hier mit einer einfachen Frage brüskieren: Gibt es noch etwas Heiliges in der Welt von heute? Das Wort „heilig" hat mancherorts kaum noch Bedeutung, und es scheint zu sehr mit dem Bereich des Religiösen und Göttlichen zu tun zu haben, als daß es diesen sozusagen von außen, von einem „objektiven" Standpunkt aus, erklären könnte. Dennoch besitzt dieses Wort eine eigene Aussagefähigkeit, denn „heilig" und „das Heilige" sind nicht nur synonym für die absolute und letzte Wirklichkeit, mit der der Mensch zu tun hat. Sie beziehen sich umgekehrt auch auf den Menschen, der auf diese Wirklichkeit antwortet und in sie eindringt. So könnten wir die obige Frage ein zweites Mal mit einer anderen Formulierung erneut stellen: Gibt es etwas, was sich dem Menschen als das Allerletzte, von ihm nicht Manipulierbare darstellt, das ihn mit einem absoluten Anspruch herausfordert, das aber auch Verheißung ist und Erfüllung verspricht? Gibt es etwas, was sich nicht mehr relativieren läßt, auch wenn man theoretisch nicht weiß, warum sich eine solche Wirklichkeit sich jeder, uns modernen Menschen so naheliegenden Relativierung entzieht? Gibt es etwas, was den ganzen Menschen fordert? Gibt es etwas, was ihn an das andere und die anderen erinnert trotz jenes Ideals des Konsums und des Wohlstandes und trotz eines rücksichtslosen Strebens nach dem eigenen Vorteil, das an so manchen Orten der Ersten Welt als selbstverständlich gilt? Ist das andere bzw. sind die anderen dabei mehr als nur als eine faktische Gegebenheit? Sind sie auch ein Gegenüber der menschlichen Existenz, das es dem Menschen erlaubt, in der Beziehung zu diesem Gegenüber sich selbst zu finden? Gibt es etwas, was den Menschen zwingt, über das eigene Ich bzw. das kollektive Ich der verschiedenen Gruppen, denen er angehört, hinauszugehen, auch wenn es gut ist, in solchen Gruppen und Gemeinschaften geborgen zu sein? Gibt es also etwas, was den Menschen dazu drängt, über die Familie, die Partei, ja die Kirche selbst hinauszublicken?

Im Laufe der Geschichte hat es immer, sei es in profaner, sei es in unmittelbar religiöser Form das gegeben, was wir hier das Heilige nennen. Und auch wenn sich hier ein gemeinsames Substrat entdecken läßt, hat dieses Heilige in Abhängigkeit von dem jeweiligen Ort und der jeweiligen Zeit sehr verschiedene Gestalten angenommen. Heute erscheint vielen die Verteidigung der Menschenrechte als etwas Heiliges, als etwas Endgültiges, als absolute Aufforderung und als Verheißung des Heiles. Und dies alles ist sie sicherlich auch, vor allem in den Ländern der Dritten Welt und mancherorts in der Ersten. Wir wollen in dem, was folgt, eher phänomenologisch vorgehend beschreiben, wieso der Kampf um die Menschenrechte sich als etwas Heiliges darstellt.

1.1 Die Heiligkeit des Lebens der Armen

Heute besteht auf unserer Welt ein gewisses Einverständnis darüber, was die Menschenrechte sind. Es ist kein geringes Verdienst der Menschheit, sich zu einem solchen Verständnis der Menschenrechte, wie es sich auch in offiziellen Erklärungen niedergeschlagen hat, durchgerungen zu haben. So redet man heute von einem Recht eines jeden Menschen auf Leben, auf Freiheit, auf Würde und von vielen anderen damit zusammenhängenden Rechten. Damit sind wir aber, was diese Menschenrechte angeht, noch nicht weit genug vorgedrungen, denn vor jeder Lehre über die Menschenrechte und vor jeder philosophischen oder theologischen Begründung steht die Wirklichkeit, und vor dieser Wirklichkeit als einer allgemeinen, universalen Wirklichkeit steht die jeweilige partikulare, konkrete Wirklichkeit. Um das zu verstehen, wenden wir uns am besten dem Ursprung des Rechtes in der Geschichte der Menschheit zu.

„Als man in der Geschichte der Menschheit so etwas wie die Funktion eines Richters bzw. das, was später ein Richter genannt wurde, erfand, geschah dies einzig und allein zur Verteidigung derer, die sich aufgrund ihrer Schwäche nicht verteidigen konnten."[31] Die Idee des Rechtes ist also ursprünglich nicht aus der Natur des Menschen abgeleitet worden, sondern man ist von der Schwäche des Menschen ausgegangen, wobei diese nicht nur als die normale Endlichkeit und Beschränktheit der menschlichen Natur verstanden wurde, sondern vielmehr noch als die Wehrlosigkeit bestimmter Menschen angesichts der Bedrohung, die andere für sie darstellten. Und diese Wehrlosigkeit wiederum beschränkt sich nicht auf das eine oder andere Detail des menschlichen Lebens, sondern sie betrifft die elementaren Lebensbereiche, ja das nackte Leben selbst. Daher heißt es im obigen Zitat weiter: „Wenn die Bibel von Jahwe als ‚Richter' redet, geschieht dies in einem Kontext der Verteidigung der Unterdrückten gegen das Unrecht. Das Recht ist in der Geschichte der Menschheit in dem Augenblick entstanden, als deutlich wurde, daß das Unterdrücktsein des anderen so nicht sein mußte und durfte. In diesem Unterdrücktsein entdeckte man also eine radikale Nicht-Wirklichkeit bzw. Un-Wirklichkeit, die in sich die ebenso radikale wie ursprüngliche Aufforderung enthielt, die Rechte des Unterdrückten zu verteidigen. So gehört zum Wesen des Rechtes von dessen Ursprüngen in unserer Geschichte an eine gewisse Parteilichkeit für die Armen, denn Sinn des Rechtes ist es doch, daß ihre Rechte voll zur Geltung kommen. So stellte sich in der Idealvorstellung eines gerechten Königs, der das Recht wieder herstellen würde, die Gerechtigkeit wie folgt dar: ‚Die königliche Gerechtigkeit besteht ... nicht primär in unparteiischer Rechtsprechung, sondern im Schutz, den der König den Hilflosen, Schwachen und Armen, den Witwen und Waisen, angedeihen läßt.'"[32]

Sicherlich sind die Dinge seit jenen ersten Reflexionen der ältesten Kulturvölker viel komplexer geworden. Viel ist seitdem über die Menschenrechte nachgedacht worden, und auf vielerlei Art und Weise hat man sie zu benennen und zu begründen versucht. Dennoch bleibt die Quelle zur Verteidigung dieser Menschenrechte nach wie vor jene alte Urfeststellung, die in der Geschichte der Menschheit immer wieder gemacht werden muß: Für viele, sehr viele Männer und Frauen ist das Leben eine schwere Last und Aufgabe, weil andere sie daran hindern zu leben. Hier drängt sich uns eine letzte Wirklichkeit als unleugbar auf, die auch durch ein verallgemeinerndes Reden über die Menschenrechte nicht verdeckt werden darf: die Existenz der Sünde als einer Urgegebenheit in der Geschichte der Menschheit, durch die immer neu Leben bedroht und vernichtet wird, zusammen mit der fundamentalen Absolutheit derer, die leben wollen und daran verhindert werden. Das „Recht" auf Leben ist nicht etwas, was zur Natur des Menschen hinzukommt — auch wenn man dies aufgrund eines bestimmten Verständnisses des Personseins des Menschen so verstehen und theoretisch begründen könnte. Das Recht auf Leben ist nichts anderes als die Absolutheit des Lebens selbst.

Die Wirklichkeit des Unrechts, die ursprünglich das Recht hervorgebracht hat, gibt es noch immer. Zwar mag es einige Regionen in unserer Welt geben, in denen das Leben aller gesichert ist, für die große Mehrheit der Menschheit ist dies aber nicht der Fall. Andere lebensbedrohende Mechanismen sind an die Stelle derer aus der Zeit der antiken Völker getreten, aber an deren Folgen für so viele Menschen hat sich nichts geändert. Daher ist es wichtig, daß wir uns wieder auf die Ursprünge des Rechtes als einer Form der Verteidigung des bedrohten Lebens zurückbesinnen. Die Statistiken über den Hunger, die Unterernährung, die Kindersterblichkeit, die Arbeitslosigkeit bzw. Unterbeschäftigung in den Ländern der Dritten Welt sind genügsam bekannt. Im Grunde tun sie nichts anderes als unsere Welt als eine Welt der Armen zu definieren, als eine Welt, in der die Armen noch immer auf das Kommen eines „gerechten Königs" warten, der sie gegen die heutigen Mechanismen der Armut und des Todes in Schutz nimmt.

Will man von den Menschenrechten reden, muß man mit dem Recht der Armen auf Leben anfangen[33]. Und von diesem Leben haben wir gesagt, daß es heilig ist. Um hier die bekannte Beschreibung des Heiligen durch R. Otto als „das Tremendum und Fascinosum“ aufzugreifen und zu umschreiben, könnten wir uns fragen, ob es etwas Schrecklicheres und Beeindruckenderes geben kann, etwas, was den Menschen mehr erzittern läßt als die Situation der Armut und die Todesnähe der Armen. Die Statistiken erfassen nicht, obwohl auch dies notwendig wäre, den Anblick jener ausgehungerten Kinder Äthiopiens, jener Tausenden von Haitianern oder Indios, die nur die Straße haben, um nicht zu reden von der Grausamkeit, die den Armen angetan wird, wenn sie kämpfen, um sich von ihrer Armut zu befreien, von der Folter, von der Zerstückelung ihrer Körper, von jenen Müttern, die auf der Flucht ihre Babys nicht ernähren und sie auch nicht beerdigen können und die dann mit ihrem toten Kind auf den Armen in irgendeiner Sozialstation ankommen ...

Das Leben ist aber zugleich auch bezaubernd, es entzückt und zieht an, holt den Menschen aus sich heraus und stellt sich ihm einfach als gut da. Und auch unabhängig von jeder Sentimentalität und paternalistischen Beschönigung könnte man sich oft, wenn man die Armen beobachtet, fragen, ob es etwas Faszinierenderes gibt als das Lächeln armer Kinder, die einfach leben wollen, als die vielen Formen gegenseitiger Hilfe und Solidarität auf allen möglichen Ebenen — also auch auf der eines wirklichen Sichorganisierens, um gemeinsam besser leben und überleben zu können —, als die Würde, die sie wiedergewinnen, wenn sie sich entscheiden, ihr eigenes Schicksal in die eigene Hand zu nehmen, als der Stolz, den sie über ihr neues Engagement empfinden, wobei sie so weit zu gehen bereit sind, daß sie ihr Leben für ihr armes Volk hingeben, als ihre Freude, wenn sie einige Schritte, seien sie klein oder groß, auf wirkliches Leben hin vorangekommen sind.

Dies ist zwar eine sehr konkrete Erfahrung des Heiligen, sie ist aber eine solche. Denn hier stehen wir vor dem Tremendum, dem Beeindruckenden, Ehrfurcht und Furcht Einflößenden, und dies nicht nur, wenn wir uns vor dem Größeren klein machen, sondern auch, weil wir in ihm mit der Wirklichkeit konfrontiert werden, die den Menschen klein und arm macht und ihn tötet und die gleichzeitig die Frage ist, ob er andere erniedrigt und heruntermacht und ob er an der Armut und dem Tod anderer Schuld ist. Zugleich gibt es hier aber auch das Faszinierende, das, was uns anzieht, was sich uns als eine Gabe darbietet: das Leben und die Hoffnung auf Leben. Angesichts dieser Welt der Armut ist vor allem für den, der diese Armut teilt, das bedrohte Leben der Armen und ihre Hoffnung auf Leben etwas Radikales und Grundlegendes, wie das absolut andere, das den Menschen anspricht und ihm Heil schenkt. Dieses Absolute fordert heraus, und seine Forderung darf und kann nicht im Namen irgendeiner Ideologie relativiert werden. Zugleich aber bringt es uns Heil, denn es will uns in das wirkliche Leben der Menschen einführen, damit wir teilhaben an der Wahrheit der Menschheit, an der Grausamkeit ihres Leidens, aber auch an ihrer Hoffnung. Schon hier wird deutlich, wie sehr jenes absolut andere uns Heil bringt, denn es ermöglicht uns heute, Mensch zu sein, indem es uns lehrt, wie wir am Leben teilhaben können.

Daß das Leben der Armen etwas Heiliges ist, haben viele in der Dritten und auch manche in der Ersten Welt konkret erfahren dürfen. Dabei bleibt in der Menschheit, so wie sie heute ist, das Leben der Armen das analogatum princeps der Menschenrechte. Das schließt natürlich nicht aus, daß es auch andere Menschenrechte gibt und daß auch sie etwas Heiliges sind: In der Ersten Welt werden so vor allem die Menschenrechte des einzelnen Individuums, seine Freiheit und Würde verteidigt. Heute ist es angesichts der Möglichkeit atomarer Auseinandersetzungen nicht nur notwendig, das Recht auf Leben des größten Teiles der Menschheit zu verteidigen, sondern die nackte Existenz der gesamten Menschheit steht auf dem Spiel und muß verteidigt werden. Auch diese Rechte müssen wir also verteidigen, seitdem die Entdeckung der Subjektivität des einzelnen Individuums und seiner Rechte unumkehrbar und seitdem eine atomare Katastrophe tragische Möglichkeit geworden ist.

Dennoch bleiben wir bei unserer These, daß das Recht auf Leben als Recht jenes größten Teiles der Menschheit, dessen Leben bedroht ist, das grundlegendste unter den Menschenrechten ist[34]. Auch wer andere Menschenrechte verteidigt, darf jenes Urrecht nicht aus den Augen verlieren, will er, daß auch in seiner Verteidigung der Menschenrechte die Erfahrung des Heiligen durchbrechen kann. Denn würde es aus den Augen verloren werden, dann liefe die Verteidigung jener anderen Menschenrechte Gefahr, zu einem Egoismus zu verkommen, der zwar verständlich wäre, aber Egoismus bliebe und die Erfahrung des Heiligen unmöglich machen würde. Diese große Bedeutung der Verteidigung der Rechte der Armen beruht darauf, daß es sich bei diesen Armen, deren Leben bedroht ist, um die übergroße Mehrheit einer Menschheit handelt, in der ganze Völker langsam und still oder auch brutal und gewaltsam gekreuzigt werden. Ihre Armut berührt die gesamte Menschheit, und daher bleiben sie für alle anderen Menschen, ob diese nun in der Ersten, der Zweiten oder der Dritten Welt leben, der andere bzw. die anderen überhaupt. Zweitens trägt die Erste Welt in großem Maße die Verantwortung für diese Situation. So bedeutet die Armut der Dritten Welt für die Erste nicht nur der Urauftrag, Leben zu verteidigen, wo es auch immer dieses Leben zu verteidigen gilt, sie ist auch eine Forderung nach einer Wiedergutmachung, eine doppelte Aufgabe und Forderung also. Drittens sollte die Verteidigung der Freiheitsrechte des Individuums nicht vergessen lassen, daß diese Rechte gerade in der Dritten Welt am meisten mit Füßen getreten werden, und dies sowohl was die Rechte jedes einzelnen Individuums als auch was die Freiheit und Unabhängigkeit ganzer Völker angeht. Viertens sollte das gemeinsame Recht der gesamten Menschheit auf Frieden — konkret die Vermeidung eines nuklearen Konflikts zwischen den Supermächten — nicht mit dem Preis blutiger Stellvertreterkriege in den Ländern der Dritten Welt erkauft werden. Zu Recht freuen wir uns darüber, daß in den letzten vierzig Jahren keine Atomwaffen eingesetzt worden sind, aber das sollte uns nicht die vielen Kriege vergessen lassen, die in dieser Zeit in der Dritten Welt geführt wurden.

Mit all diesen Überlegungen wollen wir das, was es auch in der Ersten Welt an Bedrohung des Lebens und der Freiheit gibt, nicht herunterspielen. Wir wollen dem aber hinzufügen, daß wenn im Kampf gegen diese Bedrohung das Heilige erfahren werden soll, dies nur dann möglich sein wird, wenn man bei den Rechten, die man dort verteidigen will, das höchste Menschenrecht unserer Zeit, das Recht der Armen auf Leben, nicht vergißt.

1.2 Die Heiligkeit des Kampfes für das Leben der Armen

Angesichts dieser Wirklichkeit, wie wir sie hier beschrieben haben, kann kein Zweifel daran bestehen, was die richtige Antwort ist: die Verteidigung des Lebens der Armen. Und erneut erscheint uns diese Verteidigung als etwas Heiliges. Einige, wie der Märtyrer Rutilio Grande, haben hier von dem „höchsten Anliegen der Menschheit" geredet, andere reden von der „Heiligkeit der Revolution". Wie man dies aber auch formuliert, man will damit zum Ausdruck bringen, daß durch die Verteidigung des Lebens der Armen der Mensch zu sich selbst findet.

Das Leben der Armen berührt den Menschen auf absolute Weise mit jener Absolutheit, die an die tiefsten Wurzeln seiner Existenz rührt, von denen der Mensch zwar theoretisch weiß, die er aber infolge eines falsch verstandenen Eigeninteresses so leicht vergißt. Das Leben der Armen verhindert aber dieses Vergessen und ruft die Erinnerung an jene Wurzeln wach. Auf die Bedrohung des Lebens der Armen muß mit Mitleid und einem Geist der Prophetie geantwortet werden. Das Mitleid geht über ein reines Bedauern hinaus, um zu einem wahren Mit-Leiden und dann zu einem tatkräftigen Sicherbarmen zu werden. Je größer dabei das Leiden ist, desto größer muß auch das Erbarmen sein. Prophetie heißt Anklage und das Aussprechen der Wahrheit: Sie ist Anklage, weil sie von den Schrecken und Ursachen des Todes redet und dabei die Wahrheit spricht. Das bedrohte Leben der Armen zeigt die Wahrheit der gesamten Menschheit, die sich, weil sie Sünde ist, zu verbergen sucht. Das Leben der Armen konfrontiert uns mit uns selbst in jenen zwei wesentlichen Dimensionen unseres Menschseins, die die Verantwortung den anderen gegenüber und die Pflicht zur Ehrlichkeit der Wirklichkeit gegenüber sind. Und auch wenn beide Dimensionen im Leben eines Menschen schon sehr früh, vor vielen anderen Wirklichkeiten gegeben sein können, fordert das Leben der Armen sie von uns mit großer Absolutheit, so wie dieses Leben ihnen auch umgekehrt eine große Effizienz verleiht. Darum ist ein ehrliches Begegnenwollen der Armen und die ehrliche Auseinandersetzung mit ihrer Situation der Anfang eigenen Menschwerdens.

Wer auf diese Art und Weise die Wahrheit der Wirklichkeit erkennt, fühlt sich auch unmittelbar aufgefordert, diese Wahrheit zu verteidigen. Die Forderung, das Leben der Armen zu verteidigen, ist nicht eine neben vielen Forderungen, die sich dem Menschen stellen, sondern sie ist die erste, grundlegendste und wesentlichste, ohne die alle anderen Forderungen ihren Sinn verlieren und mit der dieser Sinn voll zum Tragen kommt. Wie nun konkret dieser Forderung entsprochen wird, hängt von den Umständen ab und muß klug geprüft werden. Dabei ist die praktisch-ethische Dimension des menschlichen Lebens angesprochen. Wer jener Forderung aber positiv zu entsprechen vermag, wird dabei erfahren dürfen, wie er selber mehr Mensch wird.

Die Verteidigung des Armen ist aber auch, wie schon im Titel zu diesem Kapitel gesagt wurde, „Kampf". Es ist wichtig, darauf näher einzugehen, damit wir uns klarer ein Bild machen über das Leben und seine Verteidigung und damit wir besser die „Heiligkeit" dieses Lebens und seiner Verteidigung verstehen. Das Leben der Armen zu verteidigen heißt nicht nur, sie vor dem Tod zu bewahren, sondern sich auch aktiv gegen den Tod selbst zu wenden. Und das heißt Kampf, denn das Leben der Armen wird nicht durch rein natürliche Ursachen bedroht, sondern ihr Tod wird gewollt, und dies nicht nur infolge persönlicher Willensakte einzelner Menschen, die sich davon einen Vorteil versprechen, sondern vor allem infolge todbringender Strukturen, die durch eine lange Geschichte solcher Willensakte entstanden sind. In der Geschichte der Menschheit gibt es tatsächlich Gottheiten des Todes, die Opfer brauchen und diesen den Tod zufügen müssen, um selber leben zu können. Darum verpflichtet die Verteidigung des Lebens zu einer entschiedenen Wahl zwischen zwei unversöhnlichen Alternativen: Leben oder Tod. Wer das Recht auf Leben verteidigt, gerät daher automatisch mit den Mächten dieser Welt in Konflikt, die sich höchst aktiv gegen das Leben wenden.

Diese so elementare Gegebenheit, die uns so oft in der Geschichte der Menschheit bezeugt wird und die auch in der Bibel ganz zentral steht, hat zur Folge, daß, wer das Recht auf Leben verteidigt, damit auch das eigene Leben aufs Spiel setzt. Man wird vom eigenen Leben geben und vielleicht auch dieses eigene Leben selbst geben müssen. Hier stellt sich die Frage, inwieweit diese Verteidigung des Lebens etwas mit Heiligkeit zu tun hat. Subjektiv handelt es sich darum, ob man von sich aus oder von den anderen aus und für die anderen Mensch werden und sein will. Objektiv handelt es sich um die Alternative zwischen der Wirklichkeit als einer Wirklichkeit des Absurden, der falschen Hoffnungen und der makabren Forderungen und dieser Wirklichkeit als einer Verheißung trotz allem.

Viele wollen sie als eine Verheißung sehen, und daher kämpfen sie für das Leben der Armen und verteidigen es. Sie wissen, daß ihr eigenes Leben auf dem Spiel steht, aber sie sind bereit, es hinzugeben, und sie geben es auch hin, wenn dies gefordert wird. Auf diese Weise bestätigen sie in actu, daß die Wahrheit sowohl etwas vom Tremendum als auch vom Fascinosum enthält, das sie zur Hingabe ihrer selbst hinzieht und in dem sie Erfüllung und Heil finden. In der Verteidigung des Lebens der anderen finden sie selbst zum Leben und gerade, wenn sie es hingeben müssen, erreichen sie die Fülle des eigenen Lebens.

Eine solche „Dezentrierung", also ein solches Loslösen und ein solches Abstandnehmen vom eigenen Ich weg zum Leben der Armen hin, und das damit verbundene Finden des eigenen Lebens münden in einer eigenen subjektiven Erfahrung des Heiligen. Hier stoßen wir an die Grenzen unserer Fähigkeit, dies alles zu konzeptuell zu erfassen und zu verbalisieren. Die Worte mögen so unzureichend erscheinen. Die Theorien, die wissenschaftlich zu zeigen suchen, was der notwendige, aber dafür auch ausreichende und sichere Preis ist, um jener großen Mehrheit das Leben zu geben, sind wohl eher voluntaristisch als wissenschaftlich. Vielleicht bleibt uns hier nur noch die Sprache einer negativen Theo-logie oder Anthropo-logie, d.h., daß es besser ist, das eigene Leben für die Armen hinzugeben, als daß sie ihr Leben weiterhin hingeben, damit es uns materiell wohl ergeht, und daß man, wenn man zu dieser Hingabe des eigenen Lebens nicht bereit ist, dieses im Grunde schon vergeben hat, weil man seinen tiefsten Forderungen nicht entsprochen hat. Positiv würde man dies in den verschiedenen Richtungen des modernen Denkens und sicherlich auch in der Bibel in einem Wort zusammenfassen: Liebe. Das Leben der Armen zu verteidigen, das ist Liebe, und wenn man bereit ist, dies auf Kosten des eigenen Lebens zu tun, ist dies höchste, äußerste Liebe, in der sich wieder einmal wie schon so oft in der Geschichte der Menschheit jene intuitive Gewißheit bewahrheitet: Wer in der Liebe lebt, *lebt.*

2. Die Göttlichkeit des Kampfes um das Leben der Armen

In dieser kurzen Phänomenologie der Heiligkeit des Lebens der Armen und seiner Verteidigung haben wir uns bisher nicht ausdrücklich einer christlichen Sprache bedient. Und tatsächlich kann es diese Heiligkeit auch in einer ganz profanen Form geben, wenn sie nur dem entspricht, was Ernst Bloch so voller Hoffnung formuliert hat: Daß die Welt ein Heim werde für die Menschen.

Allerdings entspricht alles, was wir gesagt haben, voll dem, wovon auch das Alte und das Neue Testament reden, so wie dies alles auch zu manchen Zeiten der Kirchengeschichte, wie zum Beispiel in der Zeit, als im sechzehnten Jahrhundert die lateinamerikanischen Bischöfe sich für die Verteidigung der Indios engagierten, manchen Christen deutlich bewußt war und wie dies auch von einem großen Teil der heutigen Theologie und in vielen neueren Dokumenten des kirchlichen Lehramts bestätigt wird. Wir wollen hier darüber reflektieren, worin die Heiligkeit der Verteidigung des Lebens der Armen besteht. Um diese Verteidigung heilig zu nennen, reicht es nicht, daß sie dies vielleicht aufgrund einer bestimmten Lehre über Gott wäre, und auch reicht es nicht, daß sie den Forderungen Gottes entspricht – wenn dies auch ein sehr wichtiger Aspekt ist. Die Verteidigung der Armen ist vor allem deshalb heilig, weil sie uns der Wirklichkeit Gottes näher bringt und uns ihm ähnlich macht. Dies hat nichts Prometheisches an sich. Wir wollen nur, ausgehend von der Thematik der Menschenrechte, über das Thema der Vergöttlichung des Menschen reflektieren, oder, um es einfacher zu sagen, wir wollen nur darüber reflektieren, was es heißt, wenn Jesus sagt: „Seid barmherzig, wie es auch euer Vater ist" (Lk 6,36) oder „Ihr sollt also vollkommen sein, wie es auch euer himmlischer Vater ist" (Mt 5,48). Um dem entsprechen zu können, ist es sehr wichtig, auf den Willen Gottes zu hören, obwohl es vielleicht noch wichtiger und radikaler wäre, zu sehen, wie Gott selbst wirkt und handelt, denn damit würden wir zum höchsten hermeneutischen Prinzip der Interpretation seines Willens vordringen.

Nach der Offenbarung ist das Leben der Armen heilig, weil Gott dort bei ihnen ist. Ebenso macht die Nähe Jesu zu den Armen sie für uns einen Ort für die Begegnung mit Gott. Und damit uns in dieser Hinsicht überhaupt kein Zweifel bleibt, wird vom Menschensohn gesagt, daß er in den Hungernden und Durstigen, in den Nackten und Kranken, in den Fremden gegenwärtig ist. Noch radikaler wird gesagt, daß auf dem Kreuz Jesu Gott als Gerechter für die Sünder gestorben ist. Und im Laufe der Geschichte ist er infolge seiner Gegenwart in Jesus, dem Verteidiger der Hoffnung der Armen, den die Mächtigen töten ließen, in den Armen gegenwärtig, voll gegenwärtig. Und ist er dort auch nur verborgen in der Gestalt der vielen, so oft Gekreuzigten gegenwärtig, er ist da. Sicherlich ist er auch unter manchen anderen Formen unter uns anwesend: in der Eucharistie, in dem Gebet der Gemeinden, in ihren Hirten... Aber all diese Formen seiner Anwesenheit unter uns nimmt seiner Gegenwart in den Armen nicht ihren Wert. Im Gegenteil: Vom Standpunkt der Erlösung der Menschen aus betrachtet und der Frage, welche Antwort sie Gott geben, ist seine Gegenwart in den Armen am wichtigsten und am entscheidendsten.

Zudem ist Gott nach der Offenbarung der Verteidiger der Armen. Wenn er das Rufen der Unterdrückten hört, geht er aus sich heraus, er offenbart sich und entscheidet sich, sie zu befreien. Gott verteidigt das unterdrückte Volk und nennt es, wie es die Propheten bezeugen, „mein" Volk. In der Verkündigung Jesu kommt Gott mit seinem Reich auf die Armen zu. Dieses Zusammengehen von Gott und den Armen, vom bedrohten Leben der Armen und ihrer Verteidigung durch Gott nimmt in der Schrift einen wesentlichen Platz ein[35]. Dadurch wird der Tatsache, daß Gott ein Gott aller Menschen und die absolute Fülle des Lebens ist, kein Abbruch getan, aber jenes universale Dasein Gottes für alle setzt seine besondere Nähe zu den Armen, seine Konzentration sozusagen auf ihr Leben und ihre Not voraus, nicht umgekehrt. Dies wird uns auf allen Ebenen der Schrift deutlich, und damit an Deutlichkeit nichts mehr zu wünschen übrigbleibt, ist Gott selbst einer von ihnen geworden. Mehr hätte er nicht tun können. Daher ist auch der Wille, in diese Beziehung zwischen Gott und den Armen einzutreten, etwas Göttliches.

Auch Puebla hat dies alles auf wunderbare Weise zum Ausdruck gebracht. Dort heißt es von den Armen: „Geschaffen nach dem Bilde Gottes und ihm ähnlich ... ist dieses Ebenbild doch verdunkelt und wird verhöhnt. Daher übernimmt Gott ihren Schutz, und er liebt sie" (1142). So hat es auch Erzbischof Romero in pastoraler Absicht und mit prophetischer Kraft gesagt: „Für die Kirche ist nichts wichtiger als das Leben der Menschen und die Person des Menschen, vor allem die Person der Armen und Unterdrückten, denn diese sind nicht nur Menschen, sie sind auch göttlich“ (16.3.1980). Inmitten entfesselter Barbarei, inmitten der äußersten Armut und des Sterbens der Armen hat er, wiederum sehr prophetisch, die Beziehung zwischen Gott und den Armen betont: „Dieses Blut, dieses Sterben berührt das Herz von Gott selbst“ (16.3.1980).

Das Leben und die Verteidigung der Armen ist also ein wesentliches Element der Offenbarung und der Antwort Gottes auf diese Offenbarung. Als Thema der Offenbarung handelt es sich um ein Minimum oder ein Maximum, so wie man dies sehen will. Dieses Thema ist nicht die gesamte Offenbarung, aber es nimmt dort eine zentrale Stelle ein. Gehen wir zuerst darauf ein, warum es nicht die gesamte Offenbarung ist, zumal ja von bestimmter Seite die, die sich auf dem Weg der Solidarität mit den Armen engagieren, vor der drohenden Gefahr gewarnt werden, dies zu vergessen. Das Thema des Lebens und der Verteidigung der Armen ist auch schon für die Armen selbst nicht die gesamte Offenbarung, weil auch sie begrenzte Menschen und Sünder sind. Allerdings ist ihre Sünde eher eine Sünde der Schwäche, jener Sünde im Evangelium vergleichbar, der Jesus voller Erbarmen und Verständnis gegenübertritt und die er vergibt. Diese Sünde unterscheidet sich sehr klar von der fundamentalen Sünde der Unterdrückung. Und auch deshalb ist jenes Thema für die Armen nicht die gesamte Offenbarung, weil auch sie sich, wenn ihnen die Befreiung von der Armut einigermaßen gelingt, in kleine Unterdrücker verwandeln können und weil auf alle Fälle Gott will, daß sie das Leben in Fülle haben, d.h., daß sie also nicht von Brot allein leben, sondern auch von seinem Wort. Wir wollen hier also keineswegs a priori das Leben der Armen idealisieren, obwohl hier doch hinzuzufügen ist, daß es sehr viele Beispiele dafür gibt, daß sie bei all dem, was ihnen zum materiellen Leben fehlt, die besten Beispiele eines christlichen Geistes, des Glaubens und der Hoffnung, der Hingabe und der Stärke, der Versöhnung und der Vergebung sind[36].

Die Thematik der Armen deckt sich auch für ihre Verteidiger nicht mit der gesamten Offenbarung, denn wie dringend, wie nötig, wie gut und wie richtig diese Verteidigung auch ist, es sind konkrete Menschen, die sich in ihr engagieren. Auch bei ihnen kann sich die menschliche *Hybris* einschleichen. Die Verteidigung der Rechte der Armen muß im Geiste Jesu geschehen, im Geiste der Seligpreisungen, im Wissen um die Gnadenhaftigkeit auch des eigenen Engagements. Die Verteidigung des Lebens ist ja ein Kampf und pflegt als solcher auch immer negative Nebenprodukte hervorzubringen. Zudem hat das Leben auch andere Ebenen als die des reinen Überlebens bzw. der Kampf um das Überlebenkönnen der Armen. Auch hier wollen wir nicht à priori jene Verteidigung des Lebens der Armen idealisieren. Aber auch hier gibt es hervorragende Beispiele jener Fülle des christlichen Lebens im Glauben und in der Hoffnung, im Gebet und in der Liturgie — die ja in jenem Engagement angeblich zu kurz kommen[37]. Hier sollte klar sein, daß es der Wille Gottes ist und auch der Wirklichkeit seines Handelns entspricht, daß die Armen das Leben haben in einem Kontext, der es ihnen auch erlaubt, auf das Leben in seiner Fülle hinzuwachsen. Er will die Befreiung der Armen in einem Kontext, in dem es letztendlich zu einem echten Bund zwischen ihm und den Armen kommen wird und dieses Volk immer mehr ein Gottesvolk, jeder dem anderen ein Bruder und Gott der Vater aller sein wird.

All dies ist wahr und klar, aber dadurch wird auch jene andere Wahrheit nicht verdeckt, daß Gott sich angesichts der Bedrohung des Lebens der Armen zu ihrer Verteidigung und Befreiung aufmacht. Daran schmälert auch die Tatsache nichts, daß er sich nach und nach auch immer mehr als Vater und als die Fülle des Lebens offenbart. Der Tod der Schöpfung enthält ein Element des Absoluten, dem gegenüber auch die Antwort Gottes eine absolute Gültigkeit hat. Darüber hinaus entfaltet sich die gesamte Offenbarung in der Schrift von jener fundamentalen Gegebenheit der Solidarität Gottes mit seinem Volk und seines Auftretens zu dessen Verteidigung aus. Gott offenbart sich so immer mehr in seiner Fülle, aber dabei verleugnet er nicht jenen Urmoment der Solidarität und Verteidigung, sondern bleibt ihm treu.

Daher ist die Verteidigung des Lebens der Armen eine notwendige Voraussetzung zur Erfahrung des Gottes des Christentums, und sie ist auch die Grundlage dafür, daß diese Erfahrung sich immer voller entfalten kann, vorausgesetzt, daß die Treue, die sie anfangs ermöglichte, nicht verlorengeht. Daher ist die Verteidigung des Lebens der Armen auch eine Mystagogie in das Geheimnis Gottes. Wer voller Erbarmen, in einem Geist der Wahrheit und der Prophetie, der Solidarität und der Verantwortung, mit Hingabe und voller Hoffnung das Leben der anderen verteidigt, tut nichts anders, als in der Geschichte des eigenen Lebens das, was Gott selbst getan hat, wieder aufzugreifen: sein Erbarmen und seine Zärtlichkeit, seine Wahrheit und seine Liebe, seine eigene Hingabe auf dem Kreuz Jesu. Wenn ein solcher Christ Gott als den Gott des Lebens und der Befreiung verkündigt[38], dann tut er dies nicht abstrakt, losgelöst von der Geschichte oder auf der Grundlage irgendeiner Lehre, sondern er tut dies aus der Geschichte Gottes mit der Menschheit selbst heraus.

Infolge seines Engagements und der dadurch hervorgerufenen Gottähnlichkeit begegnet ein solcher Christ Gott selbst und seinem Heilswirken in unserer Welt: Er steht nun vor Gott selbst. Dieser in den Armen gekreuzigte Gott ist es, der ihn letztendlich zur Bekehrung aufruft, sowohl zu jener ersten Bekehrung, bei der er auf radikal neue Weise die Dinge zu sehen und zu handeln anfängt, als auch zu den darauffolgenden Bekehrungen, so wie sie von der Verteidigung des Lebens immer neu gefordert werden. Der Gott, der in den Armen anwesend ist, erscheint ihm als eine Gnade und eine Gabe, die in sich die Endgültigkeit der Gabe des Lebens selbst birgt und die ihn dazu befähigt, in Dankbarkeit das Leben zu verteidigen und so selbst zum Leben zu finden.

Vor diesem Gott stehend, wird der Mensch auch mit jenen großen Urfragen nach sich selbst, nach dem Leben und nach Gott konfrontiert. Diese Fragen gehen ihm immer neu durch den Kopf und finden auch eine Antwort im Gebet und in der Liturgie, in der Einsamkeit des Herzens und in der Objektivität der Geschichte. Es stellt sich die große Frage nach der Zukunft und nach der Hoffnung. Wenn dann eine Frage wie die folgende gestellt wird, haftet dieser nichts Naives oder Einfältiges an: „Seit einiger Zeit erfahre ich das Verschwinden ganzer Völker aus unserer Geschichte (gemeint sind die Indiostämme des Amazonasgebietes, der Übers.) als ein absurdes Geheimnis historischer Ungerechtigkeit, die meinen Glauben in Niedergeschlagenheit verwandelt. Herr, warum hast du sie verlassen?“ (Pedro Casdaldáliga). Und dennoch vermag das Leben der Armen Hoffnung zu wecken, denn sie führen uns zum Glauben an den Gott der Utopie und der Auferstehung, an jenen Gott, von dem Bischof Romero sagte: Die Herrlichkeit Gottes ist der Arme, der zu leben anfängt. Gerade durch die Verteidigung des Lebens der Armen wird die Hoffnung auf Gott und auf die Erfüllung am Ende bewahrt und gestärkt.

Wer für das Leben kämpft, begegnet Gott in der Geschichte seines Lebens und entdeckt dabei auch sich selbst, wie er vor diesem Gott steht. Daher ist es berechtigt, von der *Göttlichkeit* des Kampfes um die Menschenrechte zu reden. Diese zeigt sich aber nicht von selbst. Sie zeigt sich nicht dadurch, daß man irgendeine Lehre über die Menschenrechte einerseits und eine andere über Gott aufeinander bezieht oder daß man von einem übergeordneten Standpunkt aus die Übereinstimmung beider Lehren zu zeigen sucht. Der Kampf um die Menschenrechte erweist sich dann als ein göttlicher Kampf, wenn man sich konkret in ihm engagiert und wenn im Mittelpunkt der Menschenrechte, die man zu verteidigen sucht, und des Kampfes selbst das Leben der Armen steht. Daher ist es auch nicht verwunderlich, daß infolge eines solchen Engagements zur Verteidigung des Lebens der Glaube mancher gestärkt und auch wieder ausdrücklicher ein christlicher Glaube geworden ist, während bei anderen, die selbst nicht aus einem christlichen Kontext kamen, die Frage nach Gott sich auf alle Fälle neu und mit neuer Kraft gestellt hat und nicht selten von ihnen auch positiv bejaht worden ist. Der Grund dafür ist nicht, daß sie im Kampf um die Verteidigung des Lebens auch etwa auf neue Konzepte und Theorien gestoßen sind, die es ihnen intellektuell leichter machen, die Existenz Gottes zu akzeptieren, sondern in der Wirklichkeit jenes Kampfes selbst lassen sich die Wahrheit des Menschen und die Wahrheit Gottes besser erfahren.

So betrachtet kann man den Kampf um die Menschenrechte zu Recht göttlich nennen. Und dies — man erlaube uns, dies am Ende dieses Kapitels kurz zu sagen — ist sowohl für die Kirche als für das Leben in der Kirche richtig. Daß die Kirche um die Menschenrechte kämpfen muß, bedarf keines weiteren Beweises. Aber über alles Gesagte hinaus ist es auch für den Glauben der Kirche wesentlich und wichtig, daß sie das tut, sowohl im Hinblick auf ihre eigene Identität als Kirche, als auch im Hinblick auf ihre Relevanz in der Geschichte der Menschheit. Es reicht nicht, daß die Kirche eine Lehre von den Menschenrechten hat oder über sie predigt, wobei es allerdings noch gefährlicher wäre, wenn sie sich auf die reine Orthodoxie beschränken und so die Gewissen angesichts des Fehlens einer eigenen kirchlichen Praxis der Menschenrechte beruhigen würde. Es reicht nicht, wenn die Kirche ihre eigenen „Menschenrechte“ (das Recht auf Erziehung, das Recht auf freie Meinungsäußerung in der Gesellschaft usw.) einfordert, auch wenn sie dies darf und soll. Streng genommen reicht es auch nicht, wenn die Christen ihre Rechte der Kirchenleitung gegenüber einfordern, auch wenn dies ganz dem Geist des Zweiten Vatikanums entsprechen würde und dringend und notwendig ist und auch wenn die Kirche nur dann die Menschenrechte überzeugend und glaubwürdig nach außen vertreten kann, wenn sie sie im Inneren selbst verwirklicht.

Will die Kirche sich den Kampf um die Menschenrechte zu eigen machen, darf sie die theologischen Wurzeln dieses Kampfes nicht aus den Augen verlieren. Danach ist dieser Kampf an erster Stelle ein Kampf um die Rechte der anderen und dabei vor allem um die Rechte jener anderen, die die Privilegierten Gottes sind, die Armen dieser Welt. Wenn die Kirche dementsprechend handelt, wird auch ihre Lehre über die Menschenrechte eine Hilfe sein können für die, die sich engagieren wollen bzw. denen sie ihr Wort zu sprechen sucht, und dann wird sie auch glaubwürdig ihre eigenen Menschenrechte einfordern können. Dann werden die, die in der Kirche um ihre eigenen Rechte kämpfen, dies nicht an erster Stelle nur im Hinblick auf ihre eigenen Interessen tun, sondern um so besser der Welt der Armen dienen zu können und damit die Kirche als solche glaubwürdiger für die Menschenrechte eintreten kann, die ja dann in ihrem eigenen Schoß schon Wirklichkeit sein werden. Auf diese Weise werden sich der Kampf um die Menschenrechte und die Verteidigung des Lebens der Armen in ein Sakrament des Heiles für die Menschen unserer Zeit verwandeln.

Zweiter Teil

Dimensionen der Spiritualität

VI

Die Bedeutung des von Jesus verkündigten Gottesreiches heute[39]

Heute ist zur Genüge bekannt, daß Jesus nicht sich selbst, sondern das Gottesreich verkündet hat. Diese zentrale Stellung, die das Gottesreich in der Verkündigung und in der Tätigkeit Jesu eingenommen hat, bekommt in den letzten Jahren eine immer zunehmende und entscheidendere Bedeutung für den Glauben und die Praxis vieler Christen und auch für die Theologie.

In diesem Kapitel wollen wir den vielen Studien darüber, was das Reich Gottes für Jesus bedeutete, nicht eine weitere hinzufügen, sondern wir wollen nur darüber reflektieren, welche Relevanz das von Jesus verkündete Gottesreich für den Glauben und die Praxis der Christen heute hat. Wir setzen hier die folgenden Tatsachen als bekannt voraus: Jesus hat das Kommen dieses Gottesreiches verkündet und zudem anfangs auch geglaubt, daß es unmittelbar bevorstand; er hat nirgendwo definiert, worin das Gottesreich besteht, sondern hat in Gleichnissen über dieses Reich geredet. Daraus geht hervor, daß dieses Gottesreich utopischen Inhalts ist, wie es übrigens schon zuvor durch die Propheten und die verschiedenen apokalyptischen Schriften beschrieben worden ist. Allerdings beinhaltet diese Utopie nach der Darstellung Jesu auch die Erneuerung der Menschen sowie der Beziehungen der Menschen untereinander und zu Gott. Diese Utopie wurde vor allem oder auch einzig und allein den Armen verkündet. Zudem hat Jesus nicht nur über das Gottesreich geredet, sondern er hat sich in seiner gesamten Tätigkeit sehr konkret für dieses Reich engagiert, und er hat auch seinen Zuhörern die Forderungen des Reiches deutlich gemacht. Dieser Dienst am Gottesreich hat bald den Konflikt mit den Mächtigen ausgelöst, und dies hat letztendlich zu der Verfolgung und zum Tod Jesu geführt.

Diese Grunddaten über das, was das Reich Gottes für Jesus selbst bedeutet haben mag, vorausgesetzt, wollen wir uns hier fragen, welche Bedeutung für das christliche Leben heute die

Tatsache hat, daß Jesus damals das Gottesreich verkündet und sein Leben in seinen Dienst gestellt hat und es so schon möglich war, einige wichtige Elemente der Utopie des Reiches zu erkennen. Damit es deutlich wird, worum es hier geht, möchten wir hier folgende, nur scheinbar rhetorische Fragen stellen: Wäre unser Glaube an Jesus, von dem wir nach wie vor glauben würden, daß er Gottes Sohn ist, derselbe, hätte er das Gottesreich nicht verkündigt? Wäre unser christliches Leben, wären unser Glaube, unsere Hoffnung und unsere Liebe dieselben, wenn sie sich nur auf „Gott" und nicht auch auf das „Gottesreich" bezögen? Oder, um es in der theoretischeren Sprache der Theologie zu formulieren: Wäre es möglich, daß die Verkündigung des Gottesreiches ein zwar historisch gesichertes Element des Lebens Jesu ist, das aber vielleicht nur damals seine Bedeutung gehabt hat und das, nachdem die Gläubigen sich zu Jesus als dem Christus bekennen, an Gott als den dreieinigen Gott glauben und die Auferstehung als die Utopie des Glaubens erhoffen, für diesen Glauben eigentlich nicht mehr notwendig ist?

Ich meine, daß die Antwort auf all diese Fragen ein eindeutiges Nein ist. Ohne das Reich Gottes wäre der Glaube nicht derselbe, und er wäre auch kein christlicher Glaube mehr, wenn für ihn die Verkündigung des Gottesreiches durch Jesus sowie das gesamte konkrete Wirken Jesu auf dieses Reich hin keine Bedeutung mehr hätten. Diese Problematik hat sich übrigens schon am Anfang der Kirchengeschichte gestellt, und sie ist dadurch gelöst worden, daß der Christus des Glaubens mit dem konkreten historischen Jesus und der Auferstandene mit dem Gekreuzigten identifiziert wurde und daß die Evangelien, in denen Jesus und das Gottesreich doch sehr zentral stehen, geschrieben wurden und die Kirche sie als ihre Schrift anerkannte.

Theoretisch könnte man sagen, daß all diese Fragen schon längst entschieden sind. Man sollte sich hier aber eines vor Augen halten: Seitdem die Christen sich, sagen wir etwa in den letzten zwanzig Jahren, die Frohbotschaft des Gottesreiches wirklich neu angeeignet haben, ist ihr Glaube nicht mehr derselbe. Es ist ein neuer, kreativer Glaube, der dem Evangelium offensichtlich näher steht und letztendlich auch christlicher ist. Und auch wenn man theoretisch darüber streiten könnte, was „christlicher" ist und was nicht, auf der Ebene der Praxis kann man nicht leugnen, daß die

Christen sich mehr als Christen fühlen, weil sie grundlegende Werte des Glaubens neu entdeckt haben und weil für sie die traditionellen Inhalte des Glaubens, die sie schon immer kannten, einen tieferen, christlicheren Sinn bekommen haben. Wie auch immer, wer heute das Leben der Kirche beobachtet, kann nicht leugnen, daß die Christen Jesus ähnlicher geworden sind.

Konkret läßt sich auch nicht leugnen, daß, wenn der christliche Glaube auf das Gottesreich ausgerichtet wird, der Glaube und das christliche Leben an Kraft gewinnen und sich ihnen neue Möglichkeiten erschließen. Warum wir hier daran erinnern? Erstens, weil es nicht leicht ist, den Glauben dauerhaft auf das Gottesreich auszurichten. So ist es für die Kirche weder auf der Ebene ihrer Theorie (Theologie) noch auf der ihrer Praxis leicht, an der Absolutheit und dem Primat des Gottesreiches auch der Kirche gegenüber festzuhalten, denn dadurch wird sie selbst relativiert. Es liegt so auch ein Maßstab für die Kritik an der Kirche vor, auch wenn zugleich dieses Gottesreich eine Ermutigung für die Kirche bedeuten und ihr auch zeigen müßte, wie sie ihre Sendung getreu erfüllen kann. Durch das Gottesreich wird die zwar verständliche, aber leider sehr reale Tendenz der Kirche, sich selbst absolut zu setzen, entlarvt. Wie ungern bestimmte Teile der Kirche dies haben, könnte man an den verschiedenen Versuchen ablesen, die mit dem Zweiten Vatikanum, Puebla und Medellín eingeleiteten Neuentwicklungen abzubremsen und rückgängig zu machen. Zudem fordert das Gottesreich von der Kirche eine Praxis, die zu ernsthaften Konflikten und gar zur Verfolgung führt. Diese Möglichkeit aber ruft in der Kirche nicht selten eine lähmende Angst hervor, oder sie zieht es so oder so vor, ihrem Selbsterhaltungstrieb zu folgen.

Zweitens möchten wir an jenes Potential, das das Gottesreich für den Glauben und das christliche Leben erschließt, erinnern, weil dies uns hilft, einige theoretische Fragen, die aber bedeutende praktische Konsequenzen haben, zu klären. Dem wollen wir den Rest dieses Kapitels widmen, wobei wir uns auf drei Fragen konzentrieren wollen: 1. Es wird behauptet, daß das Gottesreich kein spezifisches Element des jüdisch-christlichen Glaubens ist, sondern zum utopischen Erbe der gesamten Menschheit gehört. Das heißt, daß wir analysieren müssen, welche Bedeutung jene nichtspezifische, allgemein menschliche Dimension des Gottesreiches hat. 2. Es wird auch gesagt, daß die Hoffnung die richtige Antwort auf das Gottesreich als das utopische Ideal einer mit Gott versöhnten Menschheit ist. Wir müssen daher analysieren, wie sich die Hoffnung zum Glauben und zur Praxis der christlichen Liebe verhält. 3. Zudem wird gesagt, und in diesem Fall mit noch mehr Recht, daß die christliche Spiritualität auf der Nachfolge Jesu und der Beziehung zwischen Jesus und seinem Vater beruht. Wir müssen daher prüfen, was das Gottesreich von einer christlichen Spiritualität fordert und was es selbst zu dieser Spiritualität beiträgt.

1. Das Gottesreich und das Menschsein des Menschen

Zu Recht ist gesagt worden, daß das Gottesreich als symbolischer Ausdruck einer Utopie kein spezifisch biblisches Element und also auch kein origineller Beitrag Jesu ist. Das stimmt, wichtiger aber ist die Schlußfolgerung, die daraus für unseren Glauben abgeleitet werden muß. Es ist zwar eine sehr wichtige und bleibende Aufgabe, nach den spezifischen Elementen des christlichen Glaubens zu suchen und an ihnen festzuhalten. Es wäre aber ein Irrtum zu meinen, daß der gesamte Glaube nur aus solchen spezifischen Elementen bestünde und daß es nur auf dem Weg der Frage nach seiner Spezifizität möglich wäre, seine Wahrheit zu erkennen. Zudem birgt ein zu stark vorangetriebenes und exklusives Fragen nach dem Spezifischen ernsthafte Gefahren in sich. Eine dieser Gefahren ist, daß man so auf sehr subtile Weise die Verankerung, „Inkarnation", der Christen in unserer menschlichen Geschichte nicht mehr wahrhaben will und ihnen so abspricht, daß „Freude und Hoffnung, Trauer und Angst der Menschen heute" auch ihre eigenen sein könnten. Der erste logische Schritt einer christlichen Existenz ist doch nach wie vor ihre Inkarnation in der konkreten Geschichte der Menschen. Diese Inkarnation muß immer neu gesucht werden und darf nie als gesichert gelten, zumal sie sich in der Praxis oft als sehr schwierig darstellt. Gerade diese Ähnlichkeit zwischen dem Gottesreich und anderen Hoffnungssymbolen der Menschheit ist sehr wertvoll, denn sie hindert die Christen, den Glauben und die Kirche daran, sich der konkreten Menschheit mit ihren Hoffnungen und

Problemen zu entziehen. Die Suche nach dem Gottesreich ist so eine der möglichen, allerdings auch eine der effizientesten Formen, in denen sich zeigt, daß die Christen sich nicht der Geschichte entziehen, sondern daß sie darüber hinaus diese Geschichte auch bejahen und sie mitzugestalten suchen.

Das utopische Symbol des Gottesreiches ist zudem eine gewisse Konkretisierung davon, wie die Menschen die Geschichte und in der Geschichte die Utopie erfahren: In der Geschichte existiert das Böse, und dies existiert trotz aller Versuche der Menschen, es zu besiegen, weiter. Dennoch hoffen die Menschen weiterhin, daß es ein Heil gibt. In der biblischen Tradition und auch von Jesus wird ausreichend gesagt, worin diese Utopie besteht, wenn dies — wiederholen wir es hier — auch dort nicht auf so spezifische Weise geschah, wie manchmal angenommen worden ist. Erstens ist das Böse, von dem der Mensch hofft, daß er es besiegen kann — was überhaupt die Utopie hat entstehen lassen —, nicht etwas Natürliches, wie es übrigens auch der Tod des Menschen als sein heutiges natürliches Schicksal nicht an sich ist: das Böse ist eine geschichtliche Wirklichkeit, die auf den Willen des Menschen zurückgeht. Zweitens ist dieses geschichtlich gewordene Böse grundsätzliches Unrecht, das sich in jenen ungerechten Strukturen niedergeschlagen hat, die das Leben der Armen bestimmen, und in der Unterdrückung von Menschen durch Menschen. Daher heißt Reich Gottes auch Sieg der Gerechtigkeit Gottes und Praxis der Gerechtigkeit. Drittens ist die Utopie dieses Reiches vor allem von den Armen aus entwickelt worden, und sie bezieht sich dann auch vor allem auf die Armen, obwohl das Reich in seiner Fülle durchaus für alle bestimmt ist. Seit den ersten Ursprüngen dieser Utopie galt der gerechte König, den man erhoffte, als gerecht, weil man meinte, daß er sich sehr parteilich für die Armen und Hilflosen einsetzen würde.

Diese einfachen Bemerkungen zeigen, wie wichtig es auch heute ist, die Verkündigung des Gottesreiches durch Jesus als einen zentralen Inhalt des christlichen Glaubens zu sehen. Auch wenn Jesus nirgendwo genau sagt, worin dieses Gottesreich besteht, und auch wenn die Evangelien diesbezüglich auf verschiedene Traditionen zurückgreifen — auf die prophetische, in der es mehr als ein Sieg der Gerechtigkeit innerhalb der Geschichte verstanden wird, und auf die apokalyptische, die diesen Sieg ans Ende der Welt verlegt und ihn so eschatologisch interpretiert —, auch wenn Jesus selbst zusätzlich auch noch Elemente der verschiedenen Weisheitstraditionen integriert, ist eines hier sehr klar, und das ist zudem noch immer auch für uns sehr wichtig: Jesus trägt dem Menschen eine Utopie vor, die vor allem den Armen gute Nachricht ist. Auf diese Weise bezieht sich seine Botschaft sehr konkret auf das Leben der Menschen, und er selbst erscheint als ein „wahrer" Mensch, auch wenn beide Wahrheiten — die des Reiches und die in bezug auf seine Person — nachher vertieft und konkretisiert werden sollten und so durchaus einen spezifischen christlichen Inhalt bekamen.

Zweierlei läßt sich hieraus für die heutige Bedeutung der Verkündigung des Gottesreiches durch Jesus ablesen. Zuerst in bezug auf die Frage, welches das wichtigste Problem heute ist. Die Antwort hierauf kann auf verschiedene Art und Weise formuliert werden, aber auf alle Fälle geht es vom Standpunkt des Reiches aus darum, daß die Menschen leben, oder genauer, zu leben anfangen können. Hinter einer Terminologie, die zu einem großen Teil den Propheten und den apokalyptischen Schriften entnommen ist, handelt es sich also um die Problematik der Gerechtigkeit: um die Frage, was getan werden kann, damit die großen Opfer der Geschichte, die Marginalisierten und Unterdrückten dies nicht länger sind. Das ist nicht ein Problem unter anderen, sondern es ist das Grundproblem der Menschheitsgeschichte. Auch noch heute ist dieses Problem das große Problem, das sich aus der Wirklichkeit selbst aufdrängt und nicht zum Schweigen gebracht werden kann. Man kann sich ihm im Grunde nur mit der Methode der negativen Theologie annähern und es so als ein absolutes Nichtseinmüssen betrachten. Ist dieses Problem gelöst, werden zwar nicht alle anderen Probleme der Menschen im allgemeinen und der Gläubigen im besonderen gelöst sein, aber ohne die Lösung dieses Problems wird man auch die anderen nicht auf menschlich und christlich befriedigende Weise lösen können.

Eine zweite Schlußfolgerung ist, daß es nicht möglich sein wird, Gott zu verstehen, ohne sich auch auf sein Reich zu beziehen, und daß es dazu nicht reicht zu fragen, wie Gott sein Reich verwirklicht, ob als reine Gnade oder mit der Mitarbeit der Menschen, sondern daß man auch nach dem Inhalt dieses Reiches fragen muß. Nun ist es in einer säkularisierten Umwelt zwar möglich, vom Reich zu reden, ohne sich dabei auf Gott zu beziehen. Aber wenn man in einer religiösen Sprache auszudrükken sucht, was das Reich ist, sagt man nicht nur etwas über die Menschheit, sondern auch über Gott. Zu sagen, daß Gott ein Gott des Reiches ist, heißt, daß seine Wirklichkeit nicht nur durch sogenannte „Vermittler" unter uns gegenwärtig ist, d.h. durch erneuerte, neue Menschen, deren Heiligkeit etwas von der Heiligkeit und der Wirklichkeit Gottes widerspiegelt, sondern auch durch „Vermittlungen", d.h. durch neue historische Situationen, in denen die Menschen konkret erfahren können, was Brüderlichkeit und Gerechtigkeit sind. So zeigt sich Gott als der Gott des Reiches auch als der Gott des Lebens, der Gott der Befreiung derer, die unterdrückt sind, als der Gott der Armen, und dies ist zu wichtig, als daß wir es vergessen.

Allerdings ist dies nicht der gesamte christliche Glaube an Gott. In der Verkündigung Jesu erscheint uns Gott auch als der, der den Menschen von der Sünde, von seiner Begierlichkeit und von sich selbst befreit als ein Vater, mit dem man eine innige persönliche Beziehung eingehen kann. Aber ohne die Wirklichkeit des Reiches kann man der Wirklichkeit Gottes in Jesus nicht gerecht werden. Sieht man die Geschichte als eine Geschichte des Unrechts und Gott als einen Gott des Rechts, dann ist dies zwar nicht der ganze christliche Glaube und es wären noch manche anderen Punkte zu betrachten, damit dieser befriedigend dargestellt würde. Aber umgekehrt wäre der Glaube auch kein Glaube ohne eine solche Sicht der Wirklichkeit der Geschichte und der Wirklichkeit Gottes. So ist es einfach eine christliche Notwendigkeit, für alle das Leben in seiner Fülle, die Verwirklichung der Gerechtigkeit und der Liebe und schließlich die eschatologische und transzendente Erfüllung zu suchen. Und um diese Aufgabe auf wirklich christliche Weise bewältigen zu können, reicht ein überstürztes Beschwören mit einigen dogmatischen oder voluntaristischen Formeln, das sich die Zeit für eine wirkliche Auseinandersetzung nicht nehmen will, nicht.

Wie schwer es ist, diesen Grundwahrheiten treu zu bleiben, zeigt die Entwicklung der letzten Jahre. Es ist für die allgemeine Kirche schwer, an ihrer Entscheidung vom Zweiten Vatikanum, eine dienende Kirche zu sein, festzuhalten, so wie es für die lateinamerikanische Kirche schwer ist, sich Medellín entsprechend konsequent und beharrlich für die Befreiung zu engagieren und sich nach Puebla konsequent vor allem den Armen zuzuwenden, so wie es zum Beispiel auch für den Jesuitenorden nicht leicht ist, den Glauben fest zu verteidigen und die Gerechtigkeit zu fördern, wie auf der letzten Generalversammlung beschlossen wurde. Das von Jesus verkündete Gottesreich erinnert uns immer kritisch und neu an jene Grundwahrheiten und warnt uns davor, allzu schnell zu denken, wir hätten getan, was der Glaube von uns erfordert. Es besagt uns letztendlich, daß jeder Christ vor allem anderen ein konkreter Mensch ist, der mitten in der konkreten Geschichte der Menschheit lebt und dort mit der uralten Problematik einer skandalösen Ungerechtigkeit konfrontiert wird, und daß es daher für ihn unmöglich ist, weit von dieser Geschichte und ihren Problemen entfernt, Christ sein zu wollen. Von der Verkündigung des Gottesreiches lernen wir also, daß der Ort, an dem wir die Wahrheit der Geschichte und die über Gott entdecken können, gerade das „Unten" dieser Geschichte ist, also genau jener Ort, an dem angesichts des dort vorherrschenden Elends immer neu die Utopie des Reiches entstanden ist. Und weiter lernen wir, daß Gott, die Religion, der Glaube, die Kirche notwendigerweise auch, wollen sie nicht ihre Wahrheit und ihre Glaubwürdigkeit verlieren, mit dem Leben und dem Tod der Menschen zu tun haben. Auch wenn es sich sehr einfach anhören mag: Die Bedeutung der Gottesreichverkündigung in der Gegenwart liegt darin, daß die Christen sich wieder mit der Geschichte versöhnt haben, daß sie nun wieder deutlicher um ihr Menschsein wie alle anderen Menschen wissen und daß sie ihren eigenen Beitrag zum Wohle dieser Menschheit nicht von außerhalb der Geschichte und der Menschheit, sondern von innerhalb leisten können, dürfen und müssen. Damit verbindet sich zudem die Freude, sich selbst voll als Mensch zu fühlen, und nichts von diesem Menschsein aufgeben zu müssen, um Christ sein zu können.

2. *Das Reich Gottes und die theologale Anthropologie: Glaube, Hoffnung und Liebe*

Zu sagen, daß das Gottesreich eine Utopie ist, heißt, daß es eine entsprechende Wirklichkeit in der Geschichte nicht oder wenigstens nicht voll gegeben hat. Und auch wo es zum Teil Wirklichkeit geworden sein mag, ist diese Verwirklichung immer bedroht. Das Ideal des Gottesreiches schließt daher auch immer eine gewisse Beziehung zur Zukunft mit ein. Hier wollen wir dementsprechend fragen, ob und wie die Verkündigung des Gottesreiches die Beziehung der Gläubigen zur Utopie prägt.

Sowohl das utopische Konzept eines Gottesreiches als die konkrete Tätigkeit Jesu setzen voraus, daß die Zukunft keine unsichere und unbestimmte Zukunft ist, in der Heil und Verdammung, Leben und Tod noch gleichermaßen möglich sind. Zwar stellt sich die Zukunft dar als das, was noch nicht ist, aber, daran wird kein Zweifel gelassen, sie wird Heil und Erfüllung schenken. Infolgedessen muß der Mensch, um der Utopie des Gottesreiches zu entsprechen, sich voller Vertrauen dieser Zukunft öffnen.

Ein solches vertrauensvolles Sichöffnen der Zukunft gegenüber setzt die *Hoffnung* voraus, die ja gerade die formelle und konkrete Gestalt eines positiven Sichbeziehens auf die Zukunft ist. Sie setzt aber auch den entschiedenen *Glauben* voraus, daß die Wirklichkeit letztendlich einen positiven Urgrund hat und das Heil daher eine reelle Möglichkeit der Geschichte ist. Damit wiederholen wir Bekanntes. Es ist aber dennoch nicht überflüssig, dies hier zu tun, denn all diese Aussagen haben für die Erarbeitung einer theologalen Anthropologie wesentliche Bedeutung. Der konkreten Wirklichkeit gegenüber sind verschiedene Reaktionen möglich: Resignation, Skepsis, Zynismus, Bitterkeit und ein Verfluchen dieser Wirklichkeit einerseits, andererseits ein naiver oder ein angeblich oder tatsächlich wissenschaftlich untermauerter Optimismus, ein blinder Glaube an den Fortschritt usw., und schließlich, zwischen beiden Positionen das gesamte Spektrum der verschiedenen Epikureismen, die empfehlen, das Leben zu genießen, wo es sich genießen läßt. Das Gottesreich schließt die letzte Möglichkeit aus, aber genausosehr auch die erste, und es fordert daher von uns die Hoffnung. Es kommt eher der zweiten Möglichkeit nahe, aber nicht ohne diese entschieden abzuwandeln, indem es uns sagt, daß

Gott der positive Urgrund der Wirklichkeit ist. Jesus sagt dies in religiöser Form: Die letzte Grundlage der Wirklichkeit ist Gottes Güte, oder genauer noch, die Güte eines Vaters, die in uns Vertrauen wecken müßte. Dieser Vater bleibt aber Gott. Man darf ihn also nicht manipulieren wollen, er ist in sich unerreichbar und kann auf nichts reduziert werden. Er entzieht sich allen menschlichen Berechnungen und der Trägheit der Geschichte. Das einzig mögliche Verhalten dem Gottesreich gegenüber sind daher Glaube und Hoffnung.

Zudem aber — und dieses „zudem" ist äußerst wichtig, wollen wir wissen, was für eine Utopie Jesus gepredigt hat und was diese für uns heute bedeutet — fordert das Gottesreich eine wesentliche Veränderung im Menschen, die vor allem in einer *neuen Praxis der Liebe* zum Ausdruck kommt. Eine rein konzeptuelle „Idee" der Hoffnung enthält keinen konkreten, weder positiven noch negativen, Bezug zu irgendeiner Veränderung im Hoffenden außer vielleicht den abstrakten Übergang vom Nichthoffen zum Hoffen. So wäre es durchaus möglich, daß die Hoffnung sich auf reine Passivität oder auf eine rein innerliche Haltung beschränkt, ohne irgendwelche Beziehung zu dem, was das Gottesreich an geschichtlicher Konkretheit fordert. Aber eine solche rein innerliche und womöglich auch noch passive Hoffnung ist nicht die Hoffnung, die das von Jesus verkündigte Gottesreich von uns fordert und in uns hervorruft.

Hier ist es eine sehr wesentliche Gegebenheit, daß Jesus sich auch mit seinem gesamten Tun in den Dienst des kommenden Gottesreiches gestellt hat und daß er angesichts dieses Kommens radikale Veränderungen im Leben seiner Zuhörer gefordert hat. Was Jesus selbst betrifft, so sollten wir hier zuerst an seiner Tätigkeit der Verkündigung des Gottesreiches selbst erinnern, denn dieses Ankündigen war schon in sich selbst eine wichtige Tätigkeit im Dienst des Reiches, und sie wäre, wenigstens logisch betrachtet, überflüssig gewesen, wenn die Gottesreichverkündigung Jesu auf das Kommen des Reiches überhaupt keinen Einfluß gehabt hätte. Darüber hinaus hat Jesus, auch wenn er nie definiert hat, was das Gottesreich in sich ist, durch seine Gleichnisse wesentliche Elemente des Reiches zu erläutern versucht. Noch wichtiger ist es, daß Jesus sich nicht nur in Worten, sondern auch in Taten für dieses Reich eingesetzt hat. Er wirkte Wunder, trieb die Dämonen aus, aß mit Sündern und anderen, die von der Gesellschaft ausgestoßen waren, um in einer zwar auch symbolischen, letztendlich aber doch sehr wirklichen Form wenigstens etwas vom Gottesreich konkret gegenwärtig und spürbar werden zu lassen. Mehr noch: Manchmal war die Tätigkeit Jesu auch eine formell vom Reich bestimmte Praxis, die unmittelbar den Sieg der Gerechtigkeit über das Unrecht anstrebte. Wichtig ist hier nicht die Frage, ob Jesus auch um die strukturellen Ursachen und Formen des Unrechts sowie über eventuelle Möglichkeiten, diese zu beseitigen, wußte, oder ob er damals mit seinem Kampf gegen das Unrecht viel oder wenig Erfolg gehabt hat. Wichtig ist hier die Feststellung, daß seine aktive Verteidigung der Armen und seine Anklage und Entlarvung des Tuns der Mächtigen nichts anderes als eine konkrete gesellschaftliche Praxis im Hinblick auf eine Veränderung der Gesellschaft auf die Utopie des Gottesreiches hin waren. Unabhängig von dem reflektierenden Erkennen und dem subjektiven Wollen Jesu zeigen uns die von seiner Praxis ausgelösten Konflikte mit den Inhabern gesellschaftlicher, politischer, wirtschaftlicher und religiöser Macht, daß seine Tätigkeit auch objektiv eine Praxis war, die die Gesellschaft seiner Zeit veränderte, und daß er dabei von seinem Ideal des Reiches geleitet wurde. Wenigstens für Jesus selbst war das Gottesreich mehr als nur ein utopisches Symbol der Hoffnung: Es war auch eine Utopie, zu deren Verwirklichung etwas — oder sagen wir es genauer: alles — getan werden mußte.

Etwas Ähnliches läßt sich auch von seinen Zuhörern sagen. Angesichts des Kommens des Gottesreiches stellte Jesus immer Forderungen an seine Zuhörer, obwohl theoretisch oft im unklaren bleibt, ob er dies wegen einer schon gegebenen Gegenwärtigkeit des Reiches oder damit es gegenwärtig werde, forderte. Von all seinen Zuhörern forderte er eine innere Bekehrung. Dabei forderte er von jener großen Mehrheit der Armen und Unterdrückten, daß ihre Bekehrung gerade auch eine Bekehrung zur Hoffnung war, daß sie also bereit waren zu glauben, daß Gottes Möglichkeiten größer sind als ihre eigenen Möglichkeiten und als alles, was sie aufgrund ihrer jahrhundertealten Erfahrung der Unterdrückung und des Leidens für möglich hielten. Diese Hoffnung birgt, auch wenn sie ein innerer Akt im Menschen ist, ein gewaltiges Potential der „Subversion“ in sich, also die Möglichkeit der von manchen so befürchteten Umgestaltung der konkreten, historischen Wirklichkeit. Sie fordert auch nach außen hin Früchte der Bekehrung, die, auch wenn sie angesichts der Utopie des Reiches recht gering erscheinen mögen, doch auch schon Elemente seiner Gegenwart unter uns sind. Mit ihr ist auch die Forderung nach der Liebe als einem Leben in Übereinstimmung mit den Idealen des Reiches und mit einem Ideal der Brüderlichkeit verbunden. Welche konkreten Formen diese Liebe annehmen muß, wird meistens von den konkreten Bedürfnissen der Armen vorgegeben sein. Wie auch immer, Jesus fordert von uns in bezug auf die Liebe ein neues Denken, damit diese sich nicht auf das reduzieren läßt, was man traditionell unter Liebe verstanden hat. Die Liebe muß wieder eine Endgültigkeit bekommen, durch die jede andere religiöse Pflicht relativiert und jedes falsche Verständnis von Liebe bzw. Nächstenliebe entlarvt wird, wie es uns z.B. in der Beschreibung des Letzten Gerichts in Mt 25 und in dem Gleichnis vom barmherzigen Samariter deutlich wird. Schließlich fordert Jesus von einigen seiner Zuhörer, daß sie ihm auf ganz besondere Weise folgen und sich wie er selbst ausdrücklich in den Dienst des Reiches stellen.

Demgegenüber kommt die Forderung nach einer formell messianischen Praxis, durch die eine Gesellschaft der Sünde in eine Gesellschaft, die der Utopie des Gottesreiches entspricht, verwandelt werden soll, nicht so klar und ausdrücklich zum Tragen, was aber nicht heißt, daß es eine solche Forderung objektiv nicht gibt. In der Anklage der Unterdrücker ist auch implizit die Aufforderung an die Mächtigen enthalten, sie mögen sich engagieren, damit die Gesellschaft auf eine andere, entgegengesetzte Weise organisiert werde. Auch die Umkehrung der damaligen Wertvorstellungen durch Jesus und die Gegenüberstellung von Arm und Reich in den Seligpreisungen und in jenen Texten, in denen von einem „weh euch" die Rede ist, enthalten die Forderung nach neuen Beziehungen zwischen den Menschen. Schließlich bedeutet die Berufung, Jesus bis zum Ende nachzufolgen, nicht, daß wir irgendein Kreuz, welches es auch immer sei, auf uns nehmen, sondern vielmehr, daß wir uns entschieden auf eine messianische Praxis einlassen, was auch immer kommen möge.

Es ist daher schwer, die Tätigkeit Jesu im Hinblick auf das Reich und seine Forderungen an seine Zuhörer systematisch und geordnet darzustellen und dabei eine klare, logische Beziehung zwischen den einzelnen Elementen des Gottesreiches und den verschiedenen Aspekten seiner Worte und Taten und seiner Forderungen an seine Zuhörer herzustellen. Wir meinen aber, daß wir aus dem bisher Gesagten wenigstens eine Schlußfolgerung ziehen können: Das „Gottesreich" ist mehr als ein utopisches Symbol, dem man nur durch die Hoffnung gerecht werden kann; es ist auch ein ethisches Symbol, denn es fordert von uns eine Veränderung unserer Einstellungen und Verhaltensweisen, und es ist letztendlich auch ein praktisches Symbol, das von uns ein ganz bestimmtes Tun fordert: Allgemein könnten wir hier von einem Leben in Liebe reden oder auch von einer Praxis der Nächstenliebe, wobei wir diese vor allem als eine Praxis der Umgestaltung der Gesellschaft von einer uralten Wirklichkeit des Unrechts in eine neue Gesellschaft der gerechten Beziehungen zwischen den Menschen interpretieren.

Das Reich Gottes bedeutet heute für uns, daß jene Trias der göttlichen Tugenden, also Glaube, Hoffnung und Liebe, in unserem Leben einen sehr konkreten Platz bekommt, damit sie jede für sich und alle drei zusammen heute mehr und offenkundiger denn je unser Christsein prägen, damit sie in unserem Leben das Transzendente und das Historische stärker zu einen vermögen und damit sie schließlich als die konkrete Gestalt der christlichen Existenz eine größere Relevanz und so auch eine größere Glaubwürdigkeit für die heutige Menschheit bekommen. Auf alle Fälle läßt sich nicht leugnen, daß wo heute das Reich verkündet wird, der Glaube, die Hoffnung und die Liebe sich auf eine neue, fruchtbare, evangelische Weise zeigen in einer Frische, wie sie in anderen Kontexten selten gegeben ist. Dies gilt vor allem für die Christen der Dritten Welt und die, die sich mit ihnen solidarisieren und von ihnen inspirieren lassen. Wenn die Neuentdeckung der Gottesreichverkündigung Jesu in einem ersten Augenblick eher einer Wiederentdeckung und einer Neubelebung der christlichen Hoffnung zugute kam — man denke an einen großen Teil der europäischen Theologie nach dem Zweiten Vatikanum —, fördert sie heute vor allem in der Dritten Welt die Neuentdeckung der Praxis der Liebe als des wichtigsten Beitrages des Menschen zum Aufbau des Gottesreiches.

Die Notwendigkeit der Erinnerung an so etwas Einfaches, daß das christliche Leben Hoffnung ist, daß es auch eine bestimmte

Glaubenssicht der Geschichte enthält und daß es zugleich, und im Grunde vor allem, eine Praxis der Liebe ist, ist ein zweiter wichtiger Grund, auch heute das Gottesreich zu verkündigen.

3. Die vom Gottesreich ermöglichte und geforderte Spiritualität

Spiritualität heißt hier für uns ein Leben in der Geschichte, wobei wir diese Geschichte erleiden und uns ihr gegenüber verhalten, wie der Geist Gottes dies will. Sie ist nichts anderes als die Verwirklichung des Glaubens, der Hoffnung und der Liebe in der Konkretheit der Geschichte, wie dies vom Geist ermöglicht und von ihm gefordert wird. Dieser Geist ist unerschöpflich, und man kann ihm nicht einen bestimmen Weg vorgeben, dem er zu folgen hätte. So wirkt er zum Beispiel *auch auf andere Weise* unter uns als nur im Sinne eines Geistes, der uns zum Aufbau des Gottesreiches anhält. Man kann zum Beispiel beobachten, daß Christen, die sich in ihrem Tun nach dem Ideal des Gottesreiches orientieren, sich zugleich *auch* ausdrücklich eine Spiritualität anzueignen suchen, die Gott als Vater unter ihnen gegenwärtig sein läßt. Hier findet man die Erklärung für die neue Betonung solcher traditioneller Themen der Spiritualität wie des Gebetes, des Geistes der Seligpreisungen, der Heiligkeit des neuen Menschen usw.

Wir wollen also die gesamte christliche Spiritualität nicht auf die Thematik des Gottesreiches reduzieren oder uns hier einer geistigen Akrobatik schuldig machen, durch die es uns gelingen könnte, dieses Reich als ihre einzige Quelle darzustellen. Andererseits aber läßt sich nicht leugnen, daß gerade die Neuentdeckung der Verkündigung des Gottesreiches heute ein neues, starkes Interesse für die Spiritualität hervorgerufen hat und daß diese Spiritualität manche wertvolle Elemente enthält, die sie ohne diese Neuentdeckung kaum besitzen würde. Auf der Grundlage dieser Feststellung wollen wir hier auf einige ihrer Aspekte eingehen, ob es sich um diese neuen Elemente oder um traditionelle Themen handelt. Wichtig ist uns nur, daß sie in einem engen Zusammenhang mit der Verkündigung des Gottesreiches stehen, indem diese sie von uns fordert und indem wir umgekehrt auch gerade durch die Verkündigung zu ihnen finden können.

3.1 Die Beharrlichkeit der Hoffnung

Das Reich Gottes ist, wie Jesus es verkündet hat, noch nicht gekommen. Angesichts der heutigen Situation der Menschheit könnte man den Eindruck gewinnen, daß es sich mit der zunehmenden Armut und Ungerechtigkeit in der Welt immer weiter entfernt. Wenn dann trotz allem die Hoffnung weiterexistiert, dann nur deshalb, weil es sich um eine dialektische, beharrliche Hoffnung handelt. Sie ist, genauso wie Paulus sie schon dargestellt hat, „eine Hoffnung gegen alle Hoffnung", und dies nicht nur aufgrund der dunklen Unbestimmtheit, die aller Zukunft eigen ist, sondern vor allem angesichts des Elends der Gegenwart. Und dennoch existiert sie. Einige ihrer Formen — vor allem unter den Armen der Dritten Welt — mögen naiv erscheinen. Die Hoffnung ist aber nicht naiv. Sie läßt nur nicht das Elend das letzte Wort haben, sondern setzt sich kritisch und dialektisch mit ihm auseinander. Vor allem ist diese Hoffnung kein Automatismus der Verzweiflung, der das Elend nicht wahrhaben will und ihm daher einen für unfehlbar gehaltenen Glauben an die Verwirklichung der eigenen Sehnsucht entgegenhält. Ein aufgeklärter Mensch könnte sich fragen, wie eine solche christliche Hoffnung nach zwanzig Jahrhunderten der Falsifizierung noch bestehen kann, und könnte raten, sich eher auf die Berechnungen der Wissenschaft und das von ihr für möglich Gehaltene zu verlassen, bzw. in einer aufgeklärten Resignation seine Zuflucht zu suchen. So gibt es auch noch immer einen gewissen Typus der Theologie, der diese ganze Angelegenheit als einen apokalyptischen Kampf zwischen Gut und Böse sieht, der erst am Ende der Welt mit dem Sieg der Gerechtigkeit entschieden sein wird.

Dort aber, wo die Nähe des Gottesreiches weiterhin verkündigt wird, und zwar auch und besonders als eine Frohbotschaft für die Armen, dort ereignet sich wieder dieses anstoßerregende Wunder der Hoffnung. Der Glaube an die Nähe Gottes schlägt sich offensichtlich in einer Hoffnung für die Gegenwart nieder. Und gerade diese Hoffnung wird heute von uns durch die Verkündigung des Gottesreiches gefordert, so wie sie von ihr, wie wir eben festgestellt haben, auch ermöglicht wird, und dies in einem solchen Maße, wie dies auf andere Weise kaum hätte geschehen können.

3.2 Die Akzeptierung des eigenen Geschaffenseins

Die Utopie des Gottesreiches werden wir in unserem Leben als geschaffene Menschen nie voll verstehen und auch nicht voll verwirklichen können. Wenn irgendwo die Ansicht vertreten wird, das Gottesreich sei dort schon Wirklichkeit, dann wird dort irgendeine menschliche Wirklichkeit verabsolutiert, und dies ist Götzendienst. Und wenn man meint, man könne voll verstehen, was das Gottesreich ist oder sein soll, kommt dies immer einem Versuch der Manipulation dieses Gottesreiches nahe. Das richtige Verhalten dem Gottesreich gegenüber setzt daher auch voraus, daß wir als die erschaffenen Wesen, die wir sind, die Grenzen unserer Existenz und die Beschränktheit unseres Wissens akzeptieren. Andererseits wäre es auch falsch zu behaupten, daß nichts auf unserer Welt das Gottesreich widerspiegelt oder daß alles das Gottesreich gleichermaßen widerspiegelt bzw. nicht widerspiegelt, wie dies eine bestimmte Interpretation einer sogenannten „eschatologischen Reserve" nahezulegen scheint. So unsichtbar und unfaßbar ist das Reich Gottes nun auch wieder nicht. Daher gehört es zum richtigen Verhalten des Menschen dem Gottesreich gegenüber, daß er zu jeder Zeit aktiv danach sucht und zu unterscheiden vermag, was dort am meisten dem Gottesreich nahe kommt, und dies dann auch tut.

Wir werden uns hier mit dieser Darstellung davor hüten, jene Spannung, die allem Geschaffenen als solchem eigen ist, aufzugeben. Es ist falsch, das, was der Mensch als erschaffenes Wesen tun kann, als eine Alternative zwischen dem Alles und dem Nichts darzustellen. Es ist nicht so, daß das Geschaffene entweder alles ist oder, stimmt dies nicht, nur noch nichts sein kann. Was geschaffen ist, kann weder der Schöpfer selbst noch das reine Nichts sein: Es ist einfach Geschöpf. In diesem Sinn ist das Akzeptieren der eigenen Kreatürlichkeit Ausdruck einer Spiritualität, die sowohl jede *Hybris* als jede Mißachtung für das eigene Sein verbietet und sowohl Demut als auch aktive Verantwortung fordert. Eine kreatürliche Spiritualität, d.h. eine Spiritualität des positiven Akzeptierens des eigenen Geschaffenseins, sucht für das Erkennen und das Handeln einen Mittelweg zwischen dem Alles und dem Nichts. Dies schlägt sich in einer aktiven Suche nach Formen und Möglichkeiten des Aufbaus des Gottesreiches nieder. Konkret heißt das, daß nach neuen Formen und Möglichkeiten der Nächstenliebe sowohl im Bereich der Hilfsverleihung als in dem der Förderung, der Erziehung und der Bewußtseinsbildung als schließlich auch in dem des Kampfes gegen die strukturellen Ursachen des Elends und der Armut gesucht wird.

Diese Spiritualität, die wir eine kreatürliche Spiritualität genannt haben, wird von uns auch von anderen Aspekten des Glaubens als von der Gottesreichverkündigung Jesu gefordert. Sie bekommt aber durch diese Verkündigung des Gottesreiches sehr konkrete Umrisse. Das Gottesreich fordert von uns, daß wir selbst als erschaffene Wesen, die als solche in einer konkreten Geschichte eingebettet sind und zu einer ganz bestimmten Zeit an ganz bestimmten Orten leben, der ebenfalls kreatürlichen Wirklichkeit der Kirche und der Gesellschaft gegenübertreten. Keine von beiden ist das Gottesreich, auch wenn die Kirche nicht immer der Versuchung widersteht, sich wenigstens auf praktischer Ebene, wenn nicht auch auf theoretischer, an die Stelle des Gottesreiches setzen zu wollen, und auch wenn in unseren lateinamerikanischen Gesellschaften eine Ideologie grassiert, die die sogenannte westliche Zivilisation, wenn nicht als das Reich Gottes, dann wenigstens als dessen natürlichen Ort darstellt. Man sollte sich aber auch nicht der diametral entgegengesetzten Meinung zuwenden, als ob Kirche und Gesellschaft gar nichts mit dem Gottesreich zu tun hätten und sie also dem Gottesreich immer gleich nahe oder genauer gleich fern stehen würden, wie es sich mit ihnen auch konkret verhalten würde. Im Hinblick auf das Gottesreich ist es nicht gleichgültig, ob die Kirche eine dienende Kirche ist, die sich der Bedürfnisse und Interessen der Armen annimmt und ihre Rechte verteidigt, oder ob sie eine Kirche ist, die die Welt der Armen nicht wahrnehmen oder wahrhaben will bzw. die Welt ihrem eigenen Elend überlassen möchte. Und auch ist es nicht gleichgültig, ob in einer Gesellschaft das Leben der Armen und ihre Grundrechte gesichert sind oder nicht.

Das Gottesreich fordert so von uns, daß wir die Dinge und uns selbst als geschaffene Wirklichkeiten sehen und uns auch dementsprechend verhalten und handeln, damit das als Utopie nirgendwo eindeutig identifizierbare Gottesreich einen wirklichen, sichtbaren Platz in unserer Geschichte bekommt.

3.3 Die Perspektive des Partikularen

Der christliche Glaube macht allgemeine Aussagen über Gott, Christus, die Menschen, das Heil usw. Dieser Universalisierung ist aber eine sehr anstoßerregende Konkretisierung und Partikularisierung vorangegangen: Der Sohn Gottes wurde Mensch, einfach ein in Raum und Zeit situierter Mensch. Allerdings hat er in seinem Fleisch auch alles Arme und Schwache aus der Geschichte der Menschheit auf sich genommen. Der Vater liebte seinen Sohn, aber er hat ihn auf dem Kreuz hingegeben. Gott läßt die Toten auferstehen, aber als ersten hat er jemanden auferstehen lassen, von dem er es zugelassen hatte, daß er gekreuzigt und getötet wurde. Der in der Logik des Glaubens zu Recht universalisierten Korrelation zwischen Gott und Mensch geht immer eine weit konkretere Korrelation voraus, nämlich die zwischen Gott und Mensch im Gottmenschen Jesus. Eine christliche Spiritualität sollte diesen konkreten, partikularen Ausgangspunkt vor Augen haben, der die spätere Universalisierung ermöglicht, aber ohne den diese kaum eine christliche sein könnte. Dies haben wir oben gemeint, als wir von einer Perspektive des Partikularen sprachen.

Im Zusammenhang mit den Armen erfordert und ermöglicht das Gottesreich auf eine sehr effiziente Weise eine solche Perspektive des Partikularen in der Form gewollter Parteilichkeit. Denn die Utopie des Gottesreiches knüpft an ihre Wirklichkeit an und ist für sie entworfen worden. Gott gehört ihnen und dies einfach deshalb, weil sie arm sind. Sie werden so zu einem Ort der Theologie. Ihr spezifischer Beitrag besteht dabei darin, daß sie uns in der Form der Parteilichkeit für sie eine für uns sehr wichtige und unverzichtbare, partikulare Perspektive bieten. Von ihrem Standpunkt aus entdecken wir neu die Wahrheit über die Dinge, über Gott, die Sünde, die Gnade, die Befreiung usw. Dieser Standpunkt ist für uns auch das richtige Kriterium zur Beurteilung jener menschlichen Errungenschaften und Leistungen, die man als eine Verwirklichung des Gottesreiches, oder wie man dies auch immer nennen möge, gelten lassen will: Von der Kehrseite der Geschichte her stellt sich die Wahrheit der Geschichte heraus.

Darüber hinaus tragen die Armen infolge ihres historisch und theologisch so bedeutsamen „Andersseins“ auch wesentlich zu unserer Erfahrung der unverdienten Gnade, also zu unserer

Erfahrung der Gratuität bei. Der Arme ist in seiner historischen Wirklichkeit auf sehr qualifizierte Weise ein „anderer". Er kann uns, gerade als „anderer" vermitteln, was es in Gott an einem absoluten „Anderssein" uns gegenüber gibt. Vor allem ist er uns so zum historischen Sakrament des „ganz" anderen in Gott geworden. Das Ärgernis, das die Tätigkeit Jesu hervorrief, bestand gerade darin, daß die Armen die privilegierten und — um einen oben schon genannten Begriff wieder aufzugreifen — auch qualifizierten Adressaten seiner Verkündigung des Gottesreiches und seines Dienstes an diesem Reich waren und Jesus so eine unmittelbare Beziehung zwischen ihnen und Gott herstellte. Das Staunen und das Ärgernis, das dies hervorrief, zeigen wenigstens indirekt, wie schwer es ist, das Anderssein Gottes zu akzeptieren. Dabei erlaubt gerade das Anderssein der Armen es uns, das eigene Leben als etwas, was von einem anderen, vom anderen als wir selbst herstammt, also als unverdiente Gnade zu erfahren. Wenn die Armen dann durch die Forderung, die in dem, was sie sind, angelegt ist, in uns Hingabe, Dienst, Liebe, Martyrium ermöglichen, verwandeln sie sich in einen Ort, an dem wir das Gute tun und so gut sein können. Dabei geht das Gefühl, daß andere uns und umgekehrt wir ihnen anheimgegeben sind, zusammen mit dem Gefühl, daß uns selbst Gutes getan wurde. Vielleicht mag folgende Formulierung sehr einfach erscheinen, sie ist aber nichtsdestoweniger wichtig und wahr: Es existieren historische Orte, die für uns Quellen des Guten sind und die uns auch selbst gut machen können. Aber, erinnern wir uns, das sind keine universalen Orte: Es sind Orte des Partikularen.

3.4 Die geistliche Gestalt der Anhänger des Gottesreiches

Das Gottesreich für die Armen erfordert und ermöglicht eine spezifische geistliche Gestalt des Christen. Zwar können auch andere Elemente des Glaubens uns dieser geistlichen Gestalt in ihren wesentlichen Zügen nahebringen, dennoch sind viele dieser Züge bisher verdeckt geblieben, bzw. ihnen wurde zu Unrecht kaum eine Bedeutung beigemessen. Wir meinen hier mit dieser geistlichen Gestalt ein bestimmter Komplex wesentlicher Verhaltens- und Reaktionsweisen den grundlegenden Problemen der Menschen unserer Zeit gegenüber. Nur allzuoft sind die Gläubigen an diesen Problemen bisher vorbeigegangen. Im Zusammenhang mit der Neuentdeckung des Gottesreiches lernen sie aber diese Probleme in ihrer gesamten Wirklichkeit zu sehen, denn der im Gottesreich gegebene Bezug zu „Gott“ relativiert diese Probleme keineswegs in ihrer Bedeutung. Im Gegenteil, denn Gott ist der Gott des „Gottesreiches“, also jener von den Menschen so ersehnten und mit der gegebenen Wirklichkeit so kontrastierenden Utopie des Heiles.

Welches geistliche Ideal einem Menschen, der sich zum Gottesreich bekennt, vor Augen gehalten wird, können wir in der Bergpredigt, vor allem in den Seligpreisungen, nachlesen. Wir wollen uns hier allerdings auf einige Elemente einer Einstellung konzentrieren, von denen man in gewissem Sinn sogar sagen kann, das sie dem Geist der Seligpreisungen vorangeht. Wir meinen hier jenes Erbarmen den großen Massen gegenüber, die unter Armut, Unterdrückung und Gewalt zu leiden haben. Diese Situation erfordert ganz sicherlich eine Praxis, die diese Mißstände zu beseitigen sucht, aber es sollte nicht allzu schnell, auch nicht mit dem Ideal ihrer Überwindung vor Augen, an dem, was sie ist, vorbeigegangen werden. Sie sollte in sich als eine letzte Wirklichkeit anerkannt werden, deren Bedeutung nicht im Hinblick auf eine künftige eschatologische Wirklichkeit oder eine angestrebte Fülle des christlichen Lebens heruntergespielt werden darf. Es handelt sich einfach darum, jenes grundlegende Verhalten Jesu, misereor super turbam, wiederzuentdecken und vor allem auch durchzuhalten. Wir meinen damit den Zorn und die Empörung, die das Leiden und die Unterdrückung bei jedem Menschen, der guten Willens ist, hervorrufen sollten, die dann auch wie bei Jesus zu einer Anklage, Entlarvung und Verurteilung der Verantwortlichen führen müssen. Man hat dieses Verhalten aber vergessen oder es im Namen anderer Glaubensprinzipien abgeschwächt und es gar bei denen, die meinten daran festhalten zu müssen, bekämpft. Andererseits meinen wir aber auch die Freude über die Verkündigung des Reiches, die für die Armen eine gute Nachricht ist, und die Freude, die entsteht, wenn sie sich beim Hören, beim Verstehen und beim Feiern dieser Frohbotschaft freuen, sowie letztendlich auch die Freude, in *diesem* Evangelium, in dieser Frohbotschaft eine kostbare Perle, einen verborgenen Schatz gefunden zu haben, für den man alles verkauft und sich ganz hingibt.

Dieses grundlegende, neue Verhalten — der Barmherzigkeit, der Empörung und der Freude, um nur einige seiner Elemente zu nennen — gibt der Praxis des Glaubens ein neues Gesicht. Durch es finden die Christen einerseits zur Gemeinschaft der Menschen guten Willens zurück. Sie sind keine fremden Wesen mehr, denen die wirkliche Welt fremd ist und die ganz anders zu reagieren scheinen als die anderen Menschen, die das Reich suchen. Andererseits finden sie so auch zum tiefsten Kern des Evangeliums. Diese neue geistliche Gestalt des Christen hat sich bei der Verkündigung des Reiches und der Arbeit an seiner Errichtung in unserer Welt wie von selbst gezeigt. Durch das neue Ideal, das mit ihr verbunden ist, gibt es nicht länger eine unnötige Trennung zwischen den Christen und den anderen Menschen. Nun sind die Christen zum Träger eines Evangeliums geworden, das auch für andere eine Frohbotschaft ist. Sie sind nicht mehr traurig oder Menschen, die aus der Defensive heraus reagieren, sondern es ist ihnen anzusehen, daß sie sich selbst über die gute Nachricht, die sie bringen, freuen.

3.5 Heiligsein des Reiches wegen

Die christliche Heiligkeit in einem Christen ist nichts anderes als seine Ähnlichkeit mit Jesus. Heilig ist, wer so gut wie möglich den ganzen Jesus widerspiegelt. Die Verkündigung und die Praxis des Gottesreiches sind nicht dieser ganze Jesus, und folglich kann die christliche Heiligkeit auch von anderen Aspekten seiner Vollkommenheit ausgehen. Das Reich und seine Praxis erfordern aber und ermöglichen eine sehr wichtige Dimension dieser Heiligkeit.

Das Reich ist dabei nicht nur eine Utopie, die man erhofft und für die man arbeitet: Es ist auch etwas, was *inmitten* der geschichtlichen Wirklichkeit und gegen sie und so auch *gegen* die Sünde als objektive Wirklichkeit erhofft und errichtet werden muß. Diese Sünde ist im wesentlichen alles, was den Menschen tötet, mag dies langsam auf der Ebene der Strukturen — also in der Form strukturellen Unrechts und institutionalisierter Gewalt — oder manchmal sehr schnell in der nackten Brutalität der Repression geschehen. Die vom Reich geforderte und geförderte Heiligkeit hat zu einem großen Teil mit dem Kampf gegen diese Sünde zu tun. Auch hier will ich damit nicht sagen, daß der Kampf gegen die Sünde ohne eine Verwirklichung anderer Aspekte der christlichen Heiligkeit allein schon reicht, damit es automatisch zu einer echten christlichen Heiligkeit kommt. Aber noch weniger kann es eine echte christliche Heiligkeit abseits von diesem entscheidenden Kampf gegen die Sünde geben. Zudem geht aus diesem Kampf ein besonderer Typus der christlichen Heiligkeit hervor, den es so kaum anders geben könnte.

Konkret erfordert der Kampf gegen die Sünde und für das Reich angesichts der damit verbundenen Gefahren Mut und Stärke. Es handelt sich um das Risiko jeder Art von Verfolgung und Tod, wodurch jemand, der sich auf dieses Risiko einläßt, Jesus sehr ähnlich wird. Wenn zudem ein solcher Kampf von der Liebe zu den Armen geprägt ist und sein Horizont das kommende Gottesreich und eine immer größere Gegenwart Gottes in unserer Geschichte ist, dann ist er ein Martyrium, dann sind die vielen Toten unter uns Märtyrer, Zeugen der höchsten Liebe und zudem Zeugen des Glaubens an den Gott des Reiches.

Die Bereitschaft, etwas vom eigenen Leben, ja das eigene Leben selbst aus Liebe hinzugeben, ist ein wesentlicher Bestandteil der christlichen Spiritualität. Sie muß eine sehr reale Bereitschaft sein, denn die Verfolgung und der Tod sind auch eine sehr reale Möglichkeit, was die Geschichte der letzten Jahre in Zentralamerika wieder einmal bestätigt hat. Die ernsthafte Verkündigung des Gottesreiches und die ernsthafte Arbeit zu seiner Verwirklichung, das ist heute — auch auf der Grundlage der objektiven Strukturen, so wie sie sind — der wesentliche Weg zur christlichen Heiligkeit und zu dem, was man immer als ein entscheidendes Merkmal dieser Heiligkeit betrachtet hat: dem Martyrium aus Liebe.

4. Ein Schlußwort: Gottes Reich und Auferstehung

Seit seiner Auferstehung bekennen die Christen Jesus als den Christus, und dies hat im Hinblick auf das Gottesreich als Symbol der Utopie einige wichtige Veränderungen mit sich gebracht. Inhalt der guten Nachricht ist seitdem der gekreuzigte und auferstandene Christus. Die Kirche verwandelte sich in gewissem Sinn in eine Gemeinschaft, die selbst schon die Fülle des Gottesreiches in der Geschichte zum Ausdruck zu bringen beanspruchte. Das Hauptsymbol der christlichen Utopie wurde nun die Auferstehung. Diese Entwicklung ist wenigstens zum Teil legitim. Sie birgt aber auch die Gefahr in sich, in Jesus Christus jene gegenseitige Beziehung und Spannung zwischen Jesus und dem Christus aufzugeben, d.h. auf Kosten Jesu und des bei ihm und für ihn so wesentlichen Gottesreiches vor allem den Christus hervorzuheben. Die Tatsache, daß die Evangelien erst nach der Auferstehung geschrieben und herausgegeben worden sind, beugt allerdings auf sehr radikale Weise dieser Gefahr schon im Prinzip vor. In den Evangelien nimmt, wie man weiß, das Gottesreich einen zentralen Platz ein. Und daher ist dieses Gottesreich auch schon prinzipiell für unsere Gegenwart sehr wichtig, wenn auch die Auferstehung Jesu dem Glauben neue Elemente hinzufügt.

Neben dieser prinzipiellen Bedeutung bleibt das Gottesreich auch deshalb wichtig, weil der Inhalt dieses Gottesreiches als utopisches Symbol sich nicht ohne weiteres gegen den Inhalt jenes anderen utopischen Symbols der Auferstehung austauschen läßt. Zwar könnte man sie rein konzeptuell so miteinander versöhnen, daß sie sich gegeneinander austauschen lassen, man würde ihnen aber damit Gewalt antun, und man würde verkennen, daß sie als Formulierungen der Utopie verschiedene, wenn auch sich ergänzende Einstellungen und Verhaltensweisen auslösen.

Die Auferstehung von den Toten ist wesentlich für den Glauben, weil es sich hier um den Endsieg Gottes über alles Böse handelt und dieser in den Glaubenden eine radikale Hoffnung weckt. Sie erinnert uns daran, daß wir in der konkreten Geschichte der Menschheit so leben müssen, wie es der Fülle des Lebens in der Auferstehung und wie es der Sicherheit, daß es möglich ist, als neue Menschen zu leben, entspricht. Diese grundsätzliche Wahrheit nimmt aber dem Gottesreich in nichts seine grundsätzliche Bedeutung, denn von ihrem Wesen her weist die Auferstehung mehr auf die Eschatologie, während das Gottesreich konkreter vor Augen führt, wie wir die Eschatologie schon jetzt Wirklichkeit werden lassen können, während wir uns gleichzeitig immer mehr zu ihr auf den Weg machen. Um es kurz zu sagen: In der Auferstehung bestätigt Gott auf definitive Weise das Leben Jesu. Jesus wird von Gott definitiv als *der* Mensch angenommen. Aber die Wahrheit über dieses Leben und darüber, wie dieser Mensch war, zeigt sich nur in der konkreten Geschichte Jesu. In der

Auferstehung wird von Gott besiegelt, daß Jesus in seiner Liebe und seiner Hingabe der wahre Mensch ist, aber die grundlegende Struktur dieser Liebe und Hingabe zeigt sich doch auch schon in seiner Verkündigung des Gottesreiches und in seiner gesamten Tätigkeit. Die Auferstehung besagt uns, daß es einen neuen Himmel und eine neue Erde geben wird — wobei der auferstandene Christus die Erstlingsfrucht dieser neuen Schöpfung ist —, aber in dem von Jesus verkündeten Gottesreich zeigt sich doch auch schon das Wesen dieser radikalen Erneuerung, und wir werden aufgefordert, sie nicht nur zu erwarten, sondern auf sie hinzuarbeiten. In der Auferstehung führt Gott die Geschichte zu ihrer Erfüllung, und er versöhnt, was in der Geschichte selbst unversöhnlich erschien. Aber in der Verkündigung des Gottesreiches wird uns ein Weg gezeigt, wie wir die Geschichte zu einer immer reicheren und menschlicheren Wirklichkeit umgestalten können, indem wir an jedem der beiden Pole und an der fruchtbaren Spannung zwischen beiden festzuhalten suchen: an der Gerechtigkeit und der Barmherzigkeit, an dem Zorn über die Ungerechtigkeit und der Vergebung, an Gratuität und Effizienz, an der Universalität der christlichen Liebe und ihrer besonderen Parteilichkeit den Armen gegenüber, an der Notwendigkeit der Strukturen und dem Primat der menschlichen Person usw.

Mit dem Gottesreich und seiner Bedeutung für die Gegenwart geschieht ähnliches wie mit Jesus selbst. Es kann kein Zweifel daran bestehen, daß der historische Jesus derselbe ist wie jener Jesus Christus, zu dem die Christen sich bekennen. Aber immer wenn man in der Geschichte des Christentums wirklich zu verstehen gesucht hat, wer dieser eine Jesus Christus als eine einzige, gottmenschliche Person war, hat man sich vor allem Jesus von Nazaret zugewandt, von den großen Heiligen wie Franz von Assisi und Ignatius von Loyola bis zu den kleinen campesinos heute in Lateinamerika. Wenn Jesus Christus vor allem auch als jener Jesus aus Nazaret verkündigt worden ist, haben sich hieraus in der Geschichte des Christentums immer neue Kräfte und neue Impulse ergeben.

Das gleiche gilt für das Gottesreich. Seine Ankündigung ruft eine besondere Kraft hervor und stimuliert zu einer radikalen Hoffnung und Praxis der Nachfolge Jesu, und dies vor allem deshalb, weil das Gottesreich die Utopie von Jesus selbst war.

Dadurch wird der Bedeutung der Auferstehung als letzter Erfüllung und Krönung der Geschichte nichts genommen. Aber durch die Verkündigung des Gottesreiches wird die Utopie aus dem Bereich des rein Eschatologischen herausgeholt, um sich auch schon zum Teil in der Geschichte zu konkretisieren: Die Verkündigung des Gottesreiches historisiert die Utopie und auch bereits die Eschatologie. Sie sagt dem Menschen nicht nur, daß es eine Utopie gibt, sondern sie sagt auch, was er tun und wie er sich ihr gegenüber verhalten muß. Sie zeigt nicht nur auf die transzendente Utopie, sondern sie zeigt auch den Weg dorthin, und dieser Weg ist kein anderer als der konsequente, beharrliche Versuch, das Gottesreich schon in der Geschichte selbst Wirklichkeit werden zu lassen. Merkwürdigerweise läßt das Gottesreich den Menschen nie in Ruhe, denn nie wird es in unserer Geschichte voll verwirklicht sein. Auch seine Teilverwirklichungen werden immer neu bedroht, und die Christen müssen daher auch immer neu mit seiner Errichtung und seinem Weiteraufbau anfangen.

Dennoch stößt der Gläubige hier auf den tiefen Sinn seines Lebens und den wahren Frieden in der Geschichte. Sein konkretes Sichbemühen um das Gottesreich in der Geschichte wird in ihm trotz allem auch den Glauben an jenes utopische Symbol der Auferstehung stärken, also daran, daß die Hoffnung, daß Gott alles in allem sein wird, nicht vergeblich ist. Die Verkündigung des Gottesreiches schöpft ihren dauernden Wert aus dieser Forderung nach einer Historisierung der Utopie, wie wir sie oben beschrieben haben, und aus der Tatsache, daß die Utopie so, dem Wesen des Gottesreiches entsprechend, auch schon historische Wirklichkeit wird. Dies ist dann auch der Grund, weshalb es dort, wo das Gottesreich mit der Kraft des Evangeliums verkündigt wird, zu einer wirklichen Erneuerung der Christen und des Evangeliums kommt.

VII

Christus in Lateinamerika: Auf dem Weg zu einer neuen Spiritualität[40]

Wie Christus heute in Lateinamerika entdeckt wird, möchte ich darstellen und diese Entdeckung mit einer neuen Spiritualität in Verbindung bringen. Beide Anliegen erscheinen mir wichtig. Das erste, weil es voraussetzt, daß in Lateinamerika etwas Neues von Christus entdeckt worden ist und daß für die Gläubigen dieses Neue — wohl auch Anstößige — eine gute Nachricht darstellt. Diese gute Nachricht fordert den Menschen und stellt ihn in Frage, macht ihm aber auch gleichzeitig Mut. Das zweite Anliegen ist meiner Meinung nach wichtig, weil es die Erkenntnis Christi mit Spiritualität, das Wissen um Chrisuts mit persönlicher Aneignung dieses Wissens und dem Leben des Glaubens verbindet. In dem Wunsch, diese Beziehung hervorzuheben, zeigt sich meines Erachtens das Bedürfnis, daß Theologie, in diesem Fall die Christologie, im Dienste einer Spiritualität steht und die Spiritualität ein wesentlicher Bestandteil des christologischen Wissens sein soll.

Die Antwort auf beide Fragen muß sich auf das Wesentliche beschränken. Um die Antwort zu verstehen, ist zweifelsohne die Situation Lateinamerikas und seiner Kirchen mit zu berücksichtigen, da diese Wirklichkeit zum hermeneutischen Hauptprinzip der Erkenntnis Christi geworden ist. Gleichzeitig werde ich die Aspekte der Gestalt Christi und der Spiritualität darstellen, die für die europäischen Kirchen von Bedeutung sein können. Ich werde mich daher auf die Aspekte konzentrieren, die die Kirche des alten Europas kritisch hinterfragen, sie aber auch ermutigen können.

1. Die Gestalt Christi in Lateinamerika

Von einer Entdeckung Christi in Lateinamerika oder an irgendeinem anderen Ort zu sprechen bedeutet, daß dieser Christus sich verborgen hat. Genauer müßten wir sagen, daß wir Gläubigen ihn verborgen haben — sei es, weil wir ihn allmählich mit unseren Traditionen identifiziert haben, die ihn unbeweglich machen und seiner ewigen „Neuheit“ berauben, oder sei es, weil wir — und dies ist auch weiterhin das eigentliche Problem — spüren, daß der wahre Christus stets eine Herausforderung an den konkupiszenten Menschen darstellt, der sich seine eigenen Christusse zurecht machen will und sich schwertut, die Wahrheit eines Christus zu hören, der jenseits aller menschlichen Erwartungen und Interessen liegt bzw. ihnen häufig sogar zuwiderläuft.

Christus in Lateinamerika zu entdecken hat keine andere Bedeutung, als den Christus der Evangelien wiederzuentdecken. Dieser Christus ist kein anderer als jener Jesus von Nazaret, von dem uns die Evangelien erzählen. Diese Wieder-Entdeckung stößt zweifellos auf die grundsätzliche Schwierigkeit, Genaues über diesen Jesus zu erfahren, da er uns schon in Glaubenserzählungen überliefert ist. Wir können diesen Jesus niemals direkt, sondern immer nur vermittelt erkennen. Grundsätzlich aber handelt es sich um eine Rückkehr zu Jesus von Nazaret. Und viele Christen in Lateinamerika sind zu diesem Jesus zurückgekehrt.

Nach der Wieder-Entdeckung dieses Jesus stellt sich uns die Frage, warum sie möglich ist. Die Antwort auf diese Frage ist ebenfalls sehr wichtig. Diese Wieder-Entdeckung ist in Lateinamerika im wesentlichen nicht der theologischen Forschung zuzuschreiben, sondern der Tatsache, daß das Evangelium seinen eigentlichen Ort wiedergefunden hat: den Ort, an dem es gelesen werden muß und von dem her es transparent wird. Dieser Ort ist die Welt der Armen. Arme und Evangelium stehen in einer Wechselbeziehung. Sie verweisen aufeinander. Wenn sie voneinander getrennt werden, kann das Evangelium zu einem bloßen Schriftstück werden, in dem die Texte studiert werden, um eine Lehre über Christus zu begründen; das Evangelium kann so leicht in eine bloße Theorie verwandelt werden. Wenn aber Arme und Evangelium miteinander eng verbunden sind, dann zeigen in der Tat die Aussagen der Evangelien über Christus das auf, was von Christus in Jesus offenbar wurde; dann zeigt sich auch der wahre Jesus, der den Armen eine gute Nachricht bringt und selbst zur guten Nachricht wird. Wenn man von den Armen ausgeht, werden die Augen wieder offen, um das Evangelium zu lesen und den Jesus der Evangelien zu verstehen. Von den Armen her überwindet man — mit Verlaub gesagt — einen gewissen Analphabetismus beim Lesen des Evangeliums. Die Wieder-Entdeckung Christi ist schließlich auch der Tatsache zuzuschreiben, daß Christus in der Beziehung zwischen Jesus und den gegenwärtigen Armen gefunden wurde: einer Beziehung, die in der Frohen Botschaft Jesu an die Armen seiner Zeit sichtbar und offenbar wurde.

Es ist schon viel über diesen Jesus der Evangelien geschrieben worden. Wir wollen daher darauf verzichten, nochmals zu wiederholen, was er war, sagte, tat und litt. Wir wollen jetzt einige formale Eigenschaften dessen vorstellen, wie Jesus in Lateinamerika verstanden wird. Wir haben diese Charakteristika ausgewählt, weil sie vielleicht an anderen Orten heute nicht so präsent sind. Wir glauben, daß diese Eigenschaften des Verständnisses von Jesus außerordentlich wichtig sind. Von ihnen her erhalten einige Aussagen des Evangeliums, die auch an vielen anderen Orten gelesen werden können, eine neue und auch konkrete Interpretation. Die Neuheit und Konkretheit dieser Interpretation verleiht dem Leser dieser Aussagen große Kraft, sich zu verändern.

1.1 Ein neuer Jesus

Die erste Eigenschaft Christi: Christus wird als ein „naher Jesus" begriffen. „Nähe" ist zweifelsohne eine theologische und christologische Kategorie ersten Ranges. Das Dogma von der Menschwerdung bestätigt in außerordentlicher Weise die absolute Nähe Gottes zu den Menschen in Christus. Aber dieses Glaubensdogma akzeptieren ist eine Sache, diese Nähe für die eigene Glaubenspraxis zentral werden lassen eine ganz andere Sache.

In Lateinamerika glaubt man an einen uns nahen Jesus, weil er als jemand gesehen wird, der unserer eigenen Wirklichkeit nahesteht. Was wollen wir damit sagen? Daß Jesus als jemand gesehen wird, der sich der Wirklichkeit seiner Zeit und dem bedeutendsten Phänomen seiner Zeit genähert hat: den armen, unterdrückten Mehrheiten ohne Würde. Mehr noch, er wird als jemand gesehen, der diese Nähe zum Kriterium seiner gesamten Tätigkeit machte. Dies erklärt das Urteil Jesu über die Unterdrükkung in seiner Zeit sowie die Notwendigkeit, daß Jesus diese tragische Wirklichkeit beim Namen nennt, sie und ihre Verantwortlichen entlarvt und anklagt. Aufgrund dieser Nähe zur

Wirklichkeit war er von den Leiden der Leute zutiefst betroffen. Diese Betroffenheit veranlaßte ihn, die Leute aktiv zu verteidigen und sich in die Konflikte einzumischen. Dies führte zu seiner Verfolgung und Kreuzigung. „Nähe" ist also keine abstrakte, sondern vielmehr eine sehr geschichtliche Kategorie. Sie ist die konsequente Inkarnation in die eigene Welt der Unterdrückung, die redliche Sicht dieser Welt und die barmherzige Reaktion angesichts der Unterdrückten dieser Welt.

Wegen der Nähe Jesu zu seiner Welt erfahren die Armen in Lateinamerika auch heute Jesus als nahestehend. Die hermeneutische Distanz überbrücken die lateinamerikanischen Armen sehr einfach: Ein Jesus, der dem Wesen nach der Welt der Armen nahe ist, wird automatisch von den Armen der Welt von heute verstanden, angenommen und geliebt. Aus dieser Nähe Jesu leiten sich einige Schlußfolgerungen für das Verständnis von Jesus ab. Im Prozeß dieser Annäherung Jesu an die Armen seiner Zeit erkennen die Armen erstens Jesu Art und Weise, sich zum Bruder der Armen zu machen. In diesem Prozeß wird ihnen deutlich, auf welche Weise er an einer Menschheit teilhat, die in ihrer übergroßen Mehrheit aus Armen besteht. Deshalb können ihn die Armen von heute „Bruder" nennen; sie nennen ihn sogar ihren „älteren" Bruder. An erster Stelle ist er jedoch für sie ein Bruder und einer von ihnen. Sie verstehen sehr gut die Aussage des Hebräerbriefes, daß Jesus sich nicht scheute, die Menschen Brüder zu nennen. Zweitens besitzt der Christus, der Jesus ist, aufgrund seiner Nähe eine ihm eigene Glaubwürdigkeit. Welche Probleme auch immer um die „Wahrheit" Christi sein mögen, seine Glaubwürdigkeit ist sicher, weil er an seiner Nähe zu den Armen bis zum Ende festhielt. In diesem Sinne erscheint das Kreuz Christi als höchstes Symbol der Annäherung Jesu an die Armen und verleiht ihm deshalb größte Glaubwürdigkeit. Drittens werden Jesus und das Evangelium lateinamerikanisch. Damit wollen wir sagen, daß der Eindruck überwunden wird, daß das Evangelium von außerhalb nach Lateinamerika gekommen ist und auf irgendeine Weise von außerhalb aufrechterhalten wird. Es geht nicht darum, daß die Armen von Lateinamerika die Universalität der Kirche ablehnen oder daß es in der Kirche keine kirchlichen oder theologischen Zentren geben kann, die geographisch außerhalb Lateinamerikas liegen. Es geht darum, daß das Evangelium direkt zu ihnen spricht und — obwohl dies auch nach wie vor eine zum Teil positive Wirklichkeit bleibt — nicht notwendigerweise schon gefiltert und an anderen Orten interpretiert hier ankommt. Weil sie Jesu Nähe erfahren, spüren sie, daß Jesus einer von ihnen ist und daß sie das Evangelium lesen können und sollen. Damit wird etwas sehr Wichtiges erreicht: Es wird in der Tat möglich, als gläubiger Christ authentisch Lateinamerikaner zu bleiben; der Lateinamerikaner, der an seiner lateinamerikanischen Identität festhalten will, ist nicht mehr darauf angewiesen, seine christliche Identität von irgendwoher ausleihen zu müssen.

1.2 Ein befreiender Jesus

Die zweite Eigenschaft Christi: Er wird als „ein befreiender Jesus" begriffen. Dies ist weder ein Modewort noch eine Idee, die von der Theologie der Befreiung eingeführt worden ist und von ihr „opportune et inopportune" wiederholt wird. Dieses Verständnis Jesu ist vielmehr aus der Wieder-Entdeckung des Jesus der Evangelien hervorgegangen. „Befreiung" — in ihrer Formulierung als Heil und Erlösung — ist wiederum eine theologische Grundkategorie. In Lateinamerika hat man sie geschichtlich festgemacht und von ihren biblischen Wurzeln her verstanden. Auf diese Weise wird sie von den Armen Lateinamerikas spontan als gut, gerecht und notwendig begriffen. Wenn irgendeine Bibelstelle eine große Wirkung hatte und den Armen bis an den Grund des Herzens gegangen ist, dann ist es die bekannte Stelle von Lk 4,18-19: „Der Geist des Herrn ruht auf mir, denn der Herr hat mich gesalbt. Er hat mich gesandt, damit ich den Armen eine gute Nachricht bringe; damit ich den Gefangenen die Entlassung verkünde und den Blinden das Augenlicht; damit ich die Unterdrückten in Freiheit setze und ein Gnadenjahr des Herrn ausrufe." Von dieser grundlegenden Stelle her verstehen die Armen viele andere zentrale Stellen, die ihnen Hoffnung geben: daß das Reich Gottes endlich nahe ist, daß die Armen selig sind, weil ihnen dieses Reich gehört. Diese ersehnte Befreiung, die Medellín als Gegenwart des Heiligen Geistes und als Zeichen der Zeit anerkennt, wird zur wesentlichen Grundlage für das Verständnis Jesu. Die Armen sehen in Jesus den Verkünder und Vollender der Befreiung. Er hat den Inhalt ihrer Hoffnung zum

Ausdruck gebracht und sein Leben in den Dienst der Verwirklichung dieser Hoffnung gestellt.

Es ist nicht leicht zu systematisieren, welche Sicht die Armen von Jesus als Befreier haben. Wir können jedoch sagen, daß sie ihn als jemanden begreifen, der sie im Innersten ihrer Herzen befreit. Er befreit sie von ihrer Angst, ihrer Resignation, ihrem Individualismus und ihrer Verzweiflung. Sie sehen in Jesus denjenigen, der ihnen eine innere Kraft gibt, die sie — persönlich und als Gruppe — verändert und aus verängstigten freie Menschen macht; frei, um zu hoffen, um sich zusammenzuschließen und um zu kämpfen. Sie stellen fest, daß sich auch heute jene Heilungsszenen wiederholen: Im Kontakt mit Jesus hören die Kranken auf, krank zu sein; und Jesus gibt ihnen den Grund: Dein Glaube hat dich geheilt.

Sie sehen in Jesus eine Person, die zu einer Praxis anleitet, die in Übereinstimmung mit dem Ideal des Reiches Gottes eine Gesellschaft der Unterdrückung in eine Gesellschaft der Brüderlichkeit und Gerechtigkeit umformen will. Die konkreten Formen dieser Praxis waren bei Jesus vor allem sein Wort; aber dieses Wort war nicht nur Lehre oder Verkündigung, sondern auch Tat. Das anklagende und entlarvende Wort Jesu wird verstanden als gesellschaftliche Verurteilung sowohl einer theokratischen Gesellschaft, in deren organisatorischem Mittelpunkt der Tempel stand, als auch eines Gesellschaftssystems, das gewaltsam von Rom aufgezwungen wurde: die Pax Romana. Die Tatsache, daß Jesus am Kreuz gestorben ist und als Gotteslästerer und Umstürzler verurteilt wurde, gilt in Lateinamerika — wo so viele ebenfalls als Gotteslästerer und Umstürzler ermordet werden — als der glaubwürdigste Beweis dafür, daß Jesus eine Veränderung seiner Gesellschaft suchte und daß seine Liebe sich nicht nur an einzelne Arme oder Reiche richtete, sondern an die armen Volksschichten. Dieser Tod und diese Verurteilung sind der glaubwürdigste Beweis auch dafür, daß seine Liebe eine politisch befreiende Liebe war.

Schließlich erkennen sie in Jesus jemanden, der eine tiefgehende Befreiung im Gottesbegriff selbst bewirkt. Die Armen in Lateinamerika gehen — aufgrund ihrer traditionellen religiösen Kultur, aber auch aufgrund der von ihrem Glauben bewirkten Aufklärung — das Gottesproblem nicht bloß von der Frage der Existenz oder Nicht-Existenz Gottes her an. Ihr Ausgangspunkt ist vielmehr die Alternative zwischen dem wahren Gott und den Götzen. Dies entdecken sie in Jesus. Dieser erklärte, wie der wahre Gott wirkt, indem er die Götzen entlarvte. Diese sind durchaus in der Wirklichkeit existierende und erfahrbare Gottheiten, die die Armen unterdrücken und töten und dies im Namen Gottes rechtfertigen. Für Jesus ist der wahre Gott der lebendige Gott, der das Leben der Menschen will; ein Leben, das in Fülle sein soll, das aber schon damit beginnt, daß es Brot, Haus, Gesundheit und Schulbildung gibt. In der Wieder-Entdeckung Jesu haben die Armen Lateinamerikas in der Tat begriffen, daß Gott wirklich ein Gott des Lebens ist und daß seine Ehre der Mensch ist, der lebt (oder besser der Arme, der lebt, wie Erzbischof Romero Irenäus paraphrasierte). Sie verstehen, daß der christliche Gott der Gott des Exodus ist, der vom Himmel herabstieg, um sein Volk zu befreien, und daß dieser Gott bei den Propheten für diejenigen Partei ergreift, die er im Gegensatz zu den Unterdrückern „mein Volk" nennt. Schließlich haben die Armen erkannt, daß Gott sich in einem Reich für die Armen nähern will. All dies haben die Armen Lateinamerikas beim Wiederentdecken Jesu sehr genau verstanden.

Dieser Jesus wird heute weiterhin als Befreier verstanden und geliebt; dieser Jesus verleiht den Armen die Würde, die ihnen ermöglicht und sie bewegt, sich als Volk und Volk Gottes zu organisieren. Dieser Jesus bringt nach wie vor Engagement, Großherzigkeit, Kampf und grenzenlose Hingabe für die Befreiung der Völker hervor. Dieser Jesus schenkt die Hoffnung, daß die Befreiung kommen wird, obwohl die Schwierigkeiten sehr groß sind und das Reich Gottes weder zum gewünschten Zeitpunkt noch in der gewünschen utopischen Fülle anbricht.

1.3 Ein in der Geschichte gegenwärtiger Jesus

Die dritte Eigenschaft Christi: Er wird begriffen als „ein Jesus, der in der gegenwärtigen Geschichte präsent ist". Diese aktuelle Gegenwart Christi ist ebenfalls eine theologische Grundkategorie, obwohl sie mehr in der Spiritualität und Frömmigkeit Beachtung fand als in der eigentlichen Christologie. Wir wollen damit sagen, daß die Gegenwart Christi auf seine Erkenntnis nicht viel Einfluß genommen hat. Damit lief man Gefahr, die Quellen der Erkenntnis Christi auf Schriftstücke der Vergangenheit zu reduzieren, so daß grundsätzlich ein Rückgriff auf die Vergangenheit notwendig war, um Christus kennenzulernen. Es ist klar, daß dies notwendig ist (um unter anderem nicht Illusionen zu erliegen). Aber der einseitige Rückgriff auf die Vergangenheit wird dem Jesus der Evangelien nicht ganz gerecht, über den in den anderen Schriften des Neuen Testamentes auf verschiedene Weise gesagt wird, daß er gegenwärtig bleibt.

Die heutige Gegenwart Christi ist in Lateinamerika für die Christen und für die Theologie von größter Bedeutung. Es geht selbstverständlich nicht darum, Christus aus der Gegenwart heraus zu „erfinden", sondern vielmehr darum, in der Gegenwart mit ihm „in Kontakt" zu treten. Dabei muß man jedoch sehr vorsichtig mit dem sein, was in diesem Zusammenhang Kontakt bedeutet. Es bedeutet auf jeden Fall, daß man Christus nicht nur von seiner Vergangenheit her erkennt, sondern auch in seiner Gegenwart. Der Geist Christi, die Zeichen der Zeit, in denen Christus heute gegenwärtig wird, sind sehr wichtig für die Erkenntnis Christi. Dabei geht es selbstverständlich nicht um irgendeinen Geist, sondern um den Geist Jesu, der in unserer Geschichte ansatzweise die Geschichte Jesu wieder hervorbringen kann.

Im einzelnen wird diese Gegenwart Christi heute in Lateinamerika dialektisch verstanden. Diese Dialektik besteht darin, einerseits den gegenwärtigen Christus zu entdecken und andererseits dafür zu arbeiten, ihn gegenwärtig werden zu lassen. Die Christen in Lateinamerika entdecken die Gegenwart Christi im wesentlichen darin, daß die Armen dieser Welt am eigenen Leib ergänzen, was am Leiden Christi fehlt, und daß sie gleichzeitig darum wissen. Ich sage dies nicht als bloße Floskel, sondern — in Worten von Erzbischof Romero ausgedrückt — mit dem absoluten Ernst unserer derzeitigen Lage. Es ist offensichtlich, daß das Leiden der Armen sehr groß ist. Das Wissen der Armen, daß sie in diesem Leiden das Leiden Christi ergänzen, ist eine Weise, Christus wirklich zu erkennen. Andererseits sind sie — und wissen auch darum — mitverantwortlich für die gegenwärtige Herrschaft Christi, d.h. dafür, daß in dieser Geschichte schon die Zeichen des auferstandenen Christus verwirklicht werden: die Hoffnung, die nicht stirbt, der selbstlose Dienst, die Freiheit und Freude. In dieser Weise bilden die Gläubigen — und darum wissen sie ebenfalls — den Leib Christi in der Geschichte heute; und als dieser Leib lernen sie sein Haupt besser kennen. Von dieser Teilhabe an der Wirklichkeit Christi ausgehend, feiern sie seine Gegenwart in der Eucharistie, in der Versammlung und dem Gebet der Gläubigen, in der Solidarität — in der großen Solidarität mit einem ganzen leidenden Volk sowie in den kleinen Solidaritätsformen des täglichen Lebens der Gemeinden. Sie nehmen die sakramentale Gegenwart Christi an und eignen sie sich in der Treue zum Auftrag Christi beim Letzten Abendmahl an: „Tut dies zu meinem Gedächtnis"; und wiederum verbindet sich die Gegenwart Christi damit, ihn in der Geschichte gegenwärtig werden zu lassen: die Treue im Brechen des Brots und im Trinken des Weins — die eigene Hingabe — und die Treue im Teilen des Brots und des gemeinsamen Trinkens aus demselben Becher — Christus zum Herrn dieser Geschichte werden zu lassen.

Schließlich spielt das Gleichnis vom Weltgericht (Mt 25) im Verständnis der Gegenwart Christi eine entscheidende Rolle: „Was ihr für einen meiner geringsten Brüder getan habt, das habt ihr mir getan." Auch heute ist Christus in dieser Welt in privilegierter Weise in den Armen gegenwärtig. Damit sagen wir weder, daß der ganze Christus in den Armen anwesend ist, noch daß Christus nur in den Armen dieser Welt anwesend ist. Wir sagen lediglich, daß er in ihnen gegenwärtig und daß diese seine Gegenwart in den Armen unbedingt zu beachten ist. Christus ist heute verborgen und ohne Antlitz einerseits im Schmerz der Armen gegenwärtig; und andererseits ist er heilsmäßig auch für denjenigen gegenwärtig, der sich den Armen nähert, um sie zu befreien.

Diese kurzen Reflexionen über die heutige Gegenwart Christi und die verschiedenen Formen, mit ihm „in Kontakt" zu kommen, wollen selbstverständlich nicht die Vergangenheit Jesu von Nazaret ersetzen. Sie sollen deutlich machen, daß — was im übrigen auch überall in Lateinamerika so geschieht — die Erkenntnis Christi sich dialektisch vollzieht: Unser Wissen über Christus aus den Evangelien und das, was wir von ihm in der Gegenwart begreifen, erhellen sich gegenseitig und helfen, immer mehr zu verstehen, wer Jesus war und ist.

1.4 Jesus als gute Nachricht

Eine letzte Eigenschaft Christi, die in gewisser Weise die vorhergehenden zusammenfaßt, besteht darin, daß „Jesus als eine gute Nachricht“ verstanden wird. Das bedeutet, daß die Entdekkung des Christus der Evangelien nicht nur geschichtlich gemeint ist. Das Evangelium wird nicht nur als Informationsquelle über das Leben Jesu verstanden, sondern in der Tat als Synonym zu „Gute Nachricht“ begriffen. Diese Wieder-Entdeckung sollte zwar selbstverständlich sein, ist es aber häufig nicht gewesen. Das Evangelium ist aus verschiedenen Gründen zu einer Schriftsammlung geworden, die häufig nur dazu diente, bestimmte Theologien oder Dogmen zu beweisen. Ein solcher Gebrauch des Evangeliums ist durchaus legitim, wird jedoch seinem ursprünglichen Anliegen als gute Nachricht nicht gerecht. In mancher Situation wird das Evangelium zur Verteidigung gegen Angriffe auf seine Wahrheit angeführt. Dieser apologetische Gebrauch mag pastoral in einer säkularen Umwelt erforderlich sein. Es handelt sich dabei jedoch um eine Aufgabe, die das Evangelium defensiv gebraucht und seiner ursprünglichen Kraft, gute Nachricht zu sein, beraubt.

Diese „evangelische“ Sicht des Evangeliums haben die Armen Lateinamerikas wieder-entdeckt. Jesus ist der Bote eines Evangeliums, einer guten Nachricht. Er sagt: „Das Reich Gottes ist nahe, selig ihr Armen, denn euch gehört das Reich Gottes.“ Wenn er zu beten lehrt, beginnt er mit einer großen Nachricht: Wir haben einen Gott, der Vater und zugleich Vater aller ist. Deshalb sagt Jesus: „Vater unser“. Er sagt dem tiefbetrübten Menschen: „Habe keine Angst, geh hin in Frieden“; er sagt zum verängstigten Sünder, daß es die größte Freude Gottes ist, wenn die Sünder sich vertrauensvoll an ihn wie an einen Vater wenden.

Dieser Jesus, Träger einer guten Nachricht, wird für die Armen von heute selbst zur guten Nachricht; er ist das Geschenk Gottes an diese Welt. Deshalb können die Armen Lateinamerikas in der Tat die paulinische Aussage, daß „die Güte Gottes erschienen ist“, oder die Aussage des Johannes, daß „die Gnade und die Wahrheit erschienen sind“, wiederholen. Sie sind aber auch imstande, eigene Formulierungen zu entwickeln, wenn sie z. B. Jesus „den Befreier“ nennen. Das Wichtigste an diesen Formulierungen ist, daß Jesus als eine gute Nachricht erfahren wird.

Ein solches Verständnis Christi schenkt Freude. Die lateinamerikanischen Christen wissen sicherlich um die äußerst harten Forderungen Jesu. Wir brauchen nicht an die tausende Campesinos, Arbeiter, Studenten, Ordensfrauen und Ordensmänner, Priester und Bischöfe zu erinnern, die ihr Blut für dieses Evangelium und diesen Christus in Lateinamerika vergossen haben (vgl. S. 103ff). Die lateinamerikanischen Christen besitzen aber auch die Freude und die Dankbarkeit dafür, Jesus begegnet zu sein. Deshalb wird das Evangelium für sie zu einer schweren und gleichzeitig leichten Last. Es wird auch zu jener wertvollen Perle und jenem verborgenen Schatz, für den es sich lohnt, alles zu verkaufen.

2. Auf dem Weg zu einer neuen Spiritualität

Dieser so verstandene Christus ist in der Nachfolge Jesu lebendig. Dies stellt – je nach Sicht der Dinge – die neue oder alte Grundlage der Spiritualität dar, die in ihren Grundzügen nichts anderes als die Übung des Geistes ist, die die Nachfolge Jesu erfordert und ihrerseits diese Nachfolge ermöglicht. Dies ist keine „einseitige" Spiritualität, die dieses oder jenes Antlitz Jesu bzw. diese oder jene Haltung oder Praxis Jesu reproduzieren will. In dieser Spiritualität sollen wir mit unserer eigenen derzeitigen Geschichte in der Weise konfrontiert werden, wie Jesus sich mit der seinen konfrontierte. Sie ist eine theo-logale Spiritualität. Sie will uns mit dem Letzten der Geschichte und so mit dem Letzten Gottes konfrontieren. Sie will Leben und Tod gegenüberstellen, um uns bereit zu machen, das eigene Leben zu teilen und sogar für das Leben der anderen hinzugeben. Sie ist gleichzeitig eine christozentrische Spiritualität, wenn dies aus der Haltung und dem Geiste Jesu heraus geschieht. Spiritualität ist also das Einüben des Geistes darin, uns – wie Paulus es ausdrückt – im Sohn zu Söhnen zu machen.

2.1 Die Armen dieser Welt in den Blick nehmen

Die konkreten Züge dieser Spiritualität ergeben sich größtenteils aus dem schon über Jesus Gesagten. Am Anfang ist stets die Tat des Geistes, sich mit der Wahrheit der Welt auseinanderzusetzen, sie zu entdecken, zu bestätigen und sie als die schlimmste Sünde anzuklagen. Und dies alles aus der Sicht der Armen. Diese Tat des Geistes äußert sich darin, großes Mitleid mit den Armen dieser Welt zu haben. Dieses Mitleid bringt einen dahin, für die Armen zu optieren, sie zu verteidigen und mit ihnen für ihre Befreiung zu kämpfen. Diese Tat des Geistes äußert sich außerdem darin, an dieser ersten Option auch dann festzuhalten, wenn die Folgen hart und schwer sind. Sie macht auch bereit, alle möglichen Verfolgungen zu erleiden, die die Mächte dieser Welt gegen die Armen und diejenigen, die sich mit ihnen solidarisieren, durchführen. Schließlich zeigt sich diese Tat des Geistes darin, bis zum Ende treu zu bleiben, wenn die Option für die Armen den Verzicht auf die eigene Person bis zum eigenen Tod fordert. Der Kern dieser Spiritualität besteht darin, das eigene Leben nicht mit Blick auf sich selbst, auf die eigene Gruppe oder die eigene Kirche hin zu gestalten. Bei der Gestaltung des Lebens sollten vielmehr die Armen dieser Welt in den Blick genommen werden, denn sie lenken in der Tat vom eigenen Ich oder Gruppen-Ich ab. Diese Spiritualität ist für den gebotenen konsequenten Dienst am Reich Gottes erforderlich; sie ist die wirksame Vermittlung der christlichen Forderung der Liebe, zu dienen statt bedient zu werden. Diese Spiritualität ist, mit modernen Worten gesagt, die Entscheidung, sich in seinem Leben dafür einzusetzen, daß den Armen dieser Welt Gerechtigkeit geschieht; damit Leben ermöglicht wird und damit diese Menschheit, die mehrheitlich den Tod hervorbringt — langsam oder gewaltsam —, Leben hervorbringe.

So verstanden mutet uns die Spiritualität nicht sehr kompliziert an und scheint uns auch nicht dahin zu führen, was traditionell als das Ziel der Spiritualität betrachtet wird: die Heiligkeit. Diese Spiritualität ist jedoch der unbedingt notwendige erste Schritt zu einem wirklich menschlichen, christlichen und schließlich auch heiligen Leben. Sie nähert uns diesem Gott des Lebens, der Befreiung und der Gerechtigkeit an, der das Leben seines Volkes will. In ihr erkennen wir an, daß es im Leben der Armen dieser Welt etwas Letztes und Heiliges gibt. Im Dienst an diesem Letzten und Heiligen erlangen wir selbst, was in Wahrheit auch das Letzte für uns ist. Ohne den Dienst an diesem Letzten und Heiligen werden wir vergeblich die Letztgültigkeit des eigenen Lebens, unseres Lebenssinnes und unserer Hoffnung suchen.

2.2 Die geistige Grundhaltung Jesu wieder aufleben lassen

Diese Grundeinstellung zugunsten des Lebens der Armen soll ebenfalls in einem Geiste gelebt werden, der dem Geist Jesu ähnelt. Die Option für die Armen kann auf verschiedene Weise gelebt werden. Christlich verstanden geht es dieser Option darum, jene Werte, Handlungen und Tugenden zu verwirklichen, die sozusagen von Jesus selbst gelehrt und gefordert wurden. Es geht deshalb darum, die geistige Grundhaltung Jesu, seine Lebens- und Verhaltensweise im Dienste des Reiches Gottes selbst von neuem aufleben zu lassen. Dies kommt in vielen Forderungen Jesu, in der Bergpredigt und vor allem in den Seligpreisungen programmatisch zum Ausdruck. Dort erfahren wir, wie der Nachfolger Jesu, der für die Gerechtigkeit kämpft, leben soll. Diese Spiritualität fordert das Arm-Werden, die Bereitschaft zur Selbstentäußerung und zum Verzicht. In dieser Schwachheit erfährt der Mensch eine Kraft, die nur in dieser Schwachheit spürbar wird. In dieser Spiritualität lernt der Mensch anzunehmen, daß dieses Arm-Werden notwendig und unverzichtbar ist, um die dem Machtgebrauch innewohnende Begierde zu heilen. Diese Spiritualität fordert das reine Herz und die tiefe Ehrlichkeit, die Dinge so zu erkennen, wie sie sind, ohne sie zu eigenen Gunsten zu manipulieren. Sie heilt den Menschen von einem stets entmenschlichenden Dogmatismus, der die Wirklichkeit im Sinne der eigenen Vorstellungen und Interessen zurechtbiegt. Diese Spiritualität fordert dazu auf, inmitten des manchmal auch gewaltsamen Kampfes den Frieden zu suchen, damit die leider in manchen Situationen notwendige und legitime Gewalt nicht zum Selbstzweck oder sogar zu einer heilbringenden Mystik wird. Diese Spiritualität fordert die Suche nach Versöhnung und Vergebung nicht nur als eine innere Einstellung, die manchmal auch schon schwer zu leben ist, und für die es dennoch ergreifende Beispiele gibt. Diese Spiritualität verlangt die Suche nach Versöhnung und Vergebung als eine Einstellung, dem Gegner nicht für immer die Zukunft zu verschließen, und anzuerkennen, daß es auch in ihm Positives geben kann. Außerdem fordert sie die schwer zu fassende Haltung der Unverdientheit. In dieser Haltung verstehen wir uns als „unnütze Diener". In dieser Haltung bekommt unsere Praxis die Eindeutigkeit und den Nachdruck, wie sie einer Person eigen sind, die sich verdankt weiß. Auf jeden Fall befreit die Erfahrung der Unverdientheit von der jedem noch so guten und gerechten menschlichen Vorhaben innewohnenden Hybris. Diese Spiritualität verlangt die Haltung der Freude inmitten des Schmerzes. Diese Freude ist möglich, weil wir wissen, daß wir uns im Gebet, in der Eucharistie und in den Feiern des täglichen Lebens, der Solidarität und der Teilerfolge immer an Gott unseren Vater wenden können. Schließlich drängt diese Spiritualität darauf, am Geiste der Utopie festzuhalten und das Vertrauen auf die Zukunft zu setzen, die erlöst sein wird. Dieses Vertrauen treibt uns immer wieder an, an dieser Zukunft zu arbeiten, auch wenn wir sie niemals ganz verwirklichen können. Dieses Vertrauen bewegt den Menschen dazu, immer wieder das zu versöhnen zu versuchen, was in der Geschichte schwer zu versöhnen ist: Kampf und Frieden, Gerechtigkeit und Versöhnung, neue Menschen und neue Strukturen.

2.3 Die Hoffnung auf Leben

Dieser erste Ansatz von Spiritualität ist eindeutig christologisch und stimmt überein mit dem Christus, der wieder-entdeckt worden ist. Er ist aber auch theo-logal. Damit wollen wir sagen, daß die Verwirklichung dieser Spiritualität auf einen Weg zu Gott und zur Begegnung mit ihm in der Geschichte führt. Wir nennen diese Spiritualität auch deshalb theo-logal, weil sie von jenen letzten Wirklichkeiten handelt, die diesen Weg und diese Begegnung konkret vermitteln (oder verhindern). Wir glauben, daß diese Wirklichkeiten eine sehr radikale Letztgültigkeit besitzen, weil sich in ihnen in aller Schärfe und Klarheit Leben und Tod als letztgültige Dinge geschichtlich-konkret darstellen und eine Antwort auf diesen Tod und auf dieses Leben fordern. Dabei bleibt klar, daß sie formal die Letztgültigkeit aufgreifen, mit der sich jeder Mensch an jedem Ort und zu jeder Zeit auseinanderzusetzen hat. Obwohl diese Spiritualität — weil christologisch — christlich ist, ist sie auch von Grund auf menschlich, weil sie den Christen auf die Grundwirklichkeit des Menschen und die Hauptforderung an ihn verweist: sich mitverantwortlich oder nicht mitverantwortlich zu fühlen für diese leidende Menschheit, die immer wieder an der Hoffnung auf Leben festhält. Die beschriebene Spiritualität wirft Fragen auf, die aus der Wirklichkeit selbst kommen. Es sind Fragen nach der Hoffnung, nach der Liebe und dem Glauben. Hat die Hoffnung für die Menschheit wirklich einen Sinn? Ist es wahr, daß die Liebe die tiefste Tat des Menschen ist? Ist sicher, daß es im Tiefsten der Wirklichkeit das Gute und die Wahrheit gibt? Wir glauben, daß diese Spiritualität diese unumgänglichen und radikalen Fragen gerade deshalb aufwirft, weil sie den Menschen mit jener Wirklichkeit und Praxis in Kontakt bringt, in der es im wörtlichen Sinne um Leben und Tod der Menschen geht. Die Antworten auf diese Fragen können unterschiedlich ausfallen, und je nachdem beantworten sie auf die eine oder andere Weise das Gottesproblem. Angesichts der Wirklichkeit, von der diese Spiritualität handelt, ist es nicht erstaunlich, daß der Mensch die letzte Gutheit der Wirklichkeit verneint oder sich zumindest mit seinem Urteil darüber zurückhält. Es fehlt ihm nicht an geschichtlichen Erfahrungen für diese Haltung. Andere jedoch antworten positiv darauf. Einige werden dies tun, ohne Gott ausdrücklich zu erwähnen; andere erwähnen ihn ausdrücklich. Die Gläubigen, die diese Spiritualität leben, können vielleicht mit Worten ausdrücken, warum sie Gott erwähnen sollen; vielleicht können sie nur in der Weise der negativen Theologie sagen, daß die Hoffnung wahrhaftiger ist als die Resignation, daß die Liebe besser ist als Egozentrik und daß die Hingabe des Lebens um der Liebe willen die menschlichste Tat ist. Sie können vielleicht aber auch nur sagen, daß es für sie im Grunde der Wirklichkeit etwas gibt, das immer wieder Gerechtigkeit, Wahrheit und Frieden verheißt und stets antreibt, weiterzuarbeiten. Die Gläubigen erwähnen in der Tat Gott ausdrücklich. Sie nennen ihn Vater und lassen ihn weiter Gott und unergründliches Geheimnis sein. Es ist wichtig, daran zu erinnern, daß sie dies in der Verwirklichung der Spiritualität tun. Rein logisch betrachtet dürfte es die größte Schwierigkeit sein, angesichts der fürchterlichen Ungerechtigkeiten Gott zu akzeptieren; in Wirklichkeit aber machen es gerade diese Ungerechtigkeiten möglich, daß viele Christen in Lateinamerika Gott Jesus nennen und das eigene Leben als Gehen mit und zu Gott erfahren. Eine Erklärung dafür läßt sich kaum finden. Aber diese Tatsache allein zeigt, daß die Spiritualität, die aus einer Nachfolge Jesu im

Dienste eines Reiches für die Armen hervorgeht, im tiefsten Sinne des Wortes Spiritualität ist. Sie nimmt alle Energien des Geistes in Anspruch, setzt sie frei und wird den größten Herausforderungen des Geistes sowie der großen Hoffnung auf Verwirklichung dieses Geistes gerecht.

Abschließend sei noch kurz angedeutet, daß dieser theologale Aspekt einer Spiritualität der Nachfolge Jesu die reale Form ist, in actu die Transzendenz Christi anzuerkennen. Dieses Thema haben wir vorher nicht erwähnt. In Lateinamerika zeigen die Christen, daß sie nicht nur an Jesus als Christus glauben, weil sie seine Gottheit in Worten ausdrücken und bekennen. Darüber hinaus beweisen sie ihren Glauben auch darin, daß sie der Nachfolge dieses Jesus Letztgültigkeit verleihen. Damit verleihen sie automatisch auch Jesus Letztgültigkeit. Von Jesus her setzen sie sich letztgültig mit der Letztgültigkeit ihres Lebens und ihrer Geschichte auseinander.

3. Bedeutung für die europäischen Kirchen

Alles, was wir bisher beschrieben haben, bedeutet letzten Endes eine kritische Anfrage sowohl an uns Lateinamerikaner als auch an die Christen in Europa. Gleichzeitig ist es aber auch für uns alle eine gute Nachricht, denn es ist wahr, daß diese Entdeckung Christi gemacht worden ist und diese Spiritualität gelebt wird. In Europa wird oft gefragt, was man tun kann und wie man Basisgemeinden aufbauen, die Option für die Armen leben und Theologie der Befreiung betreiben kann. Auf diese Fragen kann man nicht mit Rezepten antworten. Dies würde außerdem unseren Erfahrungen widersprechen, denn wir Lateinamerikaner haben gerade zu lernen versucht, in einer konkreten Wirklichkeit Christ zu sein. Daher wollen wir nicht vorschnell verallgemeinern oder sogar kirchlichen und theologischen Kolonialismus betreiben, den die Kirchen der Dritten Welt sehr stark erlitten haben. Es geht also weder darum, Rezepte vorzuschlagen noch durchzusetzen. Aus eigener Erfahrung kann ich allerdings eines vorschlagen. Mehr als die theologischen oder kirchlichen Endprodukte möchte ich deren Wurzel vorschlagen: jenen Ort finden, an dem das Evangelium seine eigene Kreativität beweist und wie ein starker Baum wächst.

Dieser Ort sind, wie schon gesagt, die Armen dieser Welt. Indem man die Korrelation zwischen dem Evangelium und den Armen aufrechterhält, wird Christus entdeckt, das geistliche Leben vertieft und am Geheimnis Gottes als heilbringend festgehalten. So entsteht auch eine Kirche der Armen. In Europa diese Korrelation zwischen dem Evangelium und den Armen zu suchen ist Sache der Europäer.

Ich möchte abschließend nur einige Anregungen geben, die vielleicht bei dieser Suche nützlich sein können. Betrachtet man die europäische Kirche in ihrer Gesamtheit mit all ihren Neuerungen, auf die wir später eingehen werden, scheint mir vor allem eines wichtig: Es gilt, einige Voraussetzungen zu ändern, die zwar geschichtlich verständlich, theologisch aber unangemessen sind. Man muß mit dem theologischen Irrtum aufhören, daß Europa auch weiterhin das theologische Zentrum des Glaubens, der Kirche und der Theologie bleibt, nur weil es das geographische Zentrum gewesen ist, von dem her das Evangelium weitergegeben wurde. Auf geschichtlicher Ebene ist die Voraussetzung nicht mehr zu vertreten, daß der europäische Mensch der Mensch schlechthin ist. Dies ist empirisch eine falsche und theologisch eine unangemessene Aussage, wenn der Glaube vom europäischen Menschen ausgehend dem europäischen und so auch allen Menschen verständlich gemacht werden soll. In theologischer Hinsicht ist die Voraussetzung nicht mehr haltbar, daß – wenn ich dies mit aller Klarheit sagen darf – Europa weiterhin der von Gott privilegierte Ort ist, über den Gott zu den anderen Teilen der Welt gelangt. Europa muß nicht mehr der Ort sein, an dem für die ganze Menschheit über Gott reflektiert wird, so daß sogar das europäische Gottesproblem das universale Gottesproblem sein soll. Solange man bewußt oder unbewußt von der Voraussetzung ausgeht, daß die europäischen Kirchen und die europäische Theologie das Monopol für Gott haben, wird man kaum vorwärtskommen. Ich schlage damit den europäischen Kirchen eine Haltung der Demut vor, damit sie akzeptieren, daß sie nicht mehr ohne weiteres der Mittelpunkt des Glaubens sind; mehr noch, damit sie akzeptieren, daß Gott in Gesellschaften auch schweigen kann, die mehr oder weniger stark auf einseitigen Fortschritt, Überfluß und Konsumismus ausgerichtet sind. Ich schlage dies mit dem Ziel vor, daß die Europäer nicht dort ein Wort Gottes erzwingen, wo es nicht vorkommt, und sie einsehen, daß dieses Wort nicht ein ewiges Vorrecht der europäischen Kirche bleiben muß. Diese Demut ist ein Moment des notwendigen, aber auch fruchtbaren Arm-Werdens.

Eine unangemessene pluralistische Haltung scheint mir ebensowenig angebracht. In einer solchen Haltung akzeptieren oder tolerieren die europäischen Kirchen zwar die Geschehnisse in Lateinamerika, sind jedoch nicht wirklich offen dafür, auf diese Geschehnisse zu hören und von dem Guten, das sich dort ereignet, zu lernen. Wir haben schon gesagt, daß es nicht darum geht, zu einem uniformistischen Universalismus in der Kirche zurückzukehren. In einer wirklich „katholischen" Kirche sollten aber alle Ortskirchen offen sein für das, was in anderen Ortskirchen Wesentliches geschieht. Alle Ortskirchen sollten bereit sein, andere Stimmen, andere Erfahrungen, andere Theologien, andere Formen des Engagements, andere Märtyrer, die aus Lateinamerika kommen, zu hören. Entsprechend sollten die lateinamerikanischen Kirchen wiederum für das offen sein, was Europa vom Evangelium einbringt.

Aufgrund der heutigen Situation der europäischen Kirchen sind m. E. diese Demut und diese Offenheit geschichtlich notwendige Vorbedingungen, um von neuem den Ort des Evangeliums zu finden. Was sich Positives aus dieser Haltung ergibt, und wo bzw. wie man diesen Ort findet, bleibt Sache der Europäer. Aber meines Wissens nach gibt es schon diese positiven Ansätze. Viele christliche Gruppen, in denen auch Priester und Bischöfe mitmachen, versuchen aufzudecken, worin die europäische Grundsünde besteht (eine traurige, aber notwendige Aufgabe, weil es hier um die Welt der Armen geht). Diese Gruppen versuchen, die lokalen und internationalen Dimensionen dieser Sünde offenzulegen. Damit öffnen sie sich — in ebenfalls trauriger Weise — der Universalität der Sünde und somit auch der Universalität der Armen dieser Welt. Im Bewußtsein dieser Sünde versuchen viele christliche Gruppen, sich von Grund auf zu bekehren. Diese Bekehrung setzt zwei Dinge voraus: zum einen, daß der Mensch wirklich Teil dieser heutigen Menschheit wird und sich als Mensch mitverantwortlich fühlt für das Leiden und die Hoffnung der armen Mehrheit dieser Welt; zum anderen, daß der Mensch mit den Augen der Armen zu sehen lernt, was die Augen für das

Evangelium öffnet. Es gibt auch viele christliche Gruppen, die gegen das fraglos angenommene Ideal einer konsumistischen Überflußgesellschaft handeln. Sie führen ein einfaches Leben als persönliches Zeugnis gegen eine entmenschlichende Gesellschaft. Sie verstehen dieses Zeugnis aber auch als Zeugnis gegen eine ungerechte Gesellschaft und für eine neue Gesellschaft, die auf „einer Zivilisation der Armut" (I. Ellacuría) aufbaut. Diese Armut hat nichts mit Elend zu tun. Sie betrachten diesen Lebensstil als die einzige Form, in der sich das Ideal der Brüderlichkeit als gangbar erweist. Es gibt viele christliche Gruppen, die sich in den wichtigen Kämpfen unserer Zeit engagieren, sei es im Kampf für den Frieden und die Gerechtigkeit im eigenen Land oder in den Ländern der Dritten Welt. Es gibt viele Christen, die aktive Solidarität mit den Völkern und den Kirchen Lateinamerikas leisten, indem sie moralisch, finanziell, politisch und christlich helfen und offen sind für das, was jene Völker und Kirchen ihnen geben. Diese Gruppen, die in Gemeinschaften oder Pfarreien, in Solidaritätskomitees oder in Gruppen von Theologen organisiert sind, legen Kreativität in der Theologie und in der Liturgie, in der Pastoral- und in der Solidaritätsarbeit an den Tag. Diese Kreativität ist für mich ein klares Zeichen dafür, daß das Evangelium auch in Europa seinen Ort gefunden hat. Diese Gruppen laufen Gefahr, in irgendeiner Weise verfolgt zu werden. Manche sind schon dieser Verfolgung ausgesetzt. Ist dies der Fall, dann können sie sicher sein, dem Evangelium begegnet zu sein. Die europäische Kirche setzt sich dann nicht mehr durch ihre Massivität oder ihren Überfluß an materiellen oder intellektuellen Mitteln durch. In diesem Fall ist sie vielmehr in einer eindeutig demütigeren und evangeliumsgemäßeren Form gegenwärtig. Vor vielen Jahren sprach Karl Rahner schon von einer Kirche der Diaspora als Zukunft der Kirche. Damit sagte er voraus, was heute Wirklichkeit ist: Die Kirche und ihr Glaube werden nicht mehr wie selbstverständlich angenommen. Er folgerte daraus, daß die Zukunft der Kirche in Gruppen bewußter und engagierter Christen liegt. Der Ausdruck „Diaspora" klingt vielleicht eher nach kleinen zurückgezogenen Gruppen. Sie können m. E. aber auch „Sauerteig" sein.

Welche Zukunft die europäische Kirche hat, kann ich nicht beantworten. Von Lateinamerika aus betrachtet, glaube ich aber, daß auch die europäische Kirche wie jede andere Kirche in dem

Maße eine Zukunft hat, wie sie sich wirklich in die derzeitige Menschheit integriert. Sie muß bis tief in ihrem Innersten Teil einer Menschheit werden, die aus Millionen von Armen besteht, die leiden und leben wollen. Sie hat sich in eine Menschheit zu integrieren, in der Millionen von Armen an ihrem Glauben und ihrer Hoffnung festhalten und nicht ablassen, ihre Befreiung zu suchen. Sie muß Teil einer Menschheit werden, in der schließlich diese Millionen von Armen — mit Worten des Evangeliums gesprochen — das Reich Gottes erwarten und sich dafür einsetzen. Manchmal wird gesagt, daß die Kirchen Lateinamerikas den europäischen Kirchen gegenüber einen großen Vorteil hätten. Dieser Vorteil bestehe darin, daß diese Wirklichkeit der Menschheit in Lateinamerika offensichtlicher sei und es deshalb einfacher sei, sich auf diese Wirklichkeit einzulassen. Dies ist sicherlich ein trauriger Vorteil, aber jeder hat die Möglichkeit, sich für die Zukunft dieser Menschheit der Armen mitverantwortlich zu machen. Macht sich der Mensch mitverantwortlich, bekommt sein Leben wieder einen Sinn und wird wieder lebenswert. Das Evangelium zeigt sich von neuem als gute Nachricht, und Christus wird wieder Jesus von Nazaret sein.

Indem der Christ sich mitverantwortlich macht, wird sein Leben Nachfolge Jesu in der Welt von heute. Diese Nachfolge geht dann nicht mehr mit dem alten kirchlichen Triumphalismus, sondern mit jener Schlichtheit einher, die auf der Wahrheit gründet. Das Leben zeigt sich so als ein Weg, den es zurückzulegen gilt. Dies hat seinen Grund nicht darin, daß wir Christen schon Lösungen für alles hätten. Er liegt vielmehr darin, daß wir unser Ziel und unsere Aufgabe kennen. Unser Ziel ist das Reich Gottes, und unsere Aufgabe ist der Dienst am Leben der Menschen. Die Zukunft der Kirche hängt davon ab, ob sie sich dazu entscheidet, die Worte des Propheten Micha zu befolgen: „Recht und Gerechtigkeit üben und" — einerseits ohne Triumphalismus und andererseits ohne Minderwertigkeitskomplexe — „in Demut den Weg mit deinem Gott gehen". Wenn wir nach dem Beispiel Jesu das Reich Gottes verwirklichen, sind wir auf dem Weg zu Gott. Auf diese Weise übernehmen die Gläubigen und die Kirche ihre menschliche Mitverantwortung und erfahren die tiefe Freude ihres Glaubens.

Anmerkungen

[1] Mit einigen kleinen Veränderungen nehmen wir hier den Aufsatz „La vida espiritual en las comunidades religiosas" wieder auf, der in der Zeitschrift *Diakonía* 17 (Managua, abril de 1981) 9-22 veröffentlicht worden ist und der zuvor auf einer Zusammenkunft der Ordensoberen der zentralamerikanischen Provinz des Jesuitenordens vorgetragen worden war. Zwar richtet sich dieser Beitrag unmittelbar an Ordensleute, er kann aber durchaus, so meinen wir, in die Problematik der Spiritualität all jener Christen, die sich im Sinne der Befreiung engagieren, einführen.

[2] Dieser Beitrag ist unter dem Titel „Espiritualidad de Jesús y de la liberación" in der Zeitschrift *Christus* (diciembre 1979, enero 1988) 59-63 in einem thematischen Heft, das sich mit der Spiritualität der Theologie der Befreiung beschäftigte, veröffentlicht worden. Er erscheint hier mit einigen kleinen Änderungen.

[3] Ursprünglich veröffentlicht in: Sal Terrae 72/2 (febrero de 1984) 139-162.

[4] Oscar Arnulfo Romero, Blutzeuge für das Volk Gottes (Olten/Freiburg i. Br. 1986) 131. (Anm. d. Übers.:) Eine Auswahl aus Hirtenschreiben, Predigten, Ansprachen usw. von Bischof Romero findet sich ins Deutsche übersetzt in diesem Buch wie auch in den beiden folgenden: Oscar Arnulfo Romero, Die notwendige Revolution (München/Mainz 1982); Oscar A. Romero, Für die Armen ermordet. Wie der Erzbischof von San Salvador das Evangelium verkündet hat (Freiburg i. Br. 1982). Dort, wo eine Übersetzung vorlag, wurde sie im vorliegenden Buch, in dem Romero öfter zitiert wird, übernommen

[5] Veröffentlicht in der Revista Latinoamericana de Teología 2 (mayo-agosto 1984) 195-224. Hier nur zum Teil abgedruckt.

[6] Der betreffende Aufsatz ist spanisch (gekürzt) abgedruckt unter dem Titel „Teología y Espiritualidad": Selecciones de Teología XIII (Barcelona 1974) 142; *deutsch:* „Theologie und Spiritualität", in: Gregorianum 50 (1969) 571-586.

[7] Der betreffende Aufsatz ist, ins Spanische übersetzt, unter dem Titel „Significado actual de Santo Tomás de Aquino" in dem von A. Vargas-Machuca herausgegebenen Sammelband: Teología y el mundo contemporáneo (Madrid 1975) erschienen; siehe dort S. 36.

[8] J.B. Metz, Zeit der Orden. Zur Mystik und Politik der Nachfolge (Freiburg 1986), bes. S. 45f.

[9] G. Gutiérrez, Beber en su propio pozo. En el itinerario spiritual de un pueblo (CEP, Lima 1971) 254; *deutsch:* Aus der eigenen Quelle trinken. Spiritualität der Befreiung (München/Mainz 1986).

[10] Man sehe sich daraufhin die Arbeiten von S. Galilea, A. Paulo und E. Pironio aus der Anfangsphase der Theologie der Befreiung an.

[11] G. Gutiérrez, La teología de la liberación (CEP, Lima 1971) 254; *deutsch:* Die Theologie der Befreiung (München /Mainz 1973); s. dort S. 191.

[12] Gutiérrez, Theologie der Befreiung 192 und 193 bzw. im Original 255 und 256. (Anm. des Übers.: Auf die nach unserer Meinung gelungene Übersetzung von „gratuidad" als „unverdient Beschenktsein" haben wir in der vorliegenden Übersetzung öfter zurückgegriffen.)

[13] Es handelt sich um die Zeitschriften „Diálogo" (Guatemala), „Christus" (Mexiko), „Mensaje" (Santiago de Chile), „Revista Eclesiástica Brasileira" (Petrópolis, Brasilien), „Páginas" (Lima), „Estudios Centroamericanos" (San Salvador) und „Sic" (Caracas).

[14] So zum Beispiel in „Christus", Nr. 529/530 (1979-1980) 56.

[15] Herausgegeben von Eduardo Bobin (San José de Costa Rica 1982).

[16] AaO. 11. [17] AaO. 13.

[18] L. Espeja hat einen Beitrag mit dem Titel „Liberación y espiritualidad en América Latina", verfaßt, der als Beilage zu der Zeitschrift Páginas (Juli 1984) erschienen ist und in dem er die gesamte Theologie der Befreiung aus der Perspektive der Spiritualität darzustellen sucht, indem er für deren verschiedene Aspekte 223 Zitate lateinamerikanischer Theologen anführt. In einem anderen Buch, „Vida y reflexión. Aportes de la teología de la liberación al pensamiento teológico actual" (Lima 1983), meint G. Mugica, daß die Spiritualität sich auch schon in der Methode der Theologie auswirkt, denn dort sind die Seiten 21-43 überschrieben: „El método teológico: Una cuestión de espiritualidad", „Die theologische Methode, eine Frage der Spiritualität", und wir können im gleichen Buch S. 163-248 unter dem Titel „Exigencias de una nueva espiritualidad" nachlesen, wie Autoren verschiedener Kontinente die Theologie der Befreiung ausdrücklich mit der Spiritualität verbinden. Auch ist nicht geringzuschätzen, daß die Zeitschrift „Concilium" regelmäßig lateinamerikanische Autoren um Beiträge über solche Themen wie Spiritualität, Martyrium und Heiligkeit bittet. Man denke hier zum Beispiel an das thematische Heft vom März 1983. Und auch für das Sammelwerk „Conceptos de la Pastoral" (Madrid 1983) hat ein lateinamerikanischer Autor, nämlich I. Ellacuría, den Beitrag über die Spiritualität verfaßt.

[19] I. Ellacuría, aaO. 302

[20] L. Boff, Contemplativus in actione, 64.

[21] P. Richard, Espiritualidad para tiempos de revolución, 87.

[22] Oscar Arnulfo Romero, Blutzeuge für das Volk Gottes (Olten/Freiburg i. Br. 1986) 77.

[23] AaO.

[24] Veröffentlicht in Misiones Extranjeras 75 (mayo-junio 1983) 315-328.

[25] Für eine ausführlichere Analyse der Verfolgung und des Martyriums unter historischem und theologischem Gesichtspunkt siehe unsere Arbeiten Persecución a la iglesia en Centroamérica, in: Estudios Centroamericanos (ECA) 393 (julio 1981) 645-665; Resurrección de la verdadera Iglesia (Santander 1981) 177-209, 243-266.

[26] Ursprünglich veröffentlicht in dem Beitrag „Carta a las iglesias", in: Servicio Informativo del Centro Pastoral de la Universidad Centroamericana, Nr. 33 (San Salvador, 1-16 de enero de 1983) 7.

[27] Oscar Arnulfo Romero, Blutzeuge für das Volk Gottes (Olten/Freiburg i. Br. 1986) 118.

[28] Oscar Arnulfo Romero, Die notwendige Revolution (München/Mainz 1982) 130.

[29] Veröffentlicht in Sal Terrae 72/10 (Oktober 1984) 683-697.

[30] Über dieses Thema hat I. Ellacuría den Beitrag Historicidad de la salvación cristiana: Revista Latinoamericana de Teología 1 (San Salvador 1984) 5-45 verfaßt.

[31] J.P. Miranda, Marx y la Biblia (Salamanca 1972) 140ff.

[32] J. Jeremias, Teología del Nuevo Testamento, Bd. 1 (Salamanca 1972) 140ff.; *deutsch:* Neutestamentliche Theologie. Erster Teil: Die Verkündigung Jesu (Gütersloh ²1973) 102f.

[33] Wenn man sich heute in Lateinamerika mit der Thematik der Menschenrechte beschäftigt, geschieht dies gerade von dieser Perspektive aus: Erst von dem Recht der Armen auf Leben aus läßt sich allgemein über das Thema der Menschenrechte reden, und nicht umgekehrt. So hat es auch auf der Grundlage seiner eigenen christlichen Erfahrung Erzbischof Romero auf so wunderbare Weise in jenem bekannten Satz zum Ausdruck gebracht: „In meinem Land wird grausam getötet. Tag für Tag werden auf sehr grausame und gewaltsame Weise die Armen ermordet und die campesinos gefoltert. Dem gegenüber müssen wir das Minimum verteidigen, das das Maximum, das größte Geschenk Gottes ist: das Leben."

[34] Natürlich gilt alles, was wir hier sagten, auch analog für die Angehörigen jener Gruppen in den reichen Ländern, deren Leben ebenfalls bedroht ist.

[35] Siehe hierzu den Sammelband: La justicia que brota de la fe (Santander 1983).

[36] Für eine Analyse der Wirklichkeit der Armen siehe I. Ellacuría, Las bienaventuranzas como carta fundamental de la Iglesia de los pobres: O.A. Romero (Hg.), Iglesia de los pobres y organizaciones populares (San Salvador 1978) 105-118; Pobres y Pueblo de Dios: Conceptos fundamentales de pastoral (Madrid 1983) 786-801, 840-859; G. Gutiérrez, La fuerza histórica de los pobres (Lima 1979), *deutsche Teilübers.:* Die historische Macht der Armen (München/Mainz 1984).

[37] Hierüber ist in den letzten Jahren in Lateinamerika in Verbindung mit der Thematik der Spiritualität sehr viel reflektiert worden. Siehe z.B. L. Boff, Contemplativus in actione: Christus Nr. 529-530 (1979) 60-62; S. Galilea, El rostro latinoamericano de la espiritualidad: aaO. 69-72; J. Hernández Pico, La oración en los procesos latinoamericanos de liberación: aaO. 93-95; G. Gutiérrez, Beber en su propio pozo (CEP, Lima 1983) *deutsch:* Aus der eigenen Quelle trinken (München/Mainz 1986); I. Ellacuría, Espiritualidad: Conceptos fundamentales de pastoral (Madrid 1983) 301-309; J. Sobrino, Espiritualidad y liberación: Sal Terrae Nr. 849 (febrero 1984) 139-162.

[38] Beide Begriffe, „Gott, der Befreier" und „der Gott des Lebens", haben sich als sehr geeignet erwiesen, den Glauben an Gott auf beeindruckende Weise zum Ausdruck zu bringen. Siehe den Sammelband: La lucha de los dioses. Los ídolos de la opresión y la búsqueda del Dios liberador (San José de Costa Rica 1980); G. Gutiérrez, El Dios de la vida (Lima 1981).

[39] Veröffentlicht in Iglesia Viva Nr. 105-106 (1983) 361-377 (thematisches Heft mit dem Titel: „Der Glaube an Jesus heute").
[40] Vortrag am 9. Januar 1984 bei einer Podiumsdiskussion über das Thema: Zukunft der europäischen Kirche? Es spricht Lateinamerika. Diese Podiumsdiskussion war eine Veranstaltung des Centre Christianisme i Justicia. Der Vortrag ist veröffentlicht in Katalanisch im Heft Nr. 3 des besagten Zentrums und in Spanisch in Diakonía (29. März 1984), 47-63.

Diese Ausgabe ist gegenüber dem Originalwerk gekürzt. Mit Zustimmung des Autors sind entfallen: Kapitel IV, VIII, IX, X, XI und Abschnitt 1 in Kapitel III.